LES
COMMENTAIRES
D'UN SOLDAT

PAR

PAUL DE MOLÈNES

PREMIERS JOURS DE LA GUERRE DE CRIMÉE
L'HIVER DEVANT SÉBASTOPOL — DERNIERS JOURS DE LA GUERRE DE CRIMÉE
LA GUERRE D'ITALIE

PARIS
MICHEL LÉVY FRÈRES, LIBRAIRES-ÉDITEURS
2 BIS, RUE VIVIENNE
—
1860

Tous droits réservés

PARIS. — IMP. SIMON RAÇON ET COM., RUE D'ERFURTH, 1.

LES COMMENTAIRES
D'UN SOLDAT

Exemplaire de remplacement

LES COMMENTAIRES
D'UN SOLDAT

I

LES PREMIERS JOURS DE LA GUERRE DE CRIMÉE

Dieu m'a permis jusqu'à présent d'assister à presque tous les grands faits de guerre qui se sont accomplis depuis onze ou douze ans. Puisse cette grâce m'être continuée! voilà le plus ardent de mes vœux. J'avais entrepris de raconter l'expédition de Crimée, quand est venue cette campagne d'Italie, si belle, si entraînante, si rapide, qui a mis la France tout entière sous le charme, et rendu ce siècle aux jours radieux de sa jeunesse. J'ai eu le bonheur de faire encore cette guerre, et, en rentrant dans mon pays, j'ai repris l'œuvre commencée; seulement je l'ai agrandie de tout le champ nouveau qu'il m'avait été donné de parcourir. Je réunis donc aujourd'hui, sous un même titre, mes souvenirs de Crimée et d'Italie. Ce titre indique l'endroit obscur d'où j'ai vu tant d'éblouissantes choses, et partant le caractère de mon récit. L'œuvre qu'on va lire est étrangère à toute science militaire et à toute prétention historique. C'est l'intérieur d'une âme où de vives et puissantes images se sont réfléchies.

On dit qu'il est agréable de se souvenir, je ne sais; pour ma part, je laisserais volontiers reposer au plus profond de moi tout ce que Dieu a fait passer d'images dans mon esprit et d'émotions dans mon cœur. Je n'aime point à dire aux pensées endormies : Levez-vous. Je ne comprends pas d'évocation sans une sorte de trouble et de souffrance. Ce n'est donc point assurément pour mon plaisir que je remue aujourd'hui tout un passé qui, plus d'une fois, m'a fait trouver aux heures présentes de la monotonie et de la pâleur ; mais, sans me forger des devoirs imaginaires, sans me croire cette charge redoutable que crée le talent, je pense qu'il est des conditions et des circonstances où l'on est coupable de s'imposer, plutôt de s'accorder le silence. Si Joinville, si Villehardouin, s'étaient livrés à cette paresse de l'esprit, qui a tant de charme, et même à mon sens une singulière apparence, sinon un fonds bien réel de grandeur, il est une France héroïque et naïve que nous n'aurions jamais connue. Continuons donc l'œuvre de nos pères en venant raconter, nous aussi, à notre façon et à notre guise, ce qu'ont accompli sous nos yeux de noble et de bon des gens de notre temps et de notre patrie.

J'ignore ce que nous garde l'avenir. Plusieurs croient que la guerre est appelée à disparaître ; ils la regardent comme une impiété, comme un fléau, comme un monstre qu'après des convulsions suprêmes le monde rejettera enfin pour toujours de ses entrailles : je l'ai considérée de tout temps, moi, comme la plus haute et même la meilleure expression de la volonté divine. Je regarderais comme un jour de colère et non point de bénédiction le jour où cette source mystérieuse de l'expiation viendrait tout à coup à tarir. Grâce à Dieu, du reste, je ne suis point menacé de voir ce jour-là, et, en attendant ce que rêvent les philosophes, je vais essayer de dire ce que j'ai vu.

J'étais en Afrique au moment où éclata la guerre de Crimée, et ici je veux tout de suite expliquer l'emploi d'une formule qui me pèse, mais que je me suis décidé pourtant à ne pas rejeter. J'emploierai souvent dans ce qu'on va lire le *je* et le *moi*. Ce qui est pour ceux-ci de l'orgueil est de la modestie pour ceux-là. En parlant de lui-même, l'homme qui n'a joué que le plus obscur des rôles dans ces immenses drames où se décide le sort des nations fait, je crois, preuve d'humilité. Ce n'est du reste aucune considération personnelle qui m'a guidé en cette matière ; je me suis dit tout simplement qu'une chose qui m'est à cœur emprunterait à un mode de récit qui m'est pénible un intérêt de plus. Le lecteur trouve une autorité rassurante dans une forme de langage qui lui rappelle constamment que l'écrivain a été le témoin même des faits dont s'occupe son esprit ; il est ainsi dans un contact plus immédiat, plus intime, plus ardent, avec les choses et les hommes qu'on veut lui faire connaître. Cela dit, je reprends la tâche que je me suis donnée.

J'étais donc en Afrique quand éclata une guerre qui semblait à ses débuts devoir inaugurer une période séculaire de combats. J'ai raconté autrefois, dans des pages écrites sous la vive et chaude impression d'événements déjà bien loin de nous, les formidables grandeurs de la guerre civile. Les luttes soulevées par les passions révolutionnaires paraissaient être les seules destinées à nos générations. Je ne veux pas, comme on le fait trop souvent, répudier au nom des tristesses patriotiques les glorieux souvenirs d'actions énergiques et utiles. Ces nobles et rares apparitions de la vertu humaine, qui sont la récompense des âmes altérées d'un amour viril de l'idéal, je les ai rencontrées à certaines heures à travers les rues aussi bien qu'à travers les champs de bataille. Je n'entends point nier pour cela que la vraie, même la seule joie des âmes guerrières soit la lutte hors de la patrie. Eh bien, c'est ce qui nous était rendu tout à coup.

Je servais dans un régiment de spahis. Le maréchal Saint-Arnaud, qui avait si longtemps guerroyé en Algérie, et à qui la patrie africaine était chère, voulut composer son escorte d'hommes dont il aimait les mœurs, le costume, et qui lui rappelaient de précieux souvenirs. On forma dans les trois régiments de spahis un détachement de quatre-vingt-six hommes, sous les ordres d'un officier qu'une promotion obligea de nous quitter en Turquie, et dont je pris alors le commandement. Au milieu d'avril 1854, je partis d'Alger avec quelques hommes et quelques chevaux, sur un petit bateau à voile qui s'appelait l'*Espérance*. La navigation à voile sur ces mers que sillonnent dans tous les sens des bateaux à vapeur, c'est le voyage à cheval auprès du chemin de fer. Je me sentais sous l'empire absolu des vents comme Ulysse et le pieux Énée. Cette impression du reste était loin de me déplaire, car j'aime le passé, je ne m'en cache point, et je bénis volontiers les accidents qui me rejettent forcément dans ses bras.

Je m'embarquai à la fin d'une journée de printemps, vers quatre heures, à ce moment aimé des rêveurs où l'âme semble secouer l'oppression du jour, et prendre quelque chose de plus subtil, de plus libre, de plus léger. J'ai toujours aimé l'Afrique ; chaque pas que j'ai fait à travers le monde m'a convaincu que c'était, de toutes les contrées, celle où règne avec le plus de magnificence la poésie des êtres inanimés. Le ciel africain a un regard que l'on emporte sous son front comme le héros du poëte allemand emportait le regard de sa maîtresse ; tous ceux qui ont vécu dans sa lumière pendant quelques années subissent une attraction qui bien souvent les ramène à des rivages dont ils croyaient s'être éloignés pour toujours. Cependant l'aventure qui m'appelait en des pays inconnus avait trop de charme pour laisser accès dans mon esprit aux tristesses cruelles. J'avais, de la mélancolie humaine, ce que j'en souhaite aux cœurs faits pour savourer les émotions les meilleures et les plus délicates de ce monde.

Il faut savoir rendre justice à la vie, lorsque par hasard elle veut bien secouer la monotonie qui lui est si familière pour prendre un peu l'aspect et l'allure des choses rêvées. Je m'avançais avec un plaisir dont parfois encore je retrouve les traces au fond de moi à travers cette magnifique étendue de mer, lumineuse et chaude, qui s'étend de l'Afrique aux pays orientaux. Maintenant que l'Océan se dépouille de mystère, comme toutes les parties d'un globe exploré par tant de machines bruyantes et d'êtres affairés, la Méditerranée, cette mer poétique par excellence, qui nous raconte une si grande variété de fables et d'histoires, a repris toute sa supériorité. Je me rappelle avec délices une matinée où j'aperçus dans le lointain les côtes de la Sicile. Toute sorte d'aimables visions me souriaient; se tenaient-elles sur les rivages que j'apercevais à l'horizon, dans les rayons d'une clarté matinale, ou s'élevaient-elles simplement de mon cœur? Je ne sais. Je suivais, par nécessité, un mode de voyage que je recommanderais volontiers à ceux qui se promènent dans ce monde, comme on se promène dans une salle de fête, pour le plaisir unique de leurs yeux : je n'abordais nulle part. Ainsi tout ce qu'embrassait mon regard conservait pour moi l'attrait de l'inconnu et de l'inachevé. C'est de cette vague et lointaine manière que j'ai aperçu les côtes de la Grèce. J'ai entrevu seulement un matin le profil élégant et pur d'Athènes. Quoique l'air fût léger, transparent et tout nuancé d'un rose joyeux qui aurait effarouché les lugubres spectres du nord, c'est un fantôme qui m'est apparu, mais un de ces fantômes amis du soleil, qu'évoquait l'esprit sans terreur des poëtes antiques.

La seule ville que j'aie visitée en passant est une petite ville de l'Asie dont j'ai oublié le nom. Une absence complète de vent avait arrêté le brick sur lequel j'étais embarqué. Je profitai de ce calme pour me diriger, dans une chaloupe, vers la côte voisine avec un sous-officier de spahis. Ce n'est jamais sans quelque émotion que nous foulons une terre lointaine, et dont notre esprit s'est souvent inquiété. Je me trouvai au milieu d'un paysage qui n'avait rien des splendeurs africaines, et qui cependant ne manquait pas de charme. J'aperçus, au détour d'un chemin creux, un de ces personnages qui abondent encore aux pays orientaux où n'a point pénétré l'horrible réforme du costume turc; c'était un vieillard à la longue barbe, coiffé d'un de ces immenses turbans chers au pinceau des vieux maîtres, qui s'en allait paisiblement à ses affaires avec un luxe formidable de pistolets et de poignards à la ceinture. « Qu'est devenu le temps où,

dans mes rêves d'enfant, je voyais passer Ali-Baba? »
Je me rappelai cette exclamation d'un écrivain anglais. Le digne homme qui s'offrait à ma vue avait l'air de sortir tout vivant et tout armé des pages de ce livre enchanteur, que je préfère à tous les poëmes de tous les temps et de tous les peuples, — les *Mille et une Nuits*. Il était assis sur une mule blanche, et fumait gravement dans une longue pipe. Il appartenait à cette race heureuse qui s'enveloppe d'un nuage pour traverser la vie. Il daigna à peine honorer d'un regard les deux soldats du Nord qui venaient apporter leurs secours à son souverain. Je me rappelai aussi, car en voyage l'essaim des souvenirs voltige sans cesse autour de nous : ce sont oiseaux charmants qui se posent sur maintes choses de la route, tantôt sur ce toit, tantôt sur ce buisson, tantôt sur cet arbre, pour nous regarder d'un air attendri et nous chanter des airs lointains ; je me rappelai un mot de M. de Chateaubriand. Un soir, dans le coin d'un salon où régnait un aimable et gracieux esprit qui a disparu de cette terre, un jeune homme encore possédé des premières curiosités de la vie disputait l'auteur de *René* au silence. Avec la confiance que peut avoir un enthousiasme sincère à l'endroit des génies les plus lassés, les plus meurtris, partant les plus irritables, il lui parlait de ces grands voyages, la jeunesse et la poésie de ce siècle, d'où sont sortis *Atala*, les *Natchez*, et une

œuvre aimée de tous, l'*Itinéraire de Paris à Jérusalem*. « Eh bien, dit tout à coup M. de Chateaubriand, de ce que j'ai vu, hommes et choses, un seul souvenir me frappe encore à présent, c'est celui d'un vieux Turc qui fumait sa pipe accroupi sur des ruines. Qui sait si cet homme ne représentait pas la vérité? » Assurément je ne prends pas au sérieux cette boutade chagrine; je crois avec l'Évangile que prendre la bonne place, c'est s'asseoir aux pieds du Seigneur, aux sources de la vie, au foyer de l'activité spirituelle, et non point, comme ce vieux Turc de l'illustre voyageur, s'étendre au seuil de la mort, entre la paresse et la rêverie. Néanmoins ceux-là mêmes qui se dévouent avec le plus de courage aux œuvres sur lesquelles repose toute vérité terrestre ou divine ont des moments où ils portent envie au repos de l'animal en sa tanière, du cynique en son tonneau.

Revenons aux rivages d'Asie où j'abordais. Je vis là une de ces villes que l'empire turc offre en grand nombre dans tous les lieux où il s'étend. Vous avez affaire à un vrai mirage. De loin, c'est un groupe de maisons élégantes et discrètes, mystérieuses et souriantes; c'est la ville orientale telle que la chante le poëte. De près, c'est un amas de vieilles masures, où s'agite un peuple en haillons. Toutefois ces haillons et ces masures, à l'époque où je les vis, étaient pénétrés de ce soleil dont quelques peintres vont querir et nous rapportent souvent un rayon, de telle sorte qu'il ne m'est pas resté un trop mauvais souvenir de cette première excursion en Asie.

Pourtant je préfère à ce voyage celui que mes yeux et mon esprit ont fait un soir aux *champs où fut Troie*. J'étais assis, au déclin du jour, sur le pont de mon petit navire, lorsqu'on me montra une assez vaste plaine toute couverte d'une végétation hardie et sombre. C'était là, me disait-on, le théâtre de ce grand drame, aux émotions immortelles, qu'Homère et Virgile font jouer encore en ce monde par ces personnages de leurs cerveaux qui ont pris dans les nôtres le droit de cité. Au fond d'un paysage qui me parut tout rempli d'un charme austère et sacré, comme un paysage du Poussin, s'élevait une haute montagne, droite, imposante et solitaire, telle que je me représentais l'estrade où les dieux venaient assister aux combats des héros. Ce coin de terre que j'ai si mal vu m'a frappé ; je me félicite de ne pas avoir posé le pied sur ce sol, que les ailes de mes songeries et de mes souvenirs ont seules effleuré. Grâce à ce pèlerinage de mon regard, j'ai goûté une sorte de plaisir sur lequel je n'ose plus guère compter, quoique je m'efforce souvent de le goûter encore, ce plaisir, d'une particulière puissance entre toutes les jouissances intellectuelles, que nous ont donné à tous, en un moment quelconque de notre vie, les arts et les lettres de l'antiquité. J'ai retrouvé l'émotion dont mon cœur fut une fois saisi en lisant ce passage où Virgile semble avoir enchâssé dans son splendide écrin une larme empruntée aux sources les plus profondes de la tristesse moderne : *Sunt lacrymæ rerum ;* « il est des choses où jaillissent les pleurs. » Ces ruines douteuses, perdues à un horizon lointain, ont été saluées avec attendrissement par plus d'un qui s'en allait comme moi assister avec insouciance à la destruction d'une ville autrement puissante que ne le fut jamais la ville de Priam et d'Hector. On a beau médire des poëtes, il faut s'incliner devant leur pouvoir ; comme les prêtres et les femmes, ils gouvernent un royaume dont nous sommes tous les habitants. Vous voulez les bannir de votre cité, et c'est vous qui ne pouvez pas vous exiler du monde invisible où ils vous enserrent.

Ce fut le 7 mai, vers trois ou quatre heures, que j'arrivai à Gallipoli. Ce jour-là même, le maréchal Saint-Arnaud venait prendre son commandement ; sa venue redoublait le mouvement de la ville où il débarquait. J'aimerais à voir un jour, rendus à leur vie habituelle, les pays que j'ai parcourus alors que de rares et singulières circonstances les animaient d'une vie insolite. Gallipoli doit avoir d'ordinaire un aspect assez mélancolique. Ceux qui pourraient rêver l'Orient avec un luxe éblouissant de palais, de clochetons et de minarets éprouveraient en ces lieux à coup sûr une cruelle déception. Il me semble pourtant que si quelque événement me faisait, en des temps paisibles, l'habitant passager de cette ville, je ne me plaindrais pas trop de mon sort. Elle est environnée d'énormes moulins à vent, d'une physionomie honnête et primitive. Or j'ai toujours eu un goût particulier pour ces innocents ennemis du héros de Cervantes. Je trouve qu'ils donnent au paysage un caractère de rêveuse bonhomie. Les peintres allemands du temps d'Albert Dürer étaient de mon avis, car ils ne manquent jamais de placer quelque moulin à vent dans ces jolies et naïves campagnes, propres, nettes, endimanchées, qu'on aperçoit à travers la fenêtre de la chambre gothique, aux bahuts luisants, où un bel ange, avec un surplis de prêtre, adresse à la vierge Marie la divine salutation conservée par notre église. Les moulins à vent ne sont pas du reste les seuls agréments de Gallipoli. Là, comme dans toutes les villes turques, les pierres sont mêlées à la verdure : les bazars ont ces toitures de rameaux qui font circuler un jour si étrange à travers les rues tortueuses, et la plupart des maisons ont des jardins, non point de ces jardins assurément où s'épanouissent tous les enchantements terrestres, mais des jardins qu'il ne faut point dédaigner pourtant : le figuier et l'olivier, les arbres de la Bible et de l'Évangile, se penchent au-dessus des murailles lézardées, et font penser aux réduits modestes où quelque sage bonheur pourrait se cacher.

Le jour dont je veux parler, cette ville, où retournent mes songes, n'appartenait guère à la rêverie. Elle était envahie par des hommes de tous les pays et de toutes les races, que possédait une vie fiévreuse. Là, pour la première fois, se rencontraient les deux armées qui allaient figurer côte à côte sur les mêmes champs de bataille. Cette armée anglaise, qu'Alma, Inkerman et le rude hivernage de Sébastopol devaient si violemment éprouver, était alors dans tout son éclat. A chaque pas, on heurtait des gardes de la reine défiant le soleil d'Orient avec leurs bonnets à poil, des *highlanders* portant la poésie du nord dans la forme et les couleurs de leur uniforme traditionnel, et ces *riflemen* tout vêtus de noir, comme pour représenter le côté sombre, terrible, de cette guerre moderne, dont leurs armes sont les plus sûrs et les plus meurtriers instruments. Tous ces soldats encombraient avec les nôtres mille tavernes improvisées, car tous les vins, toutes les liqueurs de nos contrées, versaient déjà leur ivresse bruyante sur la terre consacrée aux ivresses silencieuses du café, de l'opium et du haschisch. Les Turcs, accroupis devant leurs portes, regardaient passer sans aucune émotion, ni d'enthousiasme, ni même de surprise, les étranges défenseurs que leur envoyait la destinée. Ils me rappelaient tous ce vieil habitant de l'Asie dont je parlais tout à l'heure : ils semblaient accepter les étranges scènes offertes à leurs regards comme on accepte dans un rêve les incroyables féeries dont on est environné, et jusqu'aux impossibles métamorphoses dont on est soi-même l'objet. Quant à nos soldats, ils étaient ce qu'ils sont toujours et en tous lieux, gais, libres, insouciants, familiers : vraies alouettes gauloises, allant sans crainte se poser partout, même sur l'épaule des mannequins les plus farouches, et chantant partout où elles se posent.

II

Je restai quelques jours seulement à Gallipoli. Le maréchal Saint-Arnaud se rendait à Constantinople, et les spahis étaient destinés à lui servir d'escorte. Je reçus donc l'ordre de partir pour la capitale de l'Orient. Le maréchal s'embarquait, mais les spahis devaient aller le rejoindre par la voie de terre, avec ses bagages et quelques officiers de son état-major. C'était encore un magnifique voyage que m'offraient d'heureux hasards.

Quelles villes ai-je traversées, c'est ce que j'ai oublié aujourd'hui, et je n'irai point chercher sur la carte des noms sortis de ma mémoire. L'oubli et le souvenir sont également des présents de Dieu, je crois qu'il ne faut repousser ni l'un ni l'autre de ces dons. Si je tâche de faire au souvenir un bon accueil, même quand il m'apparaît sous les formes lugubres d'un fantôme, j'accueille toujours l'oubli avec une joie secrète, et le voile qu'il laisse tomber soit sur les hommes, soit sur les choses, je me garde bien de le soulever. Je me rappelle seulement que j'avais d'aimables compagnons, et que j'ai traversé de beaux paysages. La Turquie serait une admirable contrée, si elle était abandonnée à elle-même, ou livrée à une race d'hommes intelligents et industrieux ; mais on sent une terre sur laquelle ont pesé des dominations à la fois indolentes et farouches. De Gallipoli à Constantinople, on ne rencontre ni ces forêts séculaires dont l'aspect orgueilleusement sauvage enfle le cœur de pensées hostiles à la vie civilisée, ni ces bois savamment aménagés, percés de routes élégantes et commodes, qui offrent à l'esprit les utiles et riants côtés de l'industrie humaine. A chaque instant des troncs mutilés, des arbustes frappés dans leur croissance, partout des traces qui attestent l'esprit imprévoyant et insoucieux d'une dévastation journalière. Et pourtant ce pays est d'un aspect qui plaît aux yeux ; il est éclairé, dans les jours d'été, par une douce et majestueuse lumière. A l'attrait de ces grandes plaines bleues, où les hommes heureusement ne peuvent point laisser de vestige, il joint le charme de cette verdure opulente et sérieuse qu'aimait le pinceau de Poussin. Je me suis arrêté dans plus d'un lieu où aurait pu se placer le tombeau qui réunit les bergers d'Arcadie. Puis, malgré leur misère, les villes turques elles-mêmes ne sont point un spectacle trop offensant pour le regard du voyageur. La plupart sont entourées de grands arbres, et, si leurs maisons sont délabrées, elles échappent, du moins, à la vulgarité : ce sont ces loques disposées avec art dans l'accoutrement d'un hidalgo. Enfin soit une fontaine à moitié cachée derrière un sombre bouquet de feuillage, soit un cimetière chauffant au soleil les os de ses morts sous la pierre blanche de ses tombes, quelque chose parle toujours à l'imagination en ces campagnes visitées si souvent par nos songes.

Ce fut un soir, à l'entrée d'une grosse bourgade où nous faisions séjour, que j'aperçus pour la première fois cette bizarre espèce de guerriers qu'on appelait les *bachi-bozoucks*. Je vis sur la route qui passait devant ma tente un homme à cheval, précédé d'une musique barbare et suivi d'une troupe nombreuse, mal armée et mal montée. C'était un grand chef de l'Orient, qui menait ses vassaux au secours de l'islamisme en péril. Mes spahis, eux, les élégants cavaliers d'une terre où la race musulmane a vraiment conservé quelque chose de gracieux et d'altier rappelant les splendeurs mauresques des Espagnes, mes spahis regardaient avec un dédain profond ces sortes de malandrins allant en guerre dans un équipage sordide. Il y avait là une collection de figures excentriques, une variété de haillons réunissant toutes les couleurs et affectant toutes les formes qui peuvent s'offrir aux débauches du crayon et du pinceau. Je me sentis moins de sévérité que mes spahis pour cette bohème guerrière. Je pris plaisir à regarder cet arrière-ban du Grand-Seigneur. Un soleil couchant parsemait de paillettes d'or cette multitude bigarrée. Je savais gré à ces braves gens d'être en quelque sorte des visions vivantes, épargnant à mon cerveau la fatigue du rêve. Je suivis de l'œil, aussi loin que possible, ces bizarres guerriers. Dans leur fantasque apparition, ils s'étaient conformés aux règles de l'apparition antique. Les héros qui sortent de la tombe, dans les pages d'Homère et de Virgile, apparaissent toujours avec des vêtements flétris, trahissant l'usure et l'abandon. Ainsi se présentaient ces fils d'Ismaël, ressuscitant au milieu d'une guerre moderne avec les passions des anciens âges. Dieu n'a jamais permis les résurrections de longue durée ; bon ou méchant, gracieux ou terrible, tout ce que la mort a repris ne peut plus revenir qu'un instant à la surface du sépulcre. Les bachi-bozoucks n'ont joué qu'un rôle fugitif dans ces grandes luttes, où ils ne représentaient que des choses mortes. Ces fantômes ont disparu quand le canon de la Crimée a dissipé les brouillards où ils s'agitaient.

Ce fut un matin, vers midi, que j'entrai à Constantinople ; un soleil de juin, qui cependant ne jetait pas à la terre une chaleur trop écrasante, éclairait ce singulier amas de masures et de palais. J'ai gardé de Constantinople un vif et bon souvenir. Cette ville ne m'a point trompé : loin de là, au lieu de m'apporter des déceptions, elle m'a donné plus d'une attrayante surprise. Qu'on la juge comme on voudra, elle possède le plus grand attrait dont puisse être doué, soit un homme, soit une chose, soit un objet de chair, soit un objet de pierre ou de marbre. Elle est originale. Ses plus misérables maisons ont un aspect attrayant de mystère. On y sent une vie voilée, comme le visage de ses femmes. Suivant mes habitudes en voyage, je n'ai rien visité de partis pris. Je n'aurais pas visité la mosquée de Sainte-Sophie, si je n'y avais été conduit un jour par le hasard, le seul guide que j'aie jamais eu. Mon fatalisme en cette matière m'a bien servi. Maintes fois la rencontre fortuite de quelque monument isolé, de quelque lieu dédaigné, de quelque demeure obscure, m'a fait éprouver des émotions plus profondes que l'aspect des édifices les plus célèbres. Ainsi je fus frappé tout à coup à Constantinople, dans un coin de rue, par une maison que je n'oublierai pas. Devant cette maison peinte de rose et de safran, deux couleurs qu'affectionnent les Turcs, régnait une petite terrasse où s'élevaient des arbustes d'un vert sombre. Entre ces arbres se dressaient ces colonnes funéraires surmontées de turbans, qui abondent dans les cimetières musulmans. Au pied d'une de ces colonnes, un immense rosier étalait le luxe de ses fleurs éblouissantes. Je n'ai jamais respiré plus vivante poésie que celle de cette habitation inconnue. Ce n'est point en Orient qu'Hamlet aurait jamais pu débiter son sinistre monologue. Les Orientaux jouent avec la mort : elle est pour eux un songe sans effroi, on dirait même tout rempli de charme. Les cimetières de Constantinople sont de merveilleux jardins. C'est là que les promeneurs abondent ; nombre de tombes, comme les maisons, sont peintes de vives couleurs. Les cyprès qui se dessinent sur un ciel transparent ne répandent dans ces lieux ouverts à tous que la mélancolie nécessaire pour agrandir et compléter la grâce de toute chose terrestre.

Je traversai la ville tout entière, les vieux quartiers turcs, avec leurs rues étroites, tortueuses, mal pavées, où se reposent, dans une attitude d'idole, ces affreux chiens jaunes, respectés par les musulmans, qui s'indignent quand un étranger les dérange, puis Péra, cette cité européenne, marquée au caractère effacé de la vie moderne, et je parvins enfin à ces rives splendides du Bosphore, qui méritent toute l'admiration dont elles sont en possession depuis tant de siècles. C'est à ces rives assurément que je puis dire : Non, vous ne m'avez pas trompé. Dans ce lieu unique, les mêmes eaux réfléchissent la face de deux mondes. L'Europe et l'Asie sont en présence l'une de l'autre, et semblent faire assaut de majesté. Que les palais du Bosphore ressemblent un peu à une décoration théâtrale, je le sais bien; que çà et là quelques édifices de bois peints insultent à la pureté d'un goût austère, cela peut être vrai encore ; mais ce qui est bien certain, c'est que le regard et la pensée flottent à travers toute sorte de magies. Pour quelques demeures en bois, quelle série harmonieuse de palais, offrant fièrement au soleil leurs colonnes de marbre ! Et sur ces rivages de l'Asie quels grands arbres, élégants et altiers, répandant de leurs têtes épanouies, sur le gazon qui entoure leurs pieds, une ombre profonde et sereine ! J'étais destiné du reste à jouir pleinement de ces beaux lieux. Le maréchal Saint-Arnaud occupait un palais à Ieni-Keuï, sur les rives mêmes du Bosphore. Derrière ce palais, dans un jardin qui s'étendait aux flancs d'une colline, on avait réservé un bivac pour mes spahis. Ceux à qui Dieu a permis de mener noblement l'existence de l'aventure doivent être pénétrés d'une reconnaissance profonde envers leurs destinées : si quelquefois leur vie a les allures d'un mauvais songe, si par instants elle peut leur paraître le jouet de puissances capricieuses et malfaisantes, combien de fois aussi elle leur offre une réunion étrange d'enchantements qu'ils n'auraient pas osé souhaiter! Je me trouvais, à la plus riante époque de l'année, dans le plus beau paysage du monde, menant la seule vie que j'aie jamais aimée. Tout autour de ma tente étaient dressées les tentes de mes spahis. Nos chevaux, attachés à la corde, avaient pour mon esprit et pour mes yeux ce genre de charme paisible que répand autour d'elle l'existence des animaux, et, tout en fumant ma pipe sur le gazon, je voyais à l'horizon de mes songeries l'apparition désirée d'une de ces grandes guerres dont notre armée si longtemps s'était crue déshéritée.

Pendant notre séjour à Ieni-Keuï, il y eut une grande revue à Daoud-Pacha. Le maréchal Saint-Arnaud avait voulu présenter au sultan la division du prince Napoléon, qui venait s'embarquer à Constantinople pour Varna. Les spahis assistèrent à cette solennité. Ils représentaient ce jour-là toute la cavelerie de notre armée. Le maréchal, qui les aimait, voulut, dans un sentiment de bienveillante coquetterie à leur endroit, que leur défilé se fît aux plus vives allures de la fantasia arabe. A un signal donné, toute cette troupe en burnous rouges prit le galop de charge, s'envolant devant le sultan comme une bande d'oiseaux aux ailes de pourpre. J'ai à peine parlé de ces hommes, dont je garderai pourtant un vif souvenir, et dont l'existence alors était si étroitement liée à la mienne. Les spahis envoyés à l'armée d'Orient avaient été choisis avec soin dans les trois régiments qui composent la cavalerie indigène de l'Algérie : c'étaient des gens de grande tente ; plusieurs d'entre eux possédaient des serviteurs comme les hommes d'armes des temps passés. Des cavaliers de la province d'Oran avaient des suivants montés sur de beaux et vigoureux chevaux. Point de spahi qui n'eût des étriers dorés et un burnous de soie blanche tranchant sur un burnous rouge ; tous les haïcks étaient attachés par ces belles cordes en poil de chameau, noires et luisantes, qui étaient le luxe de l'émir Abd-el-Kader. Cette fière et brillante troupe s'était fort réjouie d'être passée en revue par le sultan, et avec l'imagination arabe elle s'était représenté le Grand Seigneur dans un habit fait de lune et de soleil, comme les robes de Peau-d'Ane. Le modeste uniforme de Sa Hautesse, qui ce jour-là pourtant avait attaché une aigrette à son fez, fut une cruelle déception pour ces fils de l'Afrique. Sans Constantinople, les spahis auraient jeté un irrévocable anathème à l'Orient ; mais cette ville d'étrange poésie trouva le chemin de leurs cœurs. J'ai entendu maintes fois ces hommes, qui affectent l'indifférence où les races guerrières placent souvent leur dignité, s'écrier : « Stamboul ! Stamboul ! » avec un accent d'admiration passionnée. En leur qualité de musulmans, ils pouvaient visiter toutes les mosquées ; j'avoue que je n'ai point partagé leur enthousiasme pour Sainte-Sophie. Cette grande basilique m'a paru toute remplie d'une sorte de tristesse anglicane. Rien ne donne une idée plus haute de l'art savant et merveilleux qui a élevé les édifices religieux du moyen âge. Quand on regarde au dehors et à l'intérieur cette grande coupole sans mystère, où la pensée s'ennuie et où le regard se brise partout contre des surfaces dures et lisses, on songe avec un redoublement de tendresse aux profondeurs de nos cathédrales avec leur fouillis de sculptures et leur peuple de statues. La nef gothique est un immense vaisseau qui contient une réunion étrange de passagers à coup sûr, puisqu'elle renferme des saints et des damnés, des anges et des démons, des moines, des vierges folles et des animaux ; mais on sent qu'avec toute cette foule l'arche sacrée porte Dieu.

Vers les derniers jours du mois de juin, le maréchal Saint-Arnaud résolut de se rendre à Varna, où l'armée expéditionnaire était presque tout entière réunie. Je quittai les rives du Bosphore par une matinée d'une douceur merveilleuse. J'étais destiné à revoir ces lieux, puisque je devais sortir du gouffre ardent où tant de mes amis ont disparu ; mais rien en ce monde ne nous apparaît deux fois sous le même aspect, ni les visages humains, mobiles comme notre pensée, changeants comme notre vie, ni même les paysages que notre âme immortelle et infinie illumine de ses clartés ou voile de son ombre. Les rives du Bosphore, quand je les ai revues, m'ont toujours paru d'une admirable beauté ; seulement on vieillit vite pendant la guerre, il leur manquait un rayon de ma jeunesse.

Le maréchal Saint-Arnaud s'embarqua sur un bâtiment à vapeur qui remorquait la frégate où je pris place avec ma troupe. Cette frégate était la *Belle-Poule*, peinte en noir depuis le jour où elle a ramené en France les dépouilles mortelles de Napoléon Ier. Malgré cette sombre couleur, c'était un gracieux navire, où nous trouvâmes cette hospitalité que les officiers de notre marine pratiquent avec tant d'intelligence et de courtoisie. J'ai passé sur la *Belle-Poule* une des bonnes soirées de ma vie. Nous étions sortis du Bosphore au coucher du soleil ; nombre d'embarcations, chargées de soldats comme la nôtre, glissaient auprès de nous dans ce large détroit où la mer a la paisible majesté d'un fleuve. Tous ces bâtiments de guerre, quand ils se côtoyaient, s'envoyaient des vivat mêlés à un bruit d'acclamations et de fanfares. Je me rappelle un groupe de soldats agitant leurs képis au pied du grand mât dans un navire qui longea le nôtre, puis alla disparaître dans les dernières clartés du soleil. Cette lumineuse apparition s'est souvent représentée à mon esprit ; elle avait quelque chose d'enthousiaste et d'héroïque. Où allaient ces braves gens qui nous saluaient de leurs cris ? Nous-mêmes, où allions-nous ? C'est ce que j'ignorais ; mais nous savions tous que nous allions sur une terre quelconque faire un acte d'abnégation et d'ardeur. De là ces sentiments éclatants, dans leur expression énergique et rapide, comme le ciel et la mer entre lesquels ils s'élevaient.

En vingt-quatre heures, nous étions à Varna. Cette triste ville nous apparut éclairée par une lumière oppressive et dure. On sait avec quelle rapidité les nouvelles se sont toujours répandues aux époques de grandes émotions ; bien avant ces inventions modernes qui mêlent la matière à toute chose, elles traversaient l'air sur des ailes invisibles. Nous étions encore en mer lorsqu'on nous apprit que Silistrie échappait aux coups des Russes. C'était une grande gloire pour les armées ottomanes, mais une cruelle déception pour les troupes françaises et pour le maréchal Saint-Arnaud surtout, que tant d'impérieux motifs poussaient au-devant de l'ennemi. Peut-être cette nouvelle, qui reléguait dans un avenir incertain l'heure des combats, nous fit-elle paraître Varna plus triste que les hommes et la nature ne l'ont fait. En touchant les rivages bulgares, je compris les chagrins d'Ovide, qui, dit-on, est venu mourir dans ce coin du monde. Plus je voyage, plus je suis convaincu que la physionomie d'une contrée ne dépend point de la terre, mais du ciel. Or le ciel change à l'infini ; dans cet immense royaume du bleu, où ne semblent point exister de frontières, Dieu a créé une incroyable variété de régions, profondément distinctes les unes des autres par l'éclat et la couleur de la lumière. Le ciel d'Athènes est pur, élégant et fin comme les chefs-d'œuvre de l'éloquence ou de la poésie athénienne. Le ciel de Constantinople est riche, éblouissant, somptueux ; il a gardé la magnificence perdue dans les États qu'il éclaire. Le ciel de la Bulgarie est un ciel sauvage, lourd et grossier, en harmonie avec les conducteurs d'*arabas* et leurs pesants attelages.

Le jour de notre débarquement à Varna, il y avait dans l'air une écrasante et malsaine chaleur, signe précurseur du fléau qui allait bientôt nous atteindre. Varna ressemble du reste à la plupart des villes turques. Des rues mal pavées, bordées de maisons en bois ; çà et là quelques cafés où des Turcs aux cheveux longs, aux fez écourtés, aux redingotes mal faites, aux pantalons de nuances bizarres et de propreté douteuse, se livrent, autour d'un narghiléh, à une rêverie orientale plus morne que le spleen britannique ; puis des bazars avec un pêle-mêle d'objets où l'on trouve bien rarement soit une forme, soit une couleur attrayantes : voilà Varna. De plus, cette cité délabrée a l'air rébarbatif des places fortes. De nombreux combats se sont livrés sous ses murs, qui connaissent les boulets russes. On peut apercevoir de ses remparts la hauteur où l'empereur Nicolas a placé sa tente à une époque où il poursuivait déjà les rêves si cruellement effarouchés par notre canon.

Le maréchal Saint-Arnaud s'établit à Varna dans une petite maison située au détour d'une rue tortueuse, mais voisine de la mer. Ce triste asile allait devenir le témoin de ses luttes héroïques contre la douleur. Quant à moi, je traversai la ville à cheval avec mes spahis, et j'allai installer mon bivac aux portes mêmes de la cité, sur une sorte de promenade publique, en face d'un grand bâtiment transformé déjà en hôpital, et que le choléra allait se charger de remplir. La route qui longeait mon bivac était traversée par des gens de toute nature. Je retrouvai les bachi-bozoucks, dont la réunion s'était opérée sous les murs de Varna. Ces cosaques du Grand Seigneur passaient en longue file devant nos tentes, montés sur leurs petits chevaux et portant des arsenaux à leur ceinture. Les bachi-bozoucks étaient les fantaisies vivantes de Callot ; on pouvait les prendre pour des diables, pour des bohèmes, pour toute sorte de créatures, excepté pour des chrétiens, ce que du reste ils n'avaient point la prétention d'être.

Une troupe dont l'aspect me causa quelque plaisir militaire, ce fut un bataillon turc qui revenait de Silistrie. Ce bataillon avait comme une lointaine ressemblance avec les hommes intrépides qui coururent à nos frontières le jour où de ses entrailles déchirées la république française tira quatorze armées. Il y avait sur les traits basanés de ces soldats cette empreinte que les périls récents laissent au visage des guerriers. Leurs vêtements étaient en lambeaux, et leurs fusils en bon état; leurs chaussures poudreuses et usées s'attachaient par des cordes aux longues guêtres bulgares. En cet équipage, qui sentait le combat, la fatigue et la misère, ils avaient une sorte d'entrain et de fierté qu'on trouve rarement chez l'armée turque. Ceux-là seuls qui portent le nom français et qui se battent sous notre drapeau me font éprouver de vraies émotions d'enthousiasme; ainsi le veut, à tort ou à raison, mon âme, que Dieu n'a point faite cosmopolite comme mon corps. J'ai eu cependant presque un battement de cœur pour ces Turcs de Silistrie, à qui je trouvais un air de braves gens, et qui, au sortir des murs mitraillés dont ils venaient de sauver l'honneur, avaient comme un rayon de gloire au bout de leurs baïonnettes.

III

Cependant le choléra fondait sur nous. C'est assurément dans la Dobrutcha qu'il porta ses coups les plus cruels; mais Varna aussi fut rudement traitée par le fléau. On m'ordonna de choisir le bivac qui me paraîtrait le plus salubre. J'allai m'établir au bord de la mer, dans un vaste champ où j'ai passé des jours qui, malgré leur tristesse, ont laissé dans ma mémoire un grand charme. Une singulière volonté du destin fit que le mal dont les ravages m'entouraient ne m'enleva pas un seul homme. En dépit de la surveillance que j'exerçais jusque sous leurs tentes, mes spahis dévoraient des melons, des pastèques et toute sorte de fruits à peine mûrs; ces continuelles imprudences ne livrèrent heureusement au fossoyeur nul d'entre eux. Ils allaient jusqu'au seuil de la mort et ne le franchissaient pas. Que de fois on m'a fait venir en toute hâte sous une tente où je croyais trouver un mourant! « Mohammed, Abdallah, Cadour, sont à l'agonie! » me criait-on. J'arrivais, et un spectacle lugubre s'offrait à ma vue : une grande figure gisait à terre sur un amas de burnous, entourée de personnages désolés que leurs vêtements flottants faisaient ressembler à des spectres. Le ciel a toujours voulu qu'aucun de ces agonisants n'entrât définitivement dans le trépas. Au bout de quelques heures, mon malade se relevait et reprenait possession de la vie. Ce qui se passait dans mon bivac n'était par malheur qu'une étrange exception à une terrible loi. Ma tente s'élevait à côté de la route du cimetière, et je pouvais juger de l'énergie du fléau par le nombre des convois. Dans cette procession funèbre qui se déroulait incessamment sous mes yeux, je me rappelle quelques épisodes qui ne manquaient pas d'une grâce navrante. En Turquie, on n'enveloppe pas les morts de ce linceul où nous roulons ceux que nous avons le plus aimés. On revêt de leurs plus brillants habits les êtres que l'on a perdus, et on les porte sous le ciel, à visage découvert. Je me rappelle une jeune fille, presque une enfant, que l'on portait ainsi; elle avait autour du front une couronne de roses blanches; le jour auquel on la montrait pour la dernière fois éclairait doucement sa chaste et frêle beauté; une femme la suivait en pleurant, sa mère sans doute. J'aurais presque pleuré comme la pauvre désolée dont la terre allait prendre le trésor.

Pourquoi cette poignante tristesse dont nous pénètrent quelques détails obscurs d'un malheur isolé, et cette profonde indifférence où nous laissent parfois les plus formidables spectacles des calamités publiques? Pourquoi ces larmes dans nos yeux devant une mère qui pleure son enfant et cette implacable sécheresse de notre regard contemplant sur un champ de bataille ces immenses nappes de cadavres, voile sanglant que la gloire jette sur la terre pour nous apparaître dans son éclat? Je n'en sais rien : cela est ainsi; je subis sans la comprendre, comme tant d'autres, cette mystérieuse loi de notre destin. Je dînais habituellement devant ma tente; ma table était à quelques pas de cette voie funèbre continuellement couverte de cercueils, et pourtant je songe avec plaisir à ces repas. Rien de ce qui élève l'esprit, de ce qui fait appel aux parties énergiques et hautes de notre nature, ne laisse une trace vraiment pénible dans notre souvenir. Dans le présent comme dans le passé, on ne se sent vraiment opprimé que par les vulgarités de la vie. Un soir, pendant un de ces repas, j'eus comme une vision céleste : je croyais à un jeu de mon imagination. Ce n'était pourtant pas une illusion, c'était bien une réalité qui occupait mon regard. J'aperçus, sur cette route du cimetière, deux sœurs de charité, avec ces coiffes qui mettent à leurs fronts recueillis comme deux ailes. La tête inclinée, les bras sur leurs poitrines, elles marchaient de ce pas léger, droit et sûr, qui semble représenter le trajet à travers la vie de ces âmes sans souillures. La première blessure qui ait déchiré ma chair a été pansée par des sœurs de charité. Ce n'est pas un vague sentiment de poésie, c'est le solide lien d'une profonde reconnaissance qui m'attache à ces pieuses filles. Jamais les deux patries qu'à certaines heures nous confondons dans un même amour, la patrie d'ici-bas et la patrie de là-haut, ne s'offrirent à moi sous des traits plus sensibles et plus dignes qu'en cet instant. Depuis quelques jours, Varna possédait des sœurs de charité. Sur cette terre musulmane, dans ce pays où toute action vivifiante est frappée de stérilité par le monstrueux abaissement de la femme, notre société et notre religion envoyaient ce qu'elles ont à la fois de plus délicat et de plus fort. Il me semblait que ces deux humbles femmes répandaient autour d'elles cette sorte de sérénité solennelle, de recueillement ému et profond, qu'une croix solitaire suffit à verser sur un paysage. Je les suivis du regard avec une vraie joie et en leur adressant tout bas les meilleures salutations de mon cœur.

La nuit, quand je m'endormais sous ma tente ou quand je venais à me réveiller tout à coup, il y avait un bruit que j'entendais sans cesse : c'était celui de lourds chariots s'acheminant vers le cimetière. Le jour était consacré aux convois isolés; les convois qui portaient à la terre des hécatombes étaient réservés pour la nuit. Je connaissais le cimetière voisin; plus d'une triste cérémonie m'y avait appelé. Quand j'entendais dans les ténèbres le bruit de ces chars funéraires, je me rappelais ces longues files de fosses creusées la veille pour les morts du lendemain. Eh bien, je crois pouvoir le dire, j'ai rarement goûté de plus paisibles sommeils qu'au bord de ce chemin, dans mon bivac de la mer Noire. La mort n'est vraiment horrible que de loin et quand à de longs intervalles on hasarde vers elle un regard furtif; mais, quand notre destinée nous pousse à elle franchement, quand on en vient en quelque sorte à dormir sur son sein, on lui trouve comme une douceur de nourrice.

Un soir aussi, sur cette même route où j'avais eu une vision angélique, j'eus tout à coup une apparition amie; j'aperçus un homme qui a joué dans mon existence militaire un grand rôle, le colonel de la Tour du Pin. Toute l'armée a connu cet héroïque pèlerin du devoir et de l'honneur, qui, privé par une infirmité cruelle d'une situation régulière dans notre inflexible hiérarchie, avait fait pourtant son clocher du drapeau, et vivait d'une vie exceptionnelle dans cette patrie mouvante où un respect affectueux l'entourait. Comme on peut s'en apercevoir déjà, j'évite de prononcer les noms propres. Je garderai, je l'espère, jusqu'au bout de ma tâche une réserve que je me suis imposée dès les premières lignes de ce récit; mais l'homme dont je parle n'existe plus, et je crois qu'il est permis, peut-être même juste et pieux, de rappeler certains morts à la vie avec tout ce que nous pouvons trouver dans notre parole de force et de chaleur.

Le colonel de la Tour du Pin venait habiter ma tente, où je devais le conserver pendant la plus grande partie de cette campagne. Cet hôte précieux m'apportait, si loin de la France, un genre de jouissances intellectuelles qu'il est rare de trouver, même dans ce qu'on appelle les foyers de la civilisation et de la pensée. Il avait un caractère qui, je crois, a dû être fort rare en tout temps, et qui a particulièrement disparu de la société que les mœurs modernes nous ont faite. Avec ses habitudes d'une simplicité presque exagérée, sa vie sobre, dure, rompue à toutes les privations, il possédait la seule élégance qu'il m'ait jamais été possible d'apprécier ; il considérait l'esprit avec toutes ses grâces comme destiné uniquement à servir les vouloirs généreux du cœur. Ainsi je me rappelle qu'un jour, en me parlant d'un péril qu'avait couru sous ses yeux un homme dont il aimait l'intelligence, il me disait : « Jamais je ne suis plus heureux qu'en voyant bravement s'exposer les gens chez qui la pensée me paraît avoir quelque valeur. Si j'avais un conseil à donner aux hommes réputés hommes de génie, je leur dirais : Menez votre génie au danger; croyez qu'il vous impose non point le devoir de vous ménager, mais un devoir tout contraire. » Son existence entière ne fut que l'application de ces maximes. Ce Bayard avait reçu du ciel le talent de Saint-Simon; Dieu sait, pour employer le langage de M. de Turenne, à quels périls il conduisait la carcasse où résidait ce merveilleux esprit [1].

J'étais avec ce compagnon quand, un peu avant le tomber du jour, j'aperçus une épaisse fumée qui venait du côté de Varna. C'était le début de ce terrible incendie qui fut un si cruel chagrin pour le maréchal Saint-Arnaud. Je courus aussitôt dans la ville, où régnait une atmosphère embrasée; on m'enjoignit de regagner au plus vite mon bivac, de garantir mes chevaux contre tout débris que des explosions pourraient lancer, et d'attendre des ordres. Cependant la nuit était arrivée, favorisant un de ces spectacles dont on savoure à regret l'horreur. La ville entière semblait en flammes; le feu détruisait les bazars. En dévorant tous ces abris en bois qui abondent dans les pays musulmans, il jetait une lueur brillante et claire

---

[1] Le colonel de la Tour du Pin n'était pas seulement en effet un brave militaire, c'était aussi un écrivain distingué, et on peut voir de lui, dans la *Revue des Deux-Mondes*, un récit d'un vif intérêt, l'*Expédition de Constantine*, dans la livraison du 1ᵉʳ mars 1838. (*Note de l'Éditeur.*)

comme celle dont se réjouissent les enfants autour d'un foyer patriarcal. A côté de cette blanche lumière s'élevait une lumière rouge, sanglante, sinistre; c'était la clarté de l'incendie s'attaquant à d'énormes poutres, se jetant avec une aveugle furie contre des constructions en pierre. Je me rappelle un minaret qui tout à coup fut enlacé par de longs serpents de flammes; droit, élégant, majestueux, ce monument de la piété musulmane me fit songer au Laocoon du sculpteur antique. Il semblait devenu un être vivant, luttant contre une fatale étreinte; après quelques instants d'une véritable agonie, je le vis s'affaisser et disparaître. Cet incendie, frappant tout à coup une ville ravagée par le choléra, avait comme un caractère de fléau céleste dont le maréchal de Saint-Arnaud fut profondément attristé. Cet homme résolu montra en cette occasion le dévouement qui allait toujours grandissant dans sa nature épuisée. Les flammes entouraient un bâtiment où l'on avait amassé une énorme quantité de munitions et de poudre. On était sous la menace incessante d'une explosion qui pouvait en un moment porter de plus cruels coups à notre armée que la plus désastreuse bataille. On avait enveloppé la poudrière de toiles mouillées, maintenues énergiquement par quelques soldats sur des murs que la chaleur envahissait déjà. Le maréchal resta constamment près de l'édifice qu'une étincelle pouvait transformer en volcan. Il attendit pour se retirer, lui qui avait un besoin si impérieux de repos, que tout péril eût disparu, que l'incendie, combattu, traqué et enfin enfermé par nos troupes dans un réduit où sa rage devenait impuissante, eût fini par expirer. Varna, au sortir de cette nuit, n'offrait point le spectacle auquel je m'attendais. Les rues étaient, il est vrai, jonchées de débris; plus d'un monument était abattu ou effondré, les bazars étaient devenus des monceaux de ruines; mais les villes d'Orient sont faites ainsi, que les plus grandes catastrophes n'y produisent pas cette tristesse insolite dont le moindre accident frappe nos villes. Ces cités, depuis les temps bibliques, sont accoutumées à être battues par l'aile de tous les fléaux. Que ce soit la guerre, la peste ou l'incendie qui fondent sur elles, leur aspect de morne paresse ou d'apathique désordre est toujours le même; elles sont éternellement un chaos sur lequel se promène un esprit stérile et indolent.

Quant à l'effet produit sur nos troupes par ce sinistre événement, il était oublié déjà. Nos soldats couraient à travers les rues, riant de mille incidents que faisaient naître les débris amoncelés sous leurs pas. Bientôt une nouvelle qui se répandit dans les camps vint faire disparaître jusqu'au souvenir de cet épisode : on apprit qu'une expédition contre Sébastopol était résolue. Comment les soldats peuvent-ils connaître avec cette rapidité des secrets confiés à un petit nombre d'hommes, sûrs, réfléchis, et gardés par ces hommes religieusement? C'est ce qui a excité l'étonnement bien des fois. Il semble que l'âme d'une armée ait comme la prescience de l'œuvre qui va réclamer ses efforts. Ce qui est certain, c'est que, quinze jours avant notre départ, nul d'entre nous ne doutait du coup hardi que nous allions porter en Crimée.

Nous n'étions point encore délivrés du choléra, mais c'était un monstre rassasié, ne demandant plus que de rares victimes; puis l'espoir d'une prochaine aventure, étrange, éclatante, hardie, avait produit sur l'esprit français l'effet que l'on peut imaginer. On regardait avec une curiosité avide tous les moyens de transport, vaisseaux, navires, chaloupes, qui s'accumulaient à Varna. Le moment arriva enfin où les premières troupes reçurent l'ordre de s'embarquer sur cette flotte qui allait les porter à des périls inconnus et à des victoires certaines. Malgré le singulier attrait que m'avait offert mon bivouac de la mer Noire, j'abandonnai avec une joie profonde les rivages de la Bulgarie. J'occupais avec mes spahis une frégate turque qui avait été mise tout entière à notre disposition. Le capitaine de ce bâtiment, silencieux et réservé à la manière des Orientaux quand ils se piquent de courtoisie, ne nous importunait jamais de sa présence. Il s'était confiné sur son navire dans un réduit qu'il ne quittait point. En aucun temps de ma vie et en aucun lieu de ce monde, je n'ai plus goûté le charme tranquille de l'intérieur qu'à cette époque de luttes imminentes, sur cette embarcation confiée à une mer lointaine et baignant des côtes ennemies; Mes spahis et leurs chevaux étaient établis sur le pont. Presque toutes mes heures s'écoulaient dans un grand salon où je bivouaquais avec les officiers de mon détachement. Le repas terminé, tandis que mes compagnons prolongeaient la soirée en causant et fumant autour de moi, je me couchais avec une indicible volupté dans un coin de cette vaste pièce, et j'entrais dans des nuits qui resteront assurément parmi les meilleures dont j'aurai joui en ce monde. Une nuit surtout, — que le souvenir en soit béni ! — je sentais, sous le mouvant plancher de ma chambre, une mer assez grosse pour faire monter à mon cerveau un léger parfum de danger, sans le troubler dans sa paresse par le souci d'un péril urgent et debout. Réveillé tout à coup entre deux songes, je m'abandonnais aux mouvements de la puissante berceuse qui allait bientôt me rejeter dans le sommeil. Je songeais avec une tristesse sans amertume à toute sorte de choses passées, dépouillées de leur âpreté offensante par les espaces qui me séparaient d'elles ; puis j'entrevoyais, comme une image discrète et charmante,

comme cette statue voilée de la mystérieuse déesse
chère à l'imagination des anciens, l'avenir qui m'attendait sur le rivage où me poussaient mes destinées.

Il y avait déjà plus d'une semaine que nous voguions dans la mer Noire, quand tout à coup, à la fin
d'une chaude journée, un mouvement extraordinaire
se manifesta dans la flotte. Nous étions en vue de la
Crimée, à la hauteur d'Eupatoria. Je ne puis m'empêcher de faire ici une réflexion qui s'est offerte à
mon esprit plus d'une fois : pour bien jouir de certains spectacles de la vie humaine, les meilleures places sont les plus obscures. Les grands événements,
quand on ne connaît nul des laborieux efforts qui les
amènent, ont une sorte de charme théâtral que l'imagination goûte avec délices. Ce sont des décorations
qui se présentent à vous toutes dressées. Si au bonheur de ne pas avoir vu le machiniste vous pouvez
ajouter celui d'ignorer complétement pour quelle pièce
la scène est préparée, vous êtes un homme appelé à
d'exquises et rares jouissances. C'est une de ces jouissances-là que je goûtai devant Eupatoria. J'aperçus
soudain une ville qui, noyée dans les rayons du soleil
couchant, séparée de mon navire par de vastes et lumineux espaces, parée pour moi de tout l'attrait de
l'inconnu, me parut une agréable et majestueuse cité.
C'était, m'a-t-on dit depuis, une place assez misé-

rable, que les Russes ne jugèrent pas à propos de défendre, et où vivait, dans la plus affreuse détresse, toute une population de Tartares. En ce moment, Eupatoria me semblait une de ces villes que salue de loin le voyageur, et où il envoie avant lui sa pensée impatiente. Était-ce là que nous devions débarquer? Ces murailles silencieuses allaient-elles s'animer tout à coup et s'entourer d'une ceinture de fumée? Voilà les questions que je me posais, avec la joie de ne point pouvoir les résoudre. Notre flotte s'arrêta un moment; j'aperçus une embarcation qui se détachait d'un vaisseau amiral et se dirigeait vers le port ennemi. J'ai su depuis qu'Eupatoria s'était rendue à la première sommation. Ce soir-là, je rentrai avec mes compagnons dans la salle où s'écoulait notre vie, et je me mis gaiement à table, en me livrant au souverain plaisir de ne rien comprendre à ce qui se passait sous mes yeux. Nous savions pourtant que nous touchions au but de notre voyage. Un matin, les pavillons qui servent de signaux se mirent à monter et à descendre le long des mâtures avec une singulière rapidité. On sentait qu'une heure décisive était venue. Devant nous s'étendait une vaste plage vers laquelle tous les navires s'avançaient dans un ordre imposant et régulier. Évidemment nous allions débarquer en Crimée. Nombre d'entre nous avaient espéré une lutte navale. La guerre maritime devient rare. Tandis que les instruments destructeurs dont ils sont menacés atteignent une étrange perfection, les navires prennent une organisation compliquée et délicate comme l'organisme humain. Il y a telle partie vive des vaisseaux à vapeur où un boulet peut causer d'irréparables dommages. Un de ces grands bâtiments auxquels tant d'existences sont confiées, que protégent tant de fermes intelligences, que défendent tant d'énergiques volontés, peut entrer tout entier dans la mort en un seul instant, comme un homme frappé au cœur. La première bataille vraiment digne de ce nom qui se livrera sur la mer sera la plus redoutable et la plus splendide action à laquelle puisse être conviée l'intrépidité humaine. La flotte russe resta dans Sébastopol, et notre attente fut trompée ; mais, malgré l'absence de tout combat, le jour de notre débarquement sur les rives de Crimée n'en fut pas moins un de ces jours qui parlent au cœur avec une toute-puissante éloquence, et laissent de longues traces dans la pensée.

Ce fut le maréchal Canrobert, général de division alors, qui le premier, entouré de quelques soldats, mit le pied sur ces rives qu'embrassaient tant d'espérances et tant de regards. Ce fut lui qui planta le drapeau français sur cette terre où la France allait apparaitre aux nations dans le glorieux appareil qui lui sied si bien et qui lui est si cher. Je vois encore le groupe formé sur la plage par le général Canrobert et les soldats qui l'entouraient. Je regardais avec une joie profonde cette poignée d'hommes dominés par notre drapeau, quand une embarcation s'approcha de mon navire. Un aide de camp du maréchal Saint-Arnaud venait me donner l'ordre de débarquer immédiatement avec ma troupe et de monter à cheval aussitôt que nous aurions touché terre, pour aller battre le pays. Cet ordre fut promptement exécuté. En quelques instants, mes spahis et leurs chevaux furent sur les rives de la Crimée. Nous nous mettons promptement en selle et nous partons en avant, dans une direction que le général Canrobert nous indique. Le temps était admirable. Le 14 septembre, à Old-Fort, est resté dans ma mémoire comme une de ces belles journées d'automne où l'on se meut avec bonheur et liberté dans une atmosphère claire, limpide, salubre, que n'altèrent ni le froid ni la chaleur. Les plaines qui s'étendaient devant nous me rappelaient ces grands espaces que l'on trouve en Afrique entre le Tell et le désert. Nos chevaux bondissaient gaiement sur ce sol semblable à celui de leur patrie. Les spahis se développaient en éclaireurs avec l'intelligence qu'ils apportent dans tous les mouvements de partisans. J'étais dans un de ces rares moments de la vie où nous croyons saisir cette vision qu'on appelle le bonheur.

Je poussai ma reconnaissance jusqu'à l'endroit qui m'avait été désigné sans rencontrer un seul ennemi; le jour de notre débarquement, pas un cosaque ne se montra dans la campagne. Il y a d'ordinaire quelque chose d'inquiétant et d'irritant pour une armée à s'avancer dans un pays qui ne lui est ni livré ni disputé. Les soldats qui débarquaient en Crimée avaient une telle confiance, que cette sorte de menace occulte dont ils étaient entourés ne fut point pour eux le souci d'un instant.

Le soir, je dressai ma tente à quelques pas de la mer, près du quartier général. Quand il s'agit de souper, il se trouva que nous n'avions ni pain ni viande; mais nous possédions du biscuit et une bouteille de vin de Champagne que nous réservions pour célébrer notre première victoire; cette bouteille servit à fêter notre débarquement. Le vin de Champagne ne me plaît pas d'habitude. Comme ses poëtes ordinaires, il a une fausse légèreté; mais les Français trouvent un attrait à tout compatriote qu'ils rencontrent sur la terre étrangère. Ce jour-là, je fis un cordial accueil au frivole et pédant héros de la chanson classique, qui me parut transformé suivant mes goûts, c'est-à-dire tout rempli de rêverie allemande et de bonhomie guerrière.

Le lendemain, le premier aide de camp du maréchal Saint-Arnaud me donna l'ordre de me porter avec mon détachement jusqu'à un village où se trou-

3.

vaient un fonctionnaire russe et un poste d'infanterie que je devais enlever. Un Tartare revêtu d'un burnous de spahi me servit de guide. Les ordres que l'on m'avait donnés furent accomplis. Le soir, je regagnais le camp français avec une chaise de poste où était l'agent russe, qui à l'arrivée des spahis se disposait à fuir, et quelques chariots de réquisition où j'avais fait monter les soldats ennemis surpris par mes cavaliers. Le maréchal Saint-Arnaud était absent quand notre petite troupe revint avec ses prisonniers. Il était monté à cheval pour visiter son bivouac. On profita de cette circonstance pour placer aux deux côtés de sa tente les fusils que nous venions de prendre. C'étaient deux bien modestes trophées à coup sûr; le maréchal les vit cependant avec plaisir à son retour. Ces armes et ce petit groupe de personnages excitaient dans le camp une curiosité que comprendront tous ceux qui ont assisté aux débuts d'une guerre. Chacun est impatient de voir comment est fait, comment est vêtu et armé l'adversaire qu'il va combattre. Les premiers prisonniers ont pour les soldats une sorte d'attrait mystérieux. Ceux qu'amenaient mes spahis confirmaient tout ce que j'avais recueilli sur l'armée russe. Cette ardeur intelligente qu'expriment les traits des soldats français, et qui devient à certaines heures une si terrible puissance, manquait à ces honnêtes visages. Malgré tout ce que j'ai entendu dire sur la discipline moscovite, mes premiers rapports avec le sous-officier qui commandait ce poste ennemi me causèrent une sorte de stupeur. C'était un vieux soldat rompu à la discipline de son pays. Quand il eut rendu ses armes, je lui adressai par la bouche d'un interprète quelques questions. Il m'écoutait la main à son bonnet, les deux talons sur la même ligne, dans une attitude si complétement immobile, que la vie semblait s'être subitement retirée de lui. Quand il me répondait, ses lèvres remuaient sans que le mouvement se communiquât à aucune autre partie de son corps. Notre entretien terminé, il fit face en arrière par un demi-tour lentement exécuté, et se mit à marcher en ligne droite d'un pas méthodique. Il arriva que j'eus besoin de le rappeler ; il s'arrêta subitement et carrément, sans déranger d'une ligne la position de ses épaules et de sa tête, se retourna de mon côté par un second demi-tour aussi correctement accompli que le premier, et se dirigea vers moi de son pas cadencé jusqu'à une distance où il reprit, dans sa complète immobilité, son attitude primitive. C'était bien là le soldat russe dont nos devanciers nous ont si souvent entretenus, soldat qu'il ne faut point mépriser toutefois. Dans ces êtres où une discipline inflexible semble s'être efforcée d'anéantir jusqu'au dernier vestige de la volonté humaine, il y a de nobles sentiments qui ne sont pas détruits. Plus tard, en regardant les cadavres ennemis qui encombraient si souvent nos tranchées, j'ai vu sur des visages ensanglantés, et où la mort avait mis sa griffe, l'expression de la constance, de la fermeté, même de l'enthousiasme. Heureusement ces vertus-là résident aussi dans le cœur des nôtres, et elles ont, pour se manifester, cette étrange, cette incontestable force, également apte à toutes les œuvres, propre à toutes les luttes, qui s'appelle l'intelligence française.

IV

Pour me servir d'une image orientale que l'on pardonnera peut-être à un spahi, mes premiers jours sur la terre de Crimée sont autant de perles dans l'écrin de mes souvenirs. Quand, à l'entrée d'un de ces villages où l'on m'envoyait pousser des reconnaissances, j'apercevais le poteau chargé de l'aigle russe, j'éprouvais parfois des élans de joie indicibles. Je songeais à 1814, à ces revers dont nous avaient seules consolés autrefois quelques paroles, mais dont nous consolaient maintenant des actions. Dans ma situation de combattant obscur, je n'étais pas forcé, je ne me crois pas forcé encore de porter au fond de moi la mansuétude du philosophe. Je me disais tout bas, avec un immense mouvement de bonheur : « Me voici dans leur pays ; m'y voici à cheval et en armes, agissant, marchant dans la vie, comme j'ai tant de fois agi et marché dans mes rêves! » Puis cette existence de partisan a un si vif et si constant attrait! Parcourir des contrées inconnues, le regard errant, l'oreille au guet, s'intéressant à tout pli de terrain, se mettant en relation forcée avec tout buisson et tout tronc d'arbre!... Tout à coup on aperçoit un village ; voilà une grosse affaire : pourra-t-on y pénétrer? L'ennemi l'a quitté. Cette maison était occupée par un de ses chefs ; il faut la fouiller. Alors commence un genre de passe-temps que, hors des belliqueuses aventures, les protégés ou les compagnons du diable boiteux pourraient seuls se procurer. On entre d'autorité dans un intérieur où se trouvent à chaque pas les traces d'une vie brusquement suspendue. On interroge maints objets d'où s'échappent des révélations souvent bien étrangères à celles que vous cherchez. Sur ce clavier aux innombrables harmonies où la guerre a promené mon âme, quelques accords ont résonné parfois qui m'ont en même temps navré et charmé. Ainsi, dans une maison abandonnée qu'envahissaient mes spahis, je me rappelle, au chevet d'un lit, une image de madone. C'était une *Mater dolorosa*. La sainte figure, avec son glaive mystique dans la poitrine, élevant au ciel ses yeux agrandis par des tristesses surhumaines et déchirés par deux grosses larmes, semblait l'âme visible de la demeure où nous avaient conduits les hasards.

Le 19 septembre au matin, notre camp fut levé; l'armée se portait en avant. Les troupes françaises et anglaises réunies exécutèrent une immense marche en bataille, qui occupait un vaste espace de terrain, et prit un prodigieux espace de temps. On s'était mis en mouvement au lever du jour, et ce fut vers deux heures de l'après-midi que l'on arriva aux lieux où l'on devait camper, c'est-à-dire en face des hauteurs qui dominent l'Alma. L'armée russe était établie sur ces hauteurs. Cette fois enfin nous apercevions l'ennemi; nous ne marchions plus vers un but inconnu, nous étions à cet instant solennel des guerres où les périls que l'on cherche, dont on a déjà senti la présence, mais que l'on n'a pas encore vus, vous apparaissent sous des formes nettes et précises. Ce moment était encore plus solennel pour les fils d'une génération que l'on avait presque habituée à désespérer de la gloire guerrière. Cette armée qui se dressait devant nous, c'était un monde tout entier, auquel, depuis le noble et sanglant printemps de ce siècle, on défendait à notre jeunesse de songer. Derrière ces baïonnettes ennemies, il y avait pour nous comme un héritage perdu que nous allions reprendre, comme une patrie disparue où nous allions rentrer.

Vers trois heures, le maréchal Saint-Arnaud fit une reconnaissance, et le canon se mit à gronder. C'était la première fois que nous entendions résonner en Europe, autre part que dans les rues de nos villes, cette mâle et redoutable voix, qui étouffe sur les lèvres tant de paroles mesquines et fait lever tant de grandes pensées dans les cœurs. La reconnaissance poussée par le maréchal n'amena aucun engagement sérieux, mais nous prouva que l'ennemi était disposé à nous attendre, et avait même le désir de nous combattre. Les Russes semblaient pleins de confiance. Un de leurs officiers adressa quelques paroles d'une provocante ironie à un officier français qui, en portant un ordre, s'était approché de leurs rangs. Le fait est que, dans la position où ils comptaient nous recevoir, leur sécurité devait être profonde. Ils avaient oublié ces anciens soldats qui furent abattus par la seule catastrophe redoutée des Gaulois, qui ne furent vaincus que le jour où tout un firmament de neige glacée vint à choir sur leurs têtes; et ces soldats nouveaux créés par nos guerres africaines, élèves hardis, patients, ingénieux, de l'aventure, de la fatigue et de la misère, ils ne les connaissaient pas encore.

Si la confiance régnait sur les hauteurs, on peut

dire qu'elle régnait encore plus dans la plaine ; elle y régnait en compagnie de cette gaieté militaire, constant objet pour notre patrie d'un attendrissement et d'un orgueil maternels. Je me rappelle encore en quels termes un aide de camp du maréchal Saint-Arnaud, devenu à la fin de cette guerre un vaillant conducteur de troupes, prédisait, près d'un feu de bivouac, la journée du lendemain. Après avoir erré dans le camp pendant quelques heures d'une belle soirée, jouissant de tout ce qui m'entourait, de ce que j'entendais sur toutes les bouches, de ce que je voyais sur tous les visages, j'ose le dire, de ce que je sentais au fond de moi-même, je me retirai sous ma tente. Nous étions sûrs de ne pas avoir d'alertes nocturnes; l'action qui se préparait était trop importante, trop décisive, pour laisser à ceux qui allaient y prendre part le loisir de se livrer à des escarmouches. Je pus donc m'étendre sur un lit de cantine pour goûter, non point ce sommeil héroïque des César et des Turenne, auquel je n'avais point le droit de prétendre, mais l'honnête sommeil de la Tulipe ou de la Ramée, c'est-à-dire du soldat obscur, qui ne joue que sa vie dans les grandes luttes où les glorieux jouent leur gloire, et qui, une fois fortifié du côté de Dieu par un bout de prière, s'établit dans une tranquillité bien facile du côté des hommes.

Le matin, quand sonna le réveil, le jour n'avait pas

encore paru. La troupe prit promptement les armes ; les premiers rayons du soleil qui devait éclairer une de nos plus heureuses et de nos plus rapides actions trouvèrent l'armée tout entière debout et prête à marcher. Le maréchal Saint-Arnaud voulait donner au premier combat qui allait renouer la chaîne interrompue de nos victoires ce caractère d'entrain chevaleresque qui était un de ses plus vifs attraits. Tous les drapeaux étaient déployés, et toutes les musiques faisaient entendre ces accents aux étranges et puissantes ivresses qu'un héros de Shakspeare, le Maure de Venise, aux heures d'une douleur suprême, met parmi les enchantements de ce monde qu'on abandonne avec le plus de regret. Bien des bruits et bien des silences me séparent aujourd'hui de ces sons, j'ai depuis entendu d'autres fanfares annoncer d'autres batailles ; mais la musique de l'Alma est restée dans mon esprit avec une force singulière : je l'entends résonner, ardente, joyeuse et fière, dans ces abîmes de notre mémoire où s'agite l'amas des choses évanouies.

Depuis sa première jusqu'à sa dernière heure, la bataille de l'Alma, pour me servir d'une expression chère à un grand écrivain du quatorzième siècle, sembla faite pour le plaisir des yeux. Notre armée était rangée dans un ordre parfait. La division Bosquet, qui dans cette journée formait notre droite, avait été renforcée du contingent turc, placé sous les ordres du général Yusuf. Cette division devait attaquer les Russes la première, par un mouvement tournant dont l'audace, poussée jusqu'à l'invraisemblance, était un moyen sur lequel on comptait pour tromper et battre l'ennemi. La division Canrobert et la division du prince Napoléon devaient aborder les obstacles de front. Une réserve vigoureuse était sous les ordres du général Forey. Le ciel, qui ce jour-là était éclatant, le terrain, qui était vaste, découvert, borné à notre droite par la mer, devant nous par les hauteurs que couronnait l'ennemi, tout nous permettait de bien voir et de bien comprendre l'action.

Tout à coup, à un signal donné, la division Bosquet se met en route ; mais la voilà qui s'arrête. J'ai su depuis la cause de cette halte qu'amena la nécessité d'attendre l'armée anglaise ; sur le moment, je ne me l'expliquai pas, mais j'avais la ferme confiance que n'importe à quelle heure et par quels moyens Dieu accorderait ce jour-là une victoire éclatante à nos armes ; il faisait beau, nous étions gais. Les troupes formèrent les faisceaux, on prit le café, et je fumai une pipe aux pieds de mon cheval avec ce vague et profond sentiment de bien-être que l'on éprouve parfois dans le creux d'un sillon, au bord d'un fossé, par un temps de soleil : compensation providentielle à toutes les tristesses sans causes, embusquées aux heures fâcheuses et aux maussades endroits de cette vie.

Pendant que les troupes prenaient le café, je vis passer auprès de moi le colonel Clerc, ce vaillant officier dont tout récemment j'apprenais la mort sur le champ de bataille de Magenta. Je me rappelle que j'échangeai quelques paroles avec lui. Il avait ce doux et intrépide sourire qui est un des plus précieux présents que Dieu puisse faire à un homme de guerre. Tout à coup les tambours battirent l'assemblée, et l'armée entière reprit les armes. La division Bosquet se porta en avant. On vit nos soldats franchir la rivière, puis grimper comme des chèvres sur des roches qui semblaient inaccessibles : il y eut un instant d'incertitude et d'angoisse. Puis soudain un immense cri de joie partit de toutes les poitrines ; notre drapeau était sur les hauteurs. Voilà déjà plus d'une fois que j'assiste aux glorieuses ascensions de cette mobile et radieuse image de la patrie. Quand on voit monter de degré en degré, à travers des nuages de fumée, jusqu'à la cime ardente où il doit s'établir, ce signe sacré que bien souvent nombre de mains défaillantes se sont transmis, on éprouve une de ces émotions dont, je l'espère, les années, la fatigue, l'habitude, toutes les ingrates puissances de ce monde ne nous dépouillent pas.

Quand le mouvement de la division Bosquet est accompli, le canon résonne sur les hauteurs. Des flocons d'une épaisse et blanche fumée, qui ressemblent à des nuages tombés du ciel, sortent de tous les plis, s'accrochent à toutes les aspérités des sommets que nous allons gravir. De tous côtés, le combat s'engage. Le général Canrobert, à qui le destin réserve dans un si prochain avenir le commandement suprême, fait ce jour-là, pour me servir de ses expressions, ses adieux à sa vie de soldat. Il se jette avec ses tirailleurs sur les obstacles que sa division doit enlever de front. Le maréchal Saint-Arnaud semble triompher non-seulement des Russes, mais du mal qui le torture depuis tant de jours et tant de nuits. Il est agile, il est dispos, il manie vigoureusement son cheval ; il a sur les traits cette bonne et noble expression qui lui gagne le cœur des soldats. Il s'arrête un moment sur une colline d'où son regard peut embrasser toute l'action. Mes spahis, qui lui servent d'escorte, admirent ces grandes luttes européennes dont ils n'avaient même pas la pensée. Pour moi, un des spectacles les plus dignes d'occuper les yeux est un incendie allumé derrière l'Alma, en face d'une de nos batteries qui envoie des boulets à toute volée. Un village dévoré tout entier par les flammes répand cette belle lueur d'un rouge sanglant que les maîtres de la peinture ont essayé souvent de reproduire ; sur ce fond éclatant et sombre à la fois, nos canonniers et leurs pièces se dessinent avec vigueur. La guerre a l'air d'avoir concentré ses plus farouches énergies dans ce coin du tableau. Cependant çà et là une poussière mêlée de fumée voltige sur le tertre où se tient le maréchal. De tous côtés, l'air commence à se peupler de projectiles ; j'assiste à un merveilleux défilé. Si même sur les champs de revue et de manœuvre on sent une sorte d'émotion dont on est tout étonné lorsqu'au bruit du clairon et du tambour on voit marcher les rangs agiles et alignés de nos soldats, que ne doit-on pas éprouver quand on voit passer ces mêmes hommes courant à des destinées inconnues, et soulevés de terre par l'enthousiasme, comme le sont les saints, dit-on, par la prière !

Enfin nous allons franchir la rivière à notre tour. On ne veut pas que les burnous rouges de mes spahis attirent une grêle de boulets sur le maréchal. Je me porte en avant, et à soixante pas sur sa droite ; je trouve un gué et des passages que nos chevaux franchissent sans peine. Quand je suis arrivé sur cette rive où Dieu avait placé depuis des siècles pour nous attendre la victoire que nous étions venus chercher de si loin, je m'arrête et je contemple une scène qui est encore devant mes yeux. Le maréchal est au milieu de l'Alma ; l'eau jaillit sous les pieds de son cheval ; à ses côtés, des chasseurs à pied traversent la rivière ; un clairon sonne la charge ; les projectiles passent au-dessus de ce groupe ; quelques balles y pénètrent ; l'une de ces balles déchire le fanion que porte un jeune sous-officier de chasseurs d'Afrique. Le maréchal paraît radieux ; il ne souffre plus, il est jeune. Il jouit et brille de cette faveur que les victorieux reçoivent directement du ciel.

Je continue ma marche, et je parviens aux lieux où la lutte a eu le plus d'opiniâtreté et de force, à un petit bâtiment en pierres blanches, appelé le *télégraphe*, qui est environné de cadavres, et qui, décoré de notre drapeau, sert encore de cible aux boulets. Là m'attendait une émotion que je ne veux point passer sous silence. Il y a tel endroit dans les plus obscures existences où semble tout à coup surgir un effet préparé avec un étrange soin par la Providence. Sur cette cime où j'arrivais la joie au cœur, un soldat vint m'offrir son bidon et me tendre la main : cet homme était pour moi le souvenir vivant d'un temps étrange et cher de ma vie. C'était un de ces volontaires qui en 1848 me témoignèrent une généreuse affection, et dont le sang mêlé au mien m'ouvrit la carrière où je marche aujourd'hui. Cet enfant de Paris était soldat au 1er zouaves ; il est mort caporal aux zouaves de la garde à la prise de Malakof. Les régiments de zouaves exercent sur la jeunesse parisienne une séduction particulière. Leur poétique uniforme, leurs libres et audacieuses allures, leur célébrité déjà légendaire malgré ce que leur origine a de récent, en font de nos jours la plus vive expression de cette chevalerie populaire qui date de Napoléon. En me séparant de mon ancien compagnon, je sentis sur ma main quelque chose d'humide et de chaud ; une balle avait brisé les doigts que je venais de toucher. Je me rappellerai toujours cette sanglante poignée de main sur cette butte jonchée de morts ; elle m'apportait à cette heure solennelle de ma vie une mâle et douce étreinte de mon passé.

Les Français étaient maîtres des positions qu'ils devaient enlever ; mais l'armée anglaise n'avait pas encore accompli sa tâche. Elle s'avançait sur notre gauche par masses profondes, se remuant avec une imposante lenteur. J'étais placé de manière à ne rien perdre du mouvement qu'exécutaient les gardes de la reine. Je voyais les boulets russes entrer dans leurs rangs et enlever des files entières. Je suivais aussi du regard leur artillerie, qui offrait le plus frappant contraste avec la nôtre. L'artillerie française, ce jour-là, s'était transformée en cavalerie légère ; elle avait franchi au galop ravins, rivières, sentiers obstrués ou défoncés, et s'était portée à la poursuite de l'ennemi là où il semblait que l'on pût à peine envoyer quelques tirailleurs. L'artillerie anglaise s'avançait à une grave allure avec ses magnifiques attelages. Ce pas mesuré, cette marche méthodique de nos alliés en face de positions redoutables qu'ils abordaient de front ne manquaient pas assurément de grandeur ; toutefois on ne pouvait s'empêcher de trouver quelque chose de stérile à cet immense sacrifice d'hommes et de chevaux qu'un moment de rapide élan eût évité. Nos troupes firent un mouvement vers la gauche. Le maréchal Saint-Arnaud voulait se diriger vers ses alliés et prendre les Russes entre deux feux. A l'instant même où ce mouvement s'exécutait, le drapeau britannique avait la gloire et l'heureuse fortune du nôtre. L'armée anglaise avait atteint son but ; tout en marchant comme la statue du commandeur, elle était venue poser sur son ennemi sa main puissante. La défaite était complète pour les Russes, et l'on vit bientôt se retirer dans un lointain horizon de longues colonnes, d'où ne sortait plus qu'à de rares intervalles la fumée d'un coup de canon. Nos batteries envoyèrent encore quelques boulets dans ces masses, et, lorsqu'elles devinrent tout à fait confuses, on eut recours, pour les atteindre, aux fusées. A la grande satisfaction de mes spahis, pour qui ce spectacle était une féerie entraînante, les fuséens vinrent dresser leurs longs chevalets garnis de ces tubes qui ressemblent aux lunettes des astronomes, et quelques fusées, décrivant leurs courbes gracieuses, couronnèrent par un feu d'artifices les héroïques magnificences de cette journée.

Le maréchal voulut parcourir le champ de bataille. Cette excursion, à son début, n'avait point un caractère attristant. On sentait encore dans l'air tous les souffles passionnés de la lutte. Les régiments, debout et en armes sur les lieux où ils avaient combattu, faisaient entendre des acclamations ardentes ; tous les visages rayonnaient. Ces êtres plus précieux et en quelque sorte même plus vivants que les créatures humaines, les drapeaux, baissaient et relevaient orgueilleusement, dans leur noble salut, ces plis où frémit l'honneur du pays. Les blessés eux-mêmes, qui passaient sur des civières, sur des fusils ou sur les épaules de leurs camarades, gardaient toute l'exaltation du combat ; leurs paroles étaient chaudes comme le sang qui sortait de leurs veines. Ils répondaient aux regards mêlés de respect et de bonté que le maréchal leur adressait en se découvrant, par des regards brûlants où l'on sentait la douleur étouffée dans les serres d'une joie triomphante. Peu à peu le spectacle changea, et prit cette mélancolie des champs de bataille à l'heure où l'enthousiasme, la gloire, tous les hôtes radieux, les quittent en leur laissant deux hôtes sinistres, la mort et la souffrance.

Il n'y avait plus sous nos chevaux que des flaques de sang et des cadavres. Çà et là, parmi ces monceaux de vêtements souillés et de chair sanglante, entre ces débris sans nom que fait la guerre, quelque chose qui semblait vivre encore se soulevait lentement : c'était un blessé cherchant, par un regard ou par un signe

4

à faire venir de son côté une civière. Le maréchal déploya, dans cette partie pénible de la journée, la bonté d'une âme qui, aux approches de la mort, se montrait pleine d'une constante et pratique élévation. Il s'occupait avec une sollicitude chaleureuse, lui qui en ce moment même souffrait si cruellement, des soins réclamés par tous les blessés français ou russes. Parmi ces derniers, beaucoup étaient des jeunes gens ayant de paisibles et douces figures où se peignait une expression reconnaissante quand ils recevaient les secours de nos soldats. Je crois en voir encore un enveloppé dans cette longue capote grise, lourde, épaisse et laineuse, rappelant la toison des moutons, que portent tous les soldats du tsar, et coiffé d'un grand bonnet à visière qui avait quelque analogie avec les vieilles coiffures de nos conscrits. Ce brave garçon, à peine installé sur un de nos cacolets, avait allumé une pipe qu'il fumait avec une attendrissante bonhomie. Le soldat a dans tous les pays quelque chose de l'enfant; il en a la simplicité, la candeur, la *douce bonne foi*, pour prendre la célèbre expression d'un poëte. Cette sympathie dont on se sent tout à coup ému pour ceux que l'on vient de combattre est un des arguments philosophiques contre la guerre; pour moi, c'est au contraire par excellence son côté noble, touchant et même divin. Ce qu'il y a de poignant dans les tableaux que je serai si souvent forcé de reproduire n'ébranlera, j'en suis sûr, aucune des âmes vraiment touchées de la grâce guerrière. Pour que rien ne manque au mystère qui se célèbre sur le champ de bataille, il faut qu'il ait ses tristesses comme ses joies, et sa charité comme sa furie.

Après cette excursion, le maréchal revint à l'endroit où il comptait établir son bivouac, c'est-à-dire près de ce télégraphe dont je parlais tout à l'heure. Le soir commençait à venir, sa tente ne pouvait être dressée avant quelques heures; il eut froid. L'expression de joyeuse énergie qui avait animé et illuminé son visage semblait disparaître avec le soleil de la journée et les bruits de la bataille; la souffrance reparaissait sur ses traits, envahis par une pâleur croissante. Il demanda un manteau; un de mes cavaliers se dépouilla de son burnous rouge, et il s'étendit à terre sur ce grossier vêtement. Pour lui faire place, on avait été obligé d'écarter quelques cadavres russes, qui restèrent gisants à quelques pas de lui. Il y a peu de temps, dans la petite cour d'une pauvre maison de Palestro, je voyais ainsi, couché sur le sol, un rejeton de la vieille et belliqueuse maison de Savoie, le roi Victor-Emmanuel. On ne traverse jamais sans émotion ces incidents, si fréquents à la guerre, qui nous montrent les grands de ce monde en familiarité non-seulement avec la mort, mais avec la fatigue et la misère, recevant les eaux du ciel, reposant leurs membres lassés sur cette terre où à quelques pouces au-dessous d'eux s'étend l'immense et sombre empire de l'égalité. Toutefois je ne sais pas si je serai jamais appelé à voir rien de plus profondément touchant que le spectacle dont je fus alors le témoin. Ce vainqueur gisait sur le théâtre de son succès, engagé déjà dans la mort presque aussi avant que les cadavres dont il était entouré. Loin d'abaisser notre triomphe, loin d'humilier notre gloire en la marquant au front de poussière, cette agonie me semblait, au contraire, donner quelque chose de plus grand, de plus idéal encore à notre victoire. Elle la montrait planant au-dessus de tous, fille immortelle d'êtres périssables. Le maréchal, du reste, avait une âme à comprendre cet ordre de pensées, et en ce moment, j'en suis certain, quelle que fût sa souffrance, il était heureux. Aux premières heures de la journée, quand le canon retentit sur les hauteurs où nos soldats et notre drapeau venaient de monter, il s'était retourné vers son état-major, et se découvrant avec cette grâce qui par instants a le caractère et la puissance de l'enthousiasme : « Messieurs, avait-il dit, cette bataille s'appellera la bataille de l'Alma. » Maintenant il était couché entre des morts, semblable à un mort lui-même ; mais il voyait vivante et debout la victoire qu'il avait nommée.

Je voudrais en finir avec mes impressions de cette

journée, que je n'aurais pas cru retrouver si abondantes et si vives. Je m'aperçois que rien ne s'est effacé de mon esprit, des tableaux mouvants et variés qui ce jour-là l'ont occupé. Ainsi, pendant ces tristes heures, où le maréchal était étendu sur la terre, je me rappelle du côté de la mer un immense et splendide pan de ciel où le soleil se couchait. Je ne sais quel nuage ardent, quelle vapeur enflammée formait, sur un fond de sombre azur, une immense figure d'or aux contours vigoureux et nets. Cette figure, appartenant à cet étrange et confus musée du ciel si cher aux enfants et aux poëtes, me pénétrait d'une admiration religieuse et attendrie. Elle ne me semblait pas un accident de l'atmosphère, un jeu fortuit de la lumière et des nuées; je trouvais qu'elle avait l'air d'une manifestation divine. En tout cas, cette splendide et mystérieuse image, quels que soient son sens et sa valeur, est entrée en moi, je l'y retrouve, et, puisqu'elle fait partie de mes souvenirs, parmi tous les fantômes que je conjure, j'évoque ce fantôme céleste.

4.

V

L'armée française bivouaqua plusieurs jours sur le champ de bataille. Aurait-on pu poursuivre les Russes et entrer avec eux dans Sébastopol? C'est heureusement ce dont je n'ai point à m'occuper ici. Je raconte la guerre comme je l'ai vue, comme je l'ai faite, dans le rang où le sort m'a placé. Ce que j'appelle au jour, c'est le témoignage de mes yeux et de mon cœur : je redemande à ceux-là tout ce qu'ils ont vu, à celui-ci tout ce qu'il a ressenti. Le lendemain de la bataille de l'Alma, on célébra la messe sous une tente, dans le bivouac du maréchal. Cette tente, occupée par l'autel, laissait peu de place aux assistants. Je me tenais en dehors, et j'apercevais seulement par derrière le victorieux de la veille. Deux choses me frappèrent et m'émurent chez l'homme que j'examinais : le recueillement de son attitude, l'empreinte de la mort répandue dans tout ce que je voyais de sa personne. Il y avait déjà dans ce cou et ce dos inclinés cet affaissement funèbre qui dénonce les corps prêts à se transformer en dépouilles terrestres; seulement, là où on sentait la défaillance, presque l'absence des forces humaines, on sentait aussi la présence d'une force divine. Le maréchal priait; il priait avec sincérité, avec ferveur, de cette prière qui est elle-même un présent de Dieu, le secret qu'il nous enseigne pour le vaincre. On voyait que l'âme du vainqueur de l'Alma était appliquée tout entière à cette suprême victoire.

On passa sur le champ de bataille quelques jours, consacrés à évacuer les blessés, à renouveler les vivres, à s'occuper enfin de ces mille détails qui sont les nécessités de la guerre, et bien souvent l'irritation, le désespoir même des génies guerriers. Le 23 septembre au matin, on se mit en marche. Les spahis et un escadron de chasseurs d'Afrique qui, à la bataille de l'Alma avait été détaché auprès du général Bosquet, formaient l'avant-garde. Nous éclairions à une si grande distance, que plus d'une fois nos régiments d'infanterie, en apercevant se détacher sur l'horizon les silhouettes agrandies de nos chevaux, crurent à la présence d'une cavalerie ennemie; mais l'armée russe avait opéré une retraite bien complète, et nul combat, nulle escarmouche, n'inquiétèrent notre marche. Vers le milieu de la matinée, nous arrivons sur les bords de la Katcha; nous franchissons cette rivière, qui forme avec l'Alma et le Belbeck trois lignes parallèles de défense entre Sébastopol et nous. Le pays où nous nous établissons est ombragé; le climat en semble doux; la mer Noire, assez mélancolique d'ordinaire, est presque riante dans ces parages. Cette région nous fait comprendre la grâce italienne que les Russes trouvent à la Crimée.

Dans cette journée du 23, nous avions entendu de longues et sourdes détonations du côté de Sébastopol. Nous avions bien reconnu la voix du canon; seulement ce canon ne ressemblait pas à celui d'une bataille : il avait quelque chose de solitaire, de lugubre et de désolé. C'est qu'il annonçait en effet un de ces partis violents que les peuples prennent à des heures désespérées. Les Russes coulaient cette flotte, leur orgueil, le résultat pour eux de si patients et de si ingénieux efforts. Ils transformaient leurs vaisseaux en barricades sous-marines destinées à fermer leur port. Cet acte de farouche énergie, qui mettait à néant tout projet immédiat d'attaque combinée entre nos troupes de terre et de mer, décida de notre marche du lendemain.

J'ai su depuis ce qu'il y avait dans cette marche de hardiesse militaire; elle m'intéressa surtout au moment où elle s'accomplit par les pays qu'elle me fit parcourir. Pour aller sur Balaclava, en prêtant audacieusement notre flanc à l'armée russe, il fallait s'engager dans cette vallée du Belbeck, toute remplie d'arbres séculaires, et cependant d'un aspect plein de douceur. Les forêts ont mille physionomies différentes, comme tous les êtres et toutes les choses de ce monde. Il en est de sauvages, de terribles, où l'on croit à chaque instant que va résonner le rugissement de quelque bête formidable. Il en est d'aimables, de paisibles, que l'on sent uniquement destinées à des hôtes inoffensifs et gracieux. Phénomène plus étrange encore! il y a des forêts demeurées païennes, où circule, sur les vagues sonores d'un air obscurci par d'immenses ombres, l'antique terreur des bois sacrés; puis je sais des forêts chrétiennes et chevaleresques où l'on éprouve bien une émotion, mais l'émotion souriante d'un rêve sans crainte, où l'on est sûr, si l'on doit rencontrer des êtres surnaturels, de ne voir apparaître que ces fantômes amnistiés même par la foi rigoureuse du moyen âge, des sœurs d'Urgande et de Morgane, ou bien ce bon, cet honnête cerf de saint Hubert, portant une croix au front, entre les branches gigantesques de son bois. Malgré les ombres païennes qui sont en droit de hanter l'ancienne Chersonèse, surtout aussi près du plateau où Iphigénie fut immolée, les forêts du Belbeck ont une poésie de fées, de châtelaines et de cor enchanté. J'ai passé une journée heureuse à traverser ces beaux lieux.

La journée du lendemain fut encore remplie pour

moi d'attrayantes songeries, mais seulement à ses débuts. Malheureusement en campagne il y a mainte aspérité à laquelle s'accroche et se déchire tout à coup la robe des songes. Cette marche, qui, pour le soldat lui-même, avait été un plaisir, eut une triste issue; elle nous conduisit presque au milieu de la nuit à un détestable bivouac. L'eau manquait, et les bagages, égarés dans de sombres sentiers, ne parvenaient pas à nous rejoindre. Le troupier ne pouvait pas faire sa soupe. Nombre d'officiers n'avaient même pas un morceau de biscuit à rompre. J'étais parmi ces derniers. Assis aux pieds de mon cheval, dans une désespérance absolue de souper et de gîte, je promenais un regard sans colère sur le pays qui m'entourait; mais je trouvais ses enchantements bien effacés.

La journée du 23 avait été la dernière où le maréchal avait pu continuer sa lutte héroïque contre la maladie; ce jour-là, on l'avait encore vu à cheval, attachant sur ses traits, par un effort attendrissant et victorieux, ce sourire qui plaisait tant aux soldats. La dernière vision nette, colorée, distincte, qui me reste de cette énergique figure, je l'ai eue dans une route ombragée, à quelque distance d'une villa russe située au milieu des bois. Le maréchal, tout en chevauchant, adressait la parole à des zouaves, qui lui répondaient en cette langue du troupier dont il goûtait si vivement les mâles finesses, les rapides saillies, toutes les locutions étranges et imprévues. Depuis, un pâle visage au fond d'une voiture, une main affaiblie essayant encore un geste de bonté, voilà tout ce que j'ai pu entrevoir de l'homme vaillant et gracieux dont le nom s'unira toujours à la gloire de notre jeune armée.

Le 23 septembre au soir, le maréchal fut en proie à de vives souffrances. Il passa une de ces nuits terribles, épreuves sans nom de son agonie, ses dernières et souveraines douleurs. Le lendemain matin, il en avait fini pour toujours avec cette vie d'action qui depuis tant d'années était sa vie. Il ne pouvait plus monter à cheval. « Le jour où il quitte le cheval, disent les Arabes, le guerrier se couche au bord de sa fosse. » Le maréchal s'étendit au fond d'une voiture, qu'escortèrent des spahis.

Pendant cette marche de flanc, je fis avec le gros de mon détachement une excursion à travers des villages tartares. Il s'agissait de rassembler tous les bœufs qu'on pourrait rencontrer dans la campagne, et de les conduire au quartier général, où les habitants viendraient en réclamer le prix. Cette mission occupe une place agréable dans mes souvenirs. Les Tartares étaient bien disposés pour nous. Je trouvai des villages assez riants, où je fus reçu en grande pompe par des hommes bizarrement vêtus. Je me rappelle entre autres un propriétaire du pays qui portait une veste et un pantalon d'un rose tendre sous une pelisse en velours noir. Ces braves gens, qui nous traitaient en libérateurs, nous offraient du pain et du sel, sans doute suivant un usage de leur nation. Je pense que les règles du cérémonial doivent prescrire à ceux qui reçoivent ces honneurs de toucher à peine au pain qu'on leur présente ; mais j'avais ce jour-là pour compagne la faim, mauvaise conseillère en toute matière, disent les anciens, particulièrement je crois en matière d'étiquette. Dans un village important, je mangeai avec avidité le pain qui m'était offert sans en laisser une seule miette.

C'était le général Canrobert qui m'avait ordonné cette excursion à travers les villages tartares. J'appris sur les bords de la Tchernaïa que le maréchal Saint-Arnaud faisait des adieux définitifs à l'armée. On nous lut ce bel ordre du jour qui provoqua en Crimée un viril attendrissement. Le maréchal avait hâte d'arriver à Balaclava, où il devait s'embarquer pour la France. Le détachement des spahis tout entier reçut l'ordre de l'escorter. La voiture qui portait ce glorieux malade se mit en route par une matinée un peu brumeuse. Les chemins que nous étions obligés de suivre offraient parfois de fâcheux accidents de terrain ; alors les spahis mettaient pied à terre et soulevaient la voiture pour épargner au maréchal l'irritante souffrance des cahots. En ces instants, notre voyage prenait un aspect cruellement triste. Le chariot délabré où gisait celui qui, tout récemment encore, était à cheval en avant de nous ressemblait à un char mortuaire. Les hommes à manteaux flottants qui soutenaient cette sorte de litière avaient l'air de porter un cercueil. Sans les pénibles pensées qui ce jour-là régnaient de droit sur mon esprit, l'aspect de Balaclava m'aurait charmé. Il y a dans cette partie de l'Espagne qui touche à nos frontières un humble port de mer appelé le Passage, où s'embarqua autrefois le marquis de Lafayette pour aller offrir à une nation jeune et altière sa chevaleresque épée. Le Passage est tout à fait semblable à Balaclava. Sur ces deux points du globe, séparés l'un de l'autre par tant d'espaces, les montagnes et la mer contractent une même alliance. La mer Noire forme à Balaclava ce que l'Océan forme au Passage, une vallée étroite et profonde où l'on peut voir l'étrange spectacle de vaisseaux dominés par de grands arbres, engagés entre des hauteurs verdoyantes d'où le chevrier et ses chèvres les regardent passer.

A l'entrée de Balaclava, du côté de la mer, sur la plus haute cime, s'élève un grand château démantelé ayant cette fière et sombre attitude que gardent tous les débris du moyen âge. C'est un château construit autrefois par les Génois. Ces gens intrépides avaient poussé jusqu'en ces lointains parages la course aventureuse de leurs navires, et ils avaient accroché à ces sommets battus par les flots le nid de pierre où s'établissait aux temps féodaux quiconque avait des ailes et des serres. La maison que l'on avait préparée pour le maréchal était au flanc d'un rocher, à l'extrémité du village. Un escalier en bois conduisait au seuil de cette humble demeure, sorte de chalet négligé et solitaire, qui n'était pas dépourvue cependant d'une grâce affligée en harmonie avec les poétiques tristesses qu'elle rappellera désormais. On transporta le maréchal dans une petite chambre où il passa la nuit. Le lendemain, on nous apprit qu'il s'embarquait. Ce dernier asile où ait dormi sur la terre celui qui allait expirer si loin de son pays, au milieu d'une mer presque inconnue, est pour moi le souvenir suprême d'une vie que la mienne a obscurément côtoyée. Je n'ai pas aperçu le maréchal pendant qu'on le transportait sur le navire où il a rendu à Dieu son âme mûrie au feu des héroïques sacrifices. J'ai su de sa mort uniquement ce que m'ont raconté quelques officiers qui suivirent sa fortune. Fidèle à la loi que je me suis imposée de décrire les seuls événements qui se sont passés sous mes yeux, je garderai le silence sur la scène à la fois funèbre et radieuse dont la mer Noire fut le théâtre ; mais je crois pouvoir sans témérité, sans orgueil, rendre un rapide hommage à l'homme qui, le premier, m'a fait entendre le canon, et le canon victorieux de la France, sur un champ de bataille européen.

Le maréchal Saint-Arnaud était l'un de ces hommes à qui semble confiée la tradition de cet esprit à la fois puissant et léger, net, ferme, positif, pratique et pourtant enthousiaste jusqu'à la poésie, que l'on appelle l'esprit français. Tout en lui était marqué au caractère de cette force violente et généreuse, capricieuse et sensée, qui est en possession d'imposer ses lois à l'Europe, en même temps séduite et irritée. Il s'est raconté lui-même dans des lettres destinées à rester parmi les œuvres les plus vives de cette littérature familière qui est une de nos richesses nationales. Avec la verve et la grâce de sa franchise, il parle d'une jeunesse que va faire oublier pour toujours sa fin, où l'environnera ce qu'il y a de plus glorieux et, si l'on peut s'exprimer ainsi, de plus rédempteur dans la guerre. Pour ma part, une chose m'a frappé : c'est, à travers toutes les phases d'une existence où le danger et l'aventure sont continuellement aimés, fêtés, choyés, traités comme deux hôtes aimables et précieux, un sentiment profond, énergique et digne de cette discipline sociale, sans laquelle s'évanouit tout l'ordre de l'honneur et de la grandeur militaires. Ainsi, quand arrive la Révolution de février, cet homme, dont l'âme et la vie avaient semblé jusqu'alors choses si gaies et si audacieuses, est saisi d'une tristesse immense. Le maréchal Saint-Arnaud porte cette tristesse en Afrique, et, avec un art connu des cœurs intrépides il la tourne au bien du pays, car il en fait un aiguillon de plus qui le pousse au-devant des périls. Sous l'empire d'une incessante activité, cette nature reprend bientôt ses allures coutumières de féconde et entraînante expansion. Revenu en France à une heure décisive, arrivé tout à coup au faîte des grandeurs terrestres, le maréchal Saint-Arnaud fera-t-il alors ce que j'ai envie d'appeler ses preuves de noblesse immortelle, c'est-à-dire saura-t-il montrer que son âme n'était point rivée à la chaîne des ambitions vulgaires, que là précisément où les frivoles et grossiers désirs placent leur but, il a salué un point de départ pour l'amour des nobles et sérieuses splendeurs? L'entreprise où il a succombé est la réponse à ces questions. Comblé de tout ce qu'on appelle les biens de ce monde, il part pour une terre lointaine en emportant avec lui une maladie implacable, dont les soins du foyer auraient pu seuls prévenir ou tout au moins adoucir les morsures. Il quitte la région du luxe, du bien-être, de la vie assurée, des choses préparées et certaines, pour aborder, en compagnie de la souffrance, la région du danger, de la misère, de la fatigue et de l'inconnu. Son cœur, qui s'est élevé, son esprit, qui s'est agrandi avec sa fortune, lui disent qu'en de semblables régions on passe de l'œil des hommes sous l'œil de Dieu ; il se revêt alors de cette piété qui a été sa dernière et sa plus puissante armure. Le ciel accepte tous ses sacrifices ; il consacre ses efforts par la mystérieuse et terrible bénédiction des grandes douleurs. Il frappe ce corps par des tortures semblables à celles que peuvent infliger les plus cruels instruments de supplice, un moment même il envoie à cette âme ce désespoir rendu avec tant d'énergie par des paroles connues de toute l'armée; mais cette nature un instant obscurcie et abattue, il la relève et la fait resplendir, par le triomphe de la mort chrétienne. Si jamais une de ces haines bizarres, amoureuses des profanations funèbres, qui s'en prennent parfois aux plus illustres tombes, essayait d'attaquer le maréchal Saint-Arnaud, cet homme de guerre aurait pour se défendre deux sentinelles divines à qui sera éternellement confiée la garde de sa mémoire, sa victoire et sa mort.

Quelques jours après le départ du maréchal Saint-Arnaud, les spahis, devenus l'escorte du général Canrobert, chevauchaient sur ce vaste plateau où allaient se livrer tant de combats. Le général Canrobert faisait une reconnaissance. Il s'avança assez près de Sébastopol pour que la place jugeât à propos de faire sortir un escadron qui se déploya devant nous, mais sans essayer de nous inquiéter. J'aperçus alors cette ville redoutable, que bientôt je ne devais plus entrevoir qu'à travers les créneaux de nos tranchées et derrière la fumée d'une incessante bataille. Sébastopol me parut une grande et imposante cité. Quelques dômes peints de ce vert éclatant dont les Russes colorent volontiers leurs toitures lui donnaient un aspect étrange dont je fus charmé. Je pus voir que nos ennemis n'avaient point coulé tous leurs vaisseaux, car dans cette baie profonde, qui sépare la ville en deux parties, s'élevaient encore de nombreux navires dont nous devions bientôt connaître les boulets. Ce qui certainement rehaussait la valeur du spectacle que nous avions sous les yeux, c'était un attrait particulier de mystère. Cette ville silencieuse, au fond de son gouffre qui allait devenir un nid de bombes, derrière ses remparts qu'allaient sillonner nuit et jour les éclairs du canon, éveillait en mon esprit une curiosité irritante. Transformée par les enchantements du danger, elle m'apparaissait comme une terre promise, et je me demandais à qui d'entre nous était réservé le bonheur d'y entrer.

II

L'HIVER DEVANT SÉBASTOPOL

VI

Le jour où le général Canrobert fit sa première reconnaissance sous les murs de Sébastopol, le plateau destiné au bivouac des armées assiégeantes me parut un site merveilleux. Cette terre que j'aie vue ensuite si nue, si aride, si dévastée, qui semblait ne plus produire que des obus et des boulets, cette terre alors était souriante, parée de verdure, couverte d'ombrages, parsemée de maisons à la physionomie patriarcale et opulente, où les riches familles de la ville venaient sans doute passer leurs loisirs. Le général Canrobert voulut visiter un édifice que j'ai vu souvent depuis, et jamais sans indifférence : c'était un grand bâtiment appelé le *Monastère*, situé sur les rives de la mer Noire, tout près de l'endroit consacré au souvenir d'Iphigénie. Ce monastère, habité par des moines dont les prières n'ont pas été troublées un seul jour, est resté pour moi un des lieux les plus agréables et les plus émouvants de ce monde. Il s'appuie à un bois inculte que, par un caprice obstiné de mon esprit, je n'ai jamais pu parcourir sans me rappeler le plus vivant, le plus romanesque et le plus bizarre à mon sens de tous les récits d'Hoffmann, le *Majorat*. C'est dans un bois semblable que je me représente ces chasseurs fantasques, jouets des puissances invisibles, poursuivis par des rêves étranges et d'idéales amours. Si les bois du Monastère ont une poésie germanique, le Monastère même a une poésie tout italienne. Quoiqu'il soit habité par des moines grecs, il est frère de ces couvents qui s'épanouissent entre des eaux vives et des vignes grimpantes sur cette terre où la religion, comme la Madeleine d'un grand maître, s'étend sous des ombrages enchantés. Cette pieuse demeure a des jardins disposés en terrasse au bord de la mer, où l'on arrive par d'élégants et spacieux escaliers. Ainsi se trouvent échelonnés les uns au-dessus des autres des arbres aux chevelures épaisses. Le promeneur, aux étages les plus élevés, peut voir tous ces flots de verdure se balancer à ses pieds. Au bout de ces jardins, c'est la mer couronnant cette grâce de sa majesté, et toutefois gracieuse elle-même dans son apparition éblouissante en ces lieux privilégiés, car l'horizon du Monastère n'est point cette morne étendue d'eau, sans cadre, sans limite, qui a quelque chose de pesant et d'oppresseur. La mer se montre là entre des rochers aux formes harmonieuses et hardies, de vrais rochers antiques, faits pour être entourés par les Océanides et fournir un piédestal à Prométhée.

Le supérieur du couvent vint recevoir le général Canrobert. C'était un homme âgé déjà, aux traits réguliers, à la longue barbe, portant le costume religieux avec beaucoup de grâce et de dignité. Le général lui promit de veiller sur son monastère, où l'on mit sur-le-champ un poste. J'ai su depuis que le sergent qui commandait les hommes préposés à la garde de cette pieuse demeure avait, avec la bonhomie enjouée de nos soldats, conquis l'affection de toute la communauté. En toutes les contrées où le pousse l'esprit de généreuse aventure dont notre pays est animé, le soldat français est toujours le même. Je l'ai

5.

vu en Afrique, le lendemain d'un combat dans les montagnes, aider le Kabyle qu'il avait vaincu la veille à bâter un âne ou à porter un fardeau. L'histoire rapporte que les Gaulois étaient ainsi. Ce génie expansif et secourable, qui fait sourire par les formes familières dont il se revêt, est cependant peut-être une des forces les plus sérieuses de notre nation. Ce n'est pas avec une portion de son cœur que la France remporte ces étranges victoires, ardentes comme la foi du moyen âge, pures comme les vertus antiques; c'est avec son cœur tout entier. Chez elle, la bonté et le courage vont du même pas; seulement c'est d'un pas leste, hardi, joyeux, et qui n'est point fâché d'être réglé par les accents du tambour.

Je me rappelle que l'on fit remarquer au général Canrobert une sorte de cabine construite à l'extrémité du jardin, sur le rivage de la mer. Là vivait, lui dit-on, un moine qui depuis soixante ans n'avait pas quitté cette retraite, même pour remonter aux étages supérieurs de son couvent. Quelles pensées devait avoir sur ce monde cet homme vivant en compagnie des flots, au pied de cette terrasse qu'il avait renoncé à gravir! J'ai songé plus d'une fois à ce solitaire. Quand on leur signale une de ces âmes qui, sans recourir à la ressource impie du suicide, ont devancé le temps où nous devons tous entrer au sein des choses éternelles, les hommes engagés dans les voies bruyantes de cette terre sont parfois saisis de singulières rêveries. Je livre ce vieux moine aux songeurs de toutes les conditions; c'est à peine s'il avait entendu le bruit de notre canon. Il doit être encore dans sa cabane, sur les rives où ses pieds ont pris racine, à moins que la mort, qu'il étreint depuis tant d'années, ne l'ait enfin enlevé.

Notre reconnaissance sous Sébastopol fut suivie de notre installation dans le bivouac où nous devions si longtemps rester. Le général Canrobert s'établit près d'une maison détruite, dont bientôt tous les débris disparurent. A l'époque où se dressèrent nos tentes, le jardin de cette maison en ruines existait tout entier encore : c'était un jardin paisible, avec d'étroites allées bordées d'arbres fruitiers. Une de ces allées, resserrée entre deux haies de pruniers, se liait pour moi à d'intimes et lointaines pensées. Je trouvais un charme singulier à ce lieu, le charme de ces vieilles demeures, revues après nombre d'années par quelque hasard de la vie, où l'on s'avance le cœur ému et comme oppressé, faisant sortir à chaque pas des murs lézardés, de l'herbe poussée dans la cour, maints souvenirs semblables à ces oiseaux familiers qui voltigent un instant autour de vous, puis s'arrêtent pour vous regarder. La guerre et les voyages ont augmenté mon attachement pour des objets qui ne sont ni de chair ni de sang. Il m'est arrivé continuellement d'être pris d'une affection subite pour quelques troncs d'arbres et un coin de terre. Partout nous rencontrons tout d'un coup avec étonnement et surprise quelque chose de nous. D'où viennent, dans ces lieux inconnus où le hasard seul nous a conduits, ces lambeaux retrouvés de notre vie? Quels souffles les ont enlevés de notre cœur et dispersés ainsi sur tous les points du monde?

Rien de plus simple que le bivouac du quartier général derrière lequel j'étais campé. Le maréchal Saint-Arnaud avait laissé à son successeur une de ces grandes tentes arabes, offrant à leur sommet une seule arête qui forme une ligne festonnée. Cette tente, que je n'ai jamais pu voir sans me rappeler nos guerres africaines, qui bien des fois l'hiver, par un ciel brumeux, m'a fait songer, avec un serrement de cœur, au généreux soleil dont elle avait été si longtemps imprégnée, cette tente servait de salle à manger au général avant la construction d'une grande baraque qui plus tard opposa aux brises de la mauvaise saison ses planches disjointes. Quant à l'abri même où demeurait le commandant en chef de l'armée, c'était une tente grossière qu'un étroit fossé et un petit mur de boue entourèrent seuls aux jours rigoureux, tente bien connue du soldat, dont l'aspect avait quelque chose de glacé lorsque la toile était toute rigide de neige, et qui par cela même pourtant a certes réchauffé plus d'un cœur, en y faisant prnétrer la toute-puissante vertu de l'exemple.

J'avais établi ma demeure auprès d'un pan de mur isolé, dont les pierres désunies ne semblaient se soutenir que par une loi mystérieuse d'équilibre. Si ces pierres étaient une menace, elles étaient aussi une protection, car elles opposaient un obstacle aux vents d'automne qui commençaient à souffler sur notre plateau. Derrière ce frêle rempart, j'habitais une de ces grandes tentes que l'on appelle *tentes de campement* par opposition à ces *tentes-abris* que les soldats portent sur leur dos. M. de la Tour du Pin partageait avec moi cette vaste maison de toile, où se réunissaient aux heures des repas tous les officiers de mon détachement. Cette tente n'est pas un des plus mauvais gîtes où mes destinées m'aient logé. Je commençai à m'y familiariser avec cette singulière vie, en même temps aventureuse et sédentaire, que désormais nous allions mener. Les débuts de cette existence n'avaient rien de rude. Le ciel était encore clément : dans le pays qui nous entourait, les maisons s'effondraient, les arbres étaient frappés; mais l'œuvre de destruction qui allait donner à nos yeux des spectacles si désolés était bien loin d'être accomplie. Nous marchions à travers des campagnes vivantes. Pour ma part, je faisais chaque jour des excursions dont je rapportais une sorte de gaieté qui avait quelque chose de profond et de doux. Cette gaieté, comment ne l'aurais-je pas eue? J'avais de la liberté ce qu'en comporte ma vie, de l'insouciance ce qu'en comporte mon âme. Enfin le danger se montrait à moi sous cette forme et dans cette mesure où il flatte d'ordinaire tous les goûts.

Sébastopol n'avait pas tardé à sortir de son silence. Quand ils avaient vu tout le mouvement qui se faisait autour d'eux, les Russes s'étaient mis à nous envoyer des projectiles, lancés par ces pièces de canon au calibre gigantesque, à la portée démesurée, dont leurs forteresses étaient garnies. Par instants, dans les lieux où l'on pouvait se croire le plus en sûreté, en traversant le sentier d'un ravin, en longeant quelque maison isolée, on entendait dans l'air un long bruissement, puis sur le sol le son pesant d'un corps qui tombe. C'était quelque boulet égaré qui venait se jeter à travers notre promenade. Quelquefois du sein des herbes froissées s'élevait un petit nuage de fumée, accompagné de ce bruit métallique, d'une mélancolie singulière, que font les projectiles creux en se brisant. C'était quelque obus ou quelque bombe venant lancer leur accent pénétrant au milieu de nos rêves et de nos pensées. Dans les excursions marquées par ces continuels incidents, j'ai songé souvent à un livre de Jean-Jacques fort admiré de ma jeunesse, les *Rêveries d'un promeneur solitaire*. Je me demandais

quel parti pourrait tirer de tout ce qui s'offrait à mes
yeux un être doué de cette parole merveilleuse qui
communique à tout ce qu'elle touche une souveraine
et impérissable vertu. Imaginez-vous un seul moment
tous ces phénomènes d'un monde plein de grandeur
et d'imprévu se produisant sous les pas d'un homme
assez puissant pour faire jaillir l'éloquence des faits
les plus humbles et les plus habituels de cette terre :
quelle œuvre étrange et splendide viendrait prendre
place parmi les œuvres de l'intelligence humaine!
Mais une loi secrète veut que d'ordinaire ce que j'appellerai les grandes apparitions de cette vie ne se présentent point à ceux qui pourraient les décrire. Peut-
être Dieu a-t-il, dans sa sagesse, résolu de garder à
la région de la mort, du sacrifice et du péril, tout le
sublime attrait de son mystère, en n'y conduisant pas
ceux qui possèdent l'art, le goût et le vouloir de
dire, ou en les frappant tout à coup d'une sorte de
discrétion altière aussitôt qu'ils y ont pénétré.

Le premier officier qu'ait atteint le canon de Sébastopol fut un capitaine du génie, Schmitz, qui aujourd'hui a sa place dans un petit cimetière, à l'endroit même où il est tombé. Toutes les fois que le
nom d'un mort vient s'offrir à mon esprit, je trouve
un pieux plaisir à l'écrire. Schmitz commence pour
moi cette longue procession d'ombres amies que je
pourrais évoquer de la Crimée. Je me rappelle le jour

et le moment où l'on vint m'apprendre sa mort. Depuis, tous les jours et presque toutes les heures devaient être marqués par des trépas.

Dès que nos travaux d'attaque furent sérieusement commencés, le feu de la place prit quelque chose de régulier et de soutenu. Les Russes n'envoyèrent plus à travers la campagne autant d'obus voyageurs et de boulets vagabonds; ils essayèrent de diriger tous leurs feux sur nos travailleurs. Toutefois, pendant cette partie du siége, ils furent continuellement trahis par la longue portée de leurs pièces. Tout autour de Sébastopol, au-dessus de nos tranchées commencées, nombre de projectiles venaient encore bondir presque à l'entrée de nos camps. Le soldat attendait avec impatience le moment où notre canon allait répondre au canon russe. Le jour où notre feu s'ouvrit fut un jour d'allégresse universelle. Je n'étais appelé du côté de la ville par aucun service; mais, entraîné par le sentiment public, j'allai, avec quelques officiers de mon détachement, voir ce qui se passait vers ces murs entourés d'une ceinture blanche comme un navire qui lance d'incessantes bordées. Les premières heures de cette matinée sont restées dans mes souvenirs gaies, souriantes et lumineuses, enfin avec un attrait tout particulier, semblable à un attrait de jeunesse, que je m'explique par les espérances dont nos cœurs étaient remplis. Nous courions à travers la campagne. L'âme humaine prête tellement son existence à ce qui l'entoure, que les boulets mêmes dont les bonds parfois arrivaient jusqu'à nous me semblaient avoir quelque chose de joyeux. Malheureusement notre attente fut trompée. Bien des heures sanglantes nous séparaient du succès que chacun déjà saluait avec tant de confiant enthousiasme. Quelques bâtiments apparents placés à l'entrée de la ville, troués par nos boulets, déchirés par nos obus, devenaient de véritables haillons de pierres; mais les forts ennemis restaient intacts, ou du moins subissaient des dégâts qui ne se trahissaient point par le ralentissement de leur feu. Les coups de notre artillerie au contraire étaient évidemment moins pressés. Soudain on entend un bruit retentissant et prolongé, se détachant avec une prodigieuse vigueur de tous les sons dont l'oreille est assourdie. Ce bruit est accompagné d'un nuage de fumée épaisse et brune : c'est une explosion. Un magasin à poudre vient de sauter dans une de nos batteries. Sébastopol montra dans la journée du 17 octobre 1854 quelle puissance de défense elle pouvait déployer. Autour de cette ville, c'était une autre ville tout entière que notre armée allait être obligée de construire. Je regagnai tristement ma tente ; puis, Dieu merci, comme en campagne il n'est point de chagrin qui dure, je pensai que ce siége, en se prolongeant, amènerait mille incidents curieux, déroulerait toute la série de ces grands spectacles qui sont d'abord les fêtes des yeux, plus tard les richesses du cœur.

Les spectacles héroïques ne devaient pas longtemps se faire attendre. Le 24 octobre au matin, nous entendons le canon du côté de Balaclava. Je reçois l'ordre de faire monter mes spahis à cheval et d'escorter le général en chef. Il n'y a plus dans l'air cette lumière et cette chaleur que réunissait le ciel de l'Alma. Nous sommes à la fin de l'automne; nous marchons vers les mauvais jours. Cependant l'atmosphère a encore de la transparence et de la douceur. Nous traversons au galop une vaste étendue de terrain, et nous arrivons aux limites de notre plateau.

A notre droite s'élèvent les hauteurs de Balaclava, au-dessous de nous s'étend cette vallée profonde qui est bornée par la Tchernaïa; en face de nous, l'extrême horizon du paysage est formé par cette admirable chaîne de montagnes aux cimes d'une blancheur éclatante, aux flancs violets et diamantés, dont le Tchaderdagh fait partie. Toutes nos troupes ont pris les armes. Le général en chef s'arrête de sa personne auprès d'une redoute où est établie une batterie turque. Je mets pied à terre et j'entre dans cette redoute, d'où partent à de longs intervalles des coups de canon qui nous attirent quelques projectiles russes, mais des projectiles maladroits, déchirant à nos pieds les mamelons sur lesquels nous nous sommes établis.

Lord Raglan vient de rejoindre le général Canrobert ; une conférence qui s'établit entre ces deux chefs me donne tout le loisir d'examiner la vaste scène que peuvent embrasser mes yeux. Les Russes, qui ont surpris quatre redoutes occupées par les Turcs dans la vallée de la Tchernaïa, en avant des lignes anglaises, attaquent Balaclava. Une portion de leur cavalerie se dirige vers les *highlanders* qui les attendent de pied ferme. Tout à coup voilà deux régiments anglais qui s'ébranlent et viennent couvrir cette infanterie. Ce sont deux régiments de dragons : l'un de ces régiments porte le casque; l'autre, si ce n'était la couleur écarlate de l'habit, rappellerait en tous points les grenadiers à cheval de notre vieille garde. C'est le régiment écossais des dragons gris ; ces cavaliers doivent leur nom à la robe de leur monture. Ils sont tous d'une haute stature, que leurs bonnets à poil fait paraître plus élevée encore. Russes, Anglais, se précipitent les uns sur les autres. Nous avons ce spectacle si rare à la guerre d'un vrai combat de cavalerie. On voit se croiser les lames de sabres, on entend le bruit des coups de pistolet et de ces énergiques hurrahs qui sortent avec tant de puissance des poitrines britanniques. Cette action est de courte durée. Les Russes sont battus; ils se retirent, laissant sur le champ de bataille des cadavres d'hommes et de chevaux dont, quelques heures après, les amateurs de grands coups admiraient les larges blessures. J'avoue que ce combat m'avait charmé. Épris avant tout des choses passées, j'avais vu avec joie, en plein dix-neuvième siècle, une chevaleresque Angleterre que je n'aurais jamais pensé rencontrer hors des pages de Shakspeare. Ces dragons gris me faisaient tous songer à Hotspur; je les avais appréciés pour la première fois dans notre marche de flanc. Débarqués après la bataille de l'Alma, ils étaient venus nous rejoindre en traversant avec une intrépide confiance un pays occupé par l'armée russe. Nous les avions vus déboucher un matin au milieu de ces forêts où se pressaient nos bataillons. On les avait accueillis avec chaleur; leur aspect avait causé une sorte d'émotion; leur conduite venait de répondre aux martiales espérances qu'avaient fait naître leurs allures. J'avais l'esprit tout occupé de ce grand et éclatant tournoi, prouvant qu'il ne faut désespérer en ce monde d'aucune tradition, et que l'oriflamme des anciens âges peut trouver encore à certains jours, chez les peuples même mordus le plus profondément au cœur par l'industrie, des mains vaillantes pour le porter, quand tout à coup commença une action bien plus émouvante encore que celle dont je venais d'être témoin.

Me voici arrivé à cette étrange charge de la brigade légère qui a entouré d'une popularité héroïque lord Cardigan et ses hussards. Ces hussards, je les aperçois encore avec leurs pantalons amarante et leurs pelisses bleues à tresses jonquille, enfin dans toute l'attrayante élégance d'un de ces uniformes justement chers au cœur et aux yeux des jeunes gens. Ils chargent, mais contre qui? contre quoi? On n'aperçoit devant eux, autour d'eux, que des masses de baïonnettes et des redoutes garnies de canons. Aussi ne tardent-ils pas à disparaître dans une fumée blonde, tant les éclairs qui la sillonnent sont nombreux et pressés. Par moments on les entrevoit dans une vraie clarté d'apothéose ; puis le nuage ardent se reforme autour d'eux. Enfin cette charge est finie, les voilà qui reviennent, ou plutôt voilà l'âme de cette troupe qui revient dans quelques êtres miraculeusement préservés. Voilà le souffle, voilà le nom de cette famille militaire ramenés par quelques débris ; dans la plupart de ses membres, cette famille n'existe plus.

Maintenant quel but a été atteint? qu'a produit en passant sur ce champ de bataille ce tourbillon d'hommes et de chevaux si rapidement disparus? Voilà ce qu'on se demande à la fin de ce combat, si l'on peut même appeler ainsi cette lutte d'hommes contre de la mitraille et des boulets. Le caractère anglais fait vivre l'un à côté de l'autre deux esprits de la nature la plus opposée, dont les contrastes excitent toujours notre étonnement. L'un de ces esprits est froid, calculateur, traitant souvent avec une singulière dureté, mêlée de morgue et de colère, toutes les pensées entraînantes, auxquelles s'ouvre sans cesse l'âme de notre pays. C'est à cet esprit que la race britannique confie la conduite habituelle de ses intérêts dans le monde. L'autre esprit est violent, emporté, bafouant tout à coup la prudence humaine avec une verve de témérité dont notre audace elle-même s'étonne. Je crois que la charge de lord Cardigan fut une boutade de cet esprit-là : une magnifique et immortelle boutade !

Notre cavalerie ne fut pas inactive à Balaclava. Au moment où la vaillante troupe dont j'ai essayé de peindre l'élan était ramenée comme par un vent de feu, je vis briller au soleil ces vestes bleu clair si justement redoutées des Arabes. Deux escadrons du 4ᵉ chasseurs d'Afrique, lancés par le général d'Allonville, faisaient, pour dégager le flanc des Anglais, une charge intelligente et heureuse. C'est là mon dernier souvenir de ce combat. Les Russes renoncèrent à leur attaque, ils n'essayèrent même pas d'occuper les redoutes qu'ils avaient prises aux Turcs le matin. Le général Canrobert descendit dans la vallée, où il resta longtemps. Nous apercevions les troupes ennemies, mais devenues immobiles, formant devant nous, dans l'espace, des taches noires ou de sombres lignes qu'aucune clarté n'illuminait plus. Bientôt je sentis sur mes épaules cette fraîcheur du soir qui, à la fin des journées d'automne, est toute remplie de tristesse, comme les larmes qu'elle suspend à chaque brin d'herbe. Ces grandes ombres, si chères aux poëtes, commencèrent à s'étendre sur la vallée. Chacun reprit le chemin de son bivouac. Je trouvai dans ma tente avec une joie profonde le colonel de la Tour du Pin, qui avait pris part en volontaire à la charge de la cavalerie anglaise. Un boulet, en brisant la jambe de son cheval, l'avait arrêté dans sa course. Il revenait sans blessure de cette sanglante mêlée, où l'avaient entraîné le goût de l'aventure, les séductions du péril et les antiques traditions de l'esprit guerrier chez notre nation.

VII

Un des plus grands épisodes assurément de la guerre que j'essaye de raconter n'occupe qu'un point dans ma mémoire, seulement c'est un point rouge et brûlant. Je veux parler de la bataille d'Inkerman. Là, plus que jamais, j'appliquerai dans toute leur rigueur les règles que je me suis imposées ; je donnerai uniquement de ce vaste tableau l'espace étroit que mon regard a parcouru. Ce qu'un soldat peut apercevoir à travers les rideaux de fumée, dans le coin obscur où le hasard l'a placé, voilà tout ce que je prétends dire. Comment s'enchaînaient entre eux des faits qui ne m'ont apparu qu'isolés ? quelle composition formait cet amas de personnages dont je n'ai vu qu'un nombre restreint ? quel ensemble présentait enfin cette action dont je n'étais moi-même qu'un humble détail ? Ce sont des questions pour lesquelles je n'ai point de réponse. Ceux-là seuls doivent me lire qui, pénétrés de la maxime antique, trouvent un intérêt pour l'homme dans tout ce qui est humain, aiment à savoir comment s'offrent au premier venu, comment demain s'offriraient à eux ces rapides et formidables événements dont s'occupe un siècle, ces heures qui ont des ailes et un glaive, comme les anges de la Bible.

Le 5 novembre, je m'éveillai sous ma tente, ne sachant point s'il faisait nuit ou jour, car la toile qui m'environnait de toutes parts était tellement obscurcie et pénétrée par une longue pluie, qu'elle était devenue un obstacle inexpugnable pour la faible lumière d'une matinée d'automne. Tout à coup il me sembla entendre, dans plusieurs directions à la fois, un bruit d'artillerie et de mousqueterie; puis ma tente s'ouvrit brusquement, un sous-officier m'apportait l'ordre de monter à cheval avec tous mes spahis. En quelques minutes, mes chevaux furent sellés, mes hommes prêts. Mon détachement se trouva sous les armes devant la tente du général en chef, qu'il devait escorter. Le général Canrobert parut bientôt, il monta à cheval, et, suivi de tous ses officiers, il se dirigea au galop du côté de Balaclava. J'ai vu quelquefois la guerre planer sur les rues des villes, plus souvent je l'ai vue planer sur des campagnes, mais toujours en ces moments qui précèdent les extrêmes périls et les énergiques efforts, j'ai trouvé une physionomie semblable aux lieux où les dangers allaient s'abattre. Ces espaces, où dans un instant vont se croiser les projectiles et se pousser les flots des mêlées, sont envahis par une solitude qui a quelque chose d'ardent et d'inquiet. Les troupes, en se groupant pour combattre, laissent des vides autour d'elles. Rien de plus menaçant et de plus sévère que ne l'était, au moment où je me reporte, l'aspect de notre plateau.

Le ciel, tout chargé de brouillards et de pluie, abaissait sur nous une vaste toile d'un gris uniforme. Le sol où galopaient les chevaux était glissant et détrempé. Les tentes se détachaient à peine, aux plus prochains horizons, sur le fond de morne et pâle lumière qui les entourait. Pourtant le regard parcourait encore assez d'étendue pour apercevoir de temps en temps avec netteté de longues rangées de baïonnettes, indiquant que l'armée entière avait pris les armes. Le général en chef courait de toute la vitesse de son cheval vers les lieux où se faisaient entendre les détonations. Ce fut ainsi qu'en le suivant j'atteignis à peu près l'endroit d'où quelques jours auparavant j'avais assisté au combat de Balaclava. Là étaient dirigés quelques boulets russes. Des bataillons ennemis groupés à nos pieds semblaient tenter une attaque. Le général en chef reconnut sans doute d'un seul coup d'œil que cette attaque était simulée, car ce fut à peine s'il arrêta son cheval pour jeter un regard dans la vallée ; il reprit la course rapide qui jusqu'alors l'avait emporté, et bientôt se trouva aux lieux mêmes où devait se décider le sort de la journée.

Plus nous approchions de cet étroit champ clos où furent enfermés les combattants d'Inkerman, plus l'obscurité se faisait autour de nous ; la fumée se mêlait au brouillard, et formait une région de ténèbres où cependant j'ai vu se détacher plus d'une figure que je n'oublierai pas ; puis l'air se remplissait d'un concert dont il me semble encore que par instants je retrouve chaque note dans mes oreilles. C'était ce sifflement aigu des balles qui fait songer au fouet des furies, le gémissement de l'obus, triste et pénétrant comme la voix d'un instrument qui se brise, enfin ce long frémissement de la bombe que l'on dirait produit par les ailes de quelque gigantesque oiseau. Dans cette course, qui avait les allures que les ballades allemandes prêtent aux chasses magiques, mes spahis traversèrent le camp de ces tirailleurs algériens qui allaient conquérir une si éclatante et si juste gloire. A la vue des haïks et des burnous rouges, une explosion de clameurs joyeuses sortit de cette troupe musulmane. Les enfants guerriers de l'Algérie échangèrent à travers ce brouillard des sourires où rayonnait le soleil de leur pays. Bientôt à côté de mes cavaliers je vis un détachement de chasseurs d'Afrique ; c'était l'escorte du général Bosquet, qui venait de sa personne se porter au-devant du général Canrobert.

Cette rencontre avait lieu vers un point du plateau où l'on avait établi un télégraphe ; quelques pas encore, et nous allions nous trouver sur le théâtre même de l'action. J'avais eu à la bataille de l'Alma la vision splendide d'une victoire ; un instant la bataille d'Inkerman me fit comprendre ce que pouvait être un héroïque revers. Nous étions parvenus au camp des Anglais. Les boulets avaient renversé toutes les tentes, et on voyait couchés, sur une terre presque aussi humide de sang que de pluie, ces magnifiques grenadiers de la reine, l'orgueil de leur armée et de leur nation. Tous ne gisaient point sur le sol pourtant, et ce qui m'a le plus frappé peut-être dans cette journée où j'essaie en ce moment de revivre, c'est une petite troupe de ces intrépides soldats contraints à se replier sous le feu écrasant des Russes. Je les apercevais sous ce ciel brumeux, marchant de ce pas lent et solennel dont on suit les convois funèbres, et se retournant de temps en temps. Comme ils avaient la capote grise et le bonnet à poil, ils me rappelèrent tout à coup de nobles et déchirants souvenirs. Il me sembla que je lisais vivante, dans les caractères mêmes où Dieu et le sang français l'ont tracée, une de ces pages immortelles que nous ne voudrions pas arracher de notre histoire malgré tout ce qu'elles remuent de douleur en nous. De là une sorte d'attendrissement étrange qui resserrait et pourtant exaltait mon cœur.

Les émotions nées pour moi de cette illusion ne pouvaient pas être de longue durée. L'action avait une trop vigoureuse étreinte pour ne pas étouffer toute songerie. Le bruit redoublait, le feu devenait à chaque instant plus vif. Je ne sais si ce fut le brouillard ou la fumée qui se dissipa un moment, mais je vis à une assez courte distance de grandes masses grises, sillonnées dans toute leur étendue par une ligne de rapides éclairs : c'étaient les Russes, établis sur notre plateau, où ils essayaient de nous foudroyer. Je compris alors ce qui se passait; je vis qu'il allait y avoir entre les deux armées une lutte semblable à celle de deux athlètes au bord d'un abîme. Ces Russes, dont nos pères disaient : « Il faut les tuer deux fois, » étaient là sur ces hauteurs, dans ce coin de terre où nous avions planté notre drapeau entre la mer et des bastions ennemis toujours grondant, toujours fumant. Ce fut alors qu'eut lieu cet effort suprême qui couvrit nos camps de leurs cadavres, et finit par les jeter brisés au pied de nos positions.

Pendant quelques instants, je perdis de vue le général Canrobert, qui disparut au milieu de la fumée. Il avait voulu aller reconnaître lui-même et sans escorte les endroits où devait se porter la furie française, indispensable cette fois, mais qu'il s'agissait de diriger. Cette furie, j'entendais dire autour de moi qu'une charge spontanée du général Bourbaki l'avait déjà fait connaître aux Russes. Seulement cette charge avait été exécutée avec une poignée d'hommes : c'étaient maintenant des régiments entiers qui devaient la renouveler. Cependant les feux ennemis redoublaient d'intensité. Je me rappelle un coin du champ de bataille où mes spahis restèrent assez longtemps avec quelques hommes du 4ᵉ hussards, les chasseurs d'Afrique qui escortaient le général Bosquet, et le fanion du général en chef, porté

6.

par le jeune sous-officier qui avait accompagné le maréchal Saint-Arnaud à la bataille de l'Alma. Nous avions à notre gauche ce moulin d'Inkerman dont on fit, je crois, plus tard, une poudrière. C'était une sorte de tour à l'aspect mélancolique et délabré, d'un assez heureux effet au milieu de ce paysage animé d'une si terrible vie. A peu près en face de nous était le bassin du Carénage, car quelques projectiles de vaste dimension, décrivant d'immenses courbes, nous parurent envoyés par la marine russe. Du reste, il était difficile de reconnaître d'où soufflait cet ouragan de fer qui balayait notre plateau. Tandis qu'au-dessus de nos têtes l'air s'emplissait de mugissements, la terre à nos pieds recevait toute sorte de meurtrissures. C'était tantôt le boulet venant exécuter une série de bonds désordonnés avec cette brusquerie incivile qui lui a valu son surnom soldatesque, tantôt l'obus tombant lourdement sur le sol pour s'y briser et jaillir en mille éclats qui faisaient tournoyer les chevaux. Il n'est rien, comme on l'a répété tant de fois, dont l'esprit français ne s'amuse. Un sous-officier de hussards me fait remarquer que des projectiles viennent successivement de briser la selle arabe de mon maréchal des logis fourrier et d'atteindre dans leurs montures mon brigadier-fourrier et mon maréchal des logis chef. « Décidément, me dit-il, les Russes veulent démolir tous vos comptables. »

Nos voisins les chasseurs d'Afrique sont encore plus maltraités que nous. Un de leurs officiers est gravement blessé à la poitrine, et une bombe, tombant d'aplomb sur leurs têtes, leur écrase sept ou huit hommes. Je vois reparaître le général en chef avec le bras en écharpe; il vient de recevoir une blessure à l'épaule. En ce moment même, une colonne d'infanterie passe devant lui au pas de charge; j'entends quelques voix qui s'écrient : « Il est encore blessé! » L'entrain de ces hommes qui tout à l'heure avait fait de ce jour brumeux une journée radieuse, on peut l'admirer, on peut le deviner, on peut le sentir, on ne peut le rendre. Je vis, entre autres, un vieux sous-officier à chevrons serrant entre ses dents, au coin de sa bouche, sous une moustache brûlée, une pipe noircie, une pipe sœur assurément de cette pipe héroïque qui figure dans le testament de la Tulipe. Cet homme marche comme le vrai fantassin de notre pays : le cœur bat à regarder ses pieds. Un boulet arrive de plein fouet, et enlève une file à côté de lui; il ne ralentit pas cette marche intrépide, seulement il tourne une seconde la tête, et le regard qui se peint dans ses yeux, je l'ai emporté dans ma mémoire : il y a toute la poésie du devoir et toute la philosophie des batailles dans le regard de ce soldat.

Le général Canrobert se promène dans l'espace enflammé où est resserrée l'action. Je vois passer, vers le moulin d'Inkerman, un homme qui se dirige vers lui : c'est lord Raglan. Le chef de l'armée anglaise monte un beau cheval qu'il manie avec aisance malgré son bras mutilé : son visage, soigneusement rasé, est empreint de ce calme qu'on n'a jamais pris en défaut. Je me rappelle qu'au moment même où il aborde le général Canrobert, un boulet décrit une courbe au-dessus de sa tête et vient tomber à ses pieds. Un entretien a lieu entre les deux généraux. Quelles paroles échangent-ils? Je l'ignore; je sais seulement que notre infanterie continue à se ruer contre les Russes. Bientôt, dans cet air brumeux qu'on se prend à respirer tout à coup avec joie, avec ivresse, avec fierté, on sent la présence de la victoire.

A peine notre succès était-il décidé, que le ciel eut envers nous cette bonne grâce de s'éclaircir un peu. Un instant même, sa teinte grise s'éclaira d'un pâle rayon de soleil ; cette fugitive clarté s'évanouit bien vite, mais la pluie cessa entièrement, et le brouillard ne reparut plus. A l'heure où se tiraient les derniers coups de canon, je parcourus le champ de bataille. Je crois que l'on a vu bien rarement, sur un terrain aussi limité, pareil entassement de cadavres. En quelques endroits, l'on était obligé de descendre de cheval. Les corps étaient amoncelés les uns sur les autres ; c'était une véritable foule à travers laquelle il fallait se frayer un passage, mais une foule d'êtres inanimés et couchés sur le sol. Dans cette population de morts, deux hommes attiraient l'attention universelle : c'étaient deux Russes, blonds tous deux, tous deux d'une taille élancée, se ressemblant par les traits de leurs visages et par toutes les formes de leurs personnes. Ces deux jeunes gens, les deux frères sans doute, avaient voulu s'unir dans la mort : chacun avait fait de son bras un oreiller pour son compagnon ; les mains qui n'étaient pas engagées sous leurs têtes s'étreignaient sur leurs poitrines. Il y avait dans ce groupe ainsi enlacé quelque chose qui aurait tenté un sculpteur. Un calme plein de noblesse et de douceur régnait sur ces figures, qui ne rappelaient en rien le type tartare. Je songeai, je ne sais trop pourquoi, à ce couple fraternel de l'antiquité qui, en récompense d'un acte de piété filiale, reçut du ciel une mort rapide et sans terreur. Ces deux cadavres sont restés dans mon esprit précisément parce qu'ils m'ont semblé tout différents de ce que sont d'ordinaire les dépouilles dont se couvrent les champs de bataille.

Ces corps dont la vie s'est si brusquement retirée ont produit presque toujours sur moi une impression qu'au premier abord on est tenté de repousser comme pernicieuse et cruelle, mais qui, à l'examen au contraire, me semble toute remplie de consolation et d'enseignement. Je trouve que pour la plupart ce sont de véritables haillons, ne rappelant plus rien des souffles qui leur prêtaient, il y a quelques moments à peine, tant d'émouvantes apparences. Si jamais la Psyché antique, devenue désormais l'âme chrétienne, m'a semblé une prisonnière ailée dont tout à coup la geôle s'écroule, assurément c'est à la guerre. Les sanglants débris dont le sol est jonché après une chaude action paraissent des ruines que la terre aura le droit d'enserrer, où rien n'est resté de ce qui appartenait au ciel. Et quand on vient à se rappeler devant ces objets muets, froids, déformés, devant ces choses sans nom, comme l'a dit le plus éloquent orateur de notre Église, quand on vient à se rappeler les créatures vivantes, passionnées, radieuses, que ces mêmes objets, que ces mêmes choses étaient tout à l'heure, on sent d'une manière invincible, avec une raison enflammée et soulevée par la foi, que cette matière où nulle parcelle n'est demeurée visible d'un si riche, d'un si éblouissant trésor, n'est point cette mystérieuse puissance, ce soin, cette tendresse de Dieu, qui mérite de s'appeler l'homme.

Ce ne fut point seulement la mort qui affaiblit l'armée russe à Inkerman, cette journée nous donna un grand nombre de prisonniers. Je vois encore les longues colonnes d'ennemis vaincus que l'on dirigeait vers nos camps; parmi ces soldats que nous livrait le sort des armes, j'en remarquai un surtout : c'était un blessé ; un projectile qui l'avait atteint au visage avait causé chez lui un de ces étranges phénomènes que produisent les blessures des armes modernes. Il était vivant, bien vivant, il marchait même d'un pas ferme. Cependant sa face tout entière n'était qu'une immense plaie. Le regard était parti de ses yeux sanglants et déchirés. On eût dit une de ces vigoureuses études d'écorché auxquelles se plaisent parfois de grands peintres. C'est toujours dans quelques figures que se résume en définitive, pour notre intelligence impuissante, la pensée des plus vastes actions. Cet homme à la taille haute et droite, se tenant debout, s'avançant encore sous le voile rouge que sa blessure collait à ses traits, représentait admirablement, à mon sens, la vaillante armée que nous venions de vaincre. Inkerman est assurément une des batailles où de tous les côtés on a déployé le plus d'énergie. Couvert d'un lambeau humain ou d'un morceau de fer, chaque pouce du terrain, où s'était passée cette lutte, disait ce jour-là ce que dans trois armées on avait tenté et accompli.

En regagnant mon bivouac, je passai devant une grande tente où était établie l'ambulance anglaise. Deux piles semblables à ces monceaux de boulets qu'élève l'artillerie flanquaient cet asile des courageuses douleurs. Seulement ces piles étaient formées de bras et de jambes. Je le répéterai sans cesse, je n'éprouve aucune répugnance à retracer les tableaux de cette nature. Ils n'ont jamais arrêté sur le seuil de notre carrière un seul de ceux que Dieu avait destinés à y marcher. Loin de là, je suis convaincu qu'ils excitent les âmes. Il y a deux mondes remplis de souffles trop violents pour que la raison humaine essaye d'y hasarder sa lampe; elle y serait éteinte sur-le-champ. On ne peut y marcher qu'avec deux flambeaux plus forts que tous les vents de la terre, avec l'enthousiasme et la foi. Ces deux mondes que chacun a nommés, que chacun a reconnus, celui des combats, celui de la prière, celui des champs de bataille, celui de l'Église, arborent hardiment, à leurs entrées, les enseignes de leur gloire, qui sont des images de supplice, des instruments de mort et de tortures.

J'ai entendu raconter maintes choses d'Inkerman; j'ai dit le peu que j'en avais vu. Pendant que nous soutenions à l'extrémité de notre plateau cette lutte acharnée que termina une victoire si nécessaire, nous entendions à notre gauche, du côté de la mer, le canon des Russes tentant une violente entreprise contre nos tranchées. Je regrette de ne point pouvoir raconter ces combats, où le général de Lourmel trouva une mort qui pénétra de regret et d'admiration toute l'armée. J'ai ignoré certainement et j'ai bien mal vu peut-être nombre de choses qui se passaient près de moi et presque sous mes yeux ; comment donc pourrais-je retracer, en suivant les lois que je me suis prescrites, ce qui s'est passé si loin de mon regard ? Ce qu'on saisira, je l'espère, à travers mes souvenirs, tels qu'ils sortent aujourd'hui de mon esprit, c'est le caractère même de la brillante et terrible action à laquelle j'ai assisté. La même gloire environne Alma et Inkerman ; mais ce sont deux journées bien différentes toutefois : l'une gracieuse et sereine, l'autre sombre et violente, représentent la guerre sous le double aspect où elle s'offre sans cesse. La Crimée devait tour à tour demander à nos soldats tout ce qu'on peut attendre de leurs âmes. Nous les avons vus emporter d'assaut leur première victoire, puis, par un héroïque élan, chasser l'ennemi des hauteurs où ils ont placé leurs drapeaux. A présent nous allons les voir constants, résignés, opiniâtres, donner au monde l'exemple des seules vertus qu'on était tenté de leur refuser. Ce n'est plus seulement contre les hommes qu'ils soutiendront leur infatigable lutte. Plus d'une fois, dans la tranchée, la neige fondra sous les gouttes de leur sang. Ils prendront leur revanche des boulets et des frimas qui ont combattu leurs pères.

VIII

Neuf jours après la bataille d'Inkerman, l'hiver inaugurait son règne sur notre plateau avec un cruel appareil. Le 14 novembre fut marqué par une tempête que l'on peut placer parmi les plus rudes épreuves de notre armée. J'étais couché sous la tente que je partageais avec M. de la Tour du Pin. Tout à coup je suis réveillé par une secousse violente. Je sens le heurt d'un bâton à ma tête : c'est mon abri avec ses supports qui vient de s'écrouler sur moi. Je me dégage de la toile humide qui m'enveloppe ; je me trouve alors sur un sol où tombe une pluie mêlée de neige et que parcourent les rafales d'un vent furieux. A quelque distance du gîte que venait de m'enlever l'ouragan était une tente turque habitée par un officier de mon détachement. Les tentes turques, grâce à leur forme sphérique, offrent une incroyable résistance à la tempête. Mon compagnon et moi nous trouvons donc un nouvel asile ; mais, je l'avoue, je regrette ma maison. Je m'étais attaché à ce logis passager et ambulant, comme si je l'avais reçu par héritage. Le soir même d'Inkerman, j'y avais passé quelques bons instants, entouré d'amis que j'étais heureux de revoir. J'avais retrouvé sur le seuil de cette demeure, maintenant abattue, le colonel de la Tour du Pin, avec une blessure à la joue qu'il avait reçue en allant se mêler à nos tirailleurs. Pourtant mon désastre est bien peu de chose auprès de tous ceux dont je suis le témoin.

Derrière le quartier général s'élève un vaste bâtiment de bois où l'on a établi une ambulance. Le vent s'attaque aux charpentes de ce récent édifice, qui s'écroule bientôt, comme un rempart enlevé par une volée de boulets. On entend alors un de ces bruits douloureux qui vont éveiller au fond du cœur des échos dont on est longtemps à se délivrer. Ce sont les cris des blessés, qui reçoivent dans leurs corps meurtris de nouvelles atteintes, qui gisent sur une terre glacée, et dont la pluie fouette les plaies. La vaste étendue de nos camps offre un aspect que les flots seuls me semblaient pouvoir prendre pendant les tempêtes. Au-dessus de nos tentes s'étend un vaste ciel d'une couleur blanchâtre, qui ressemble lui-même à une immense voile déchirée par un ouragan. Ce n'est pas l'obscurité qui nous entoure, mais quelque chose de mille fois plus cruel, cette teinte morne, ingrate et dure, qui se joue sur la cime des vagues autour des navires près de sombrer. Les arbres qui ornaient et protégeaient les lieux où la guerre nous a conduits ont déjà presque tous disparu. Rien ne s'oppose plus aux jeux terribles des vents à travers ces espaces dévastés, qui en maints endroits n'ont pas d'autres confins que la mer. Dieu sait tout ce que nous envoie de bruits lugubres et de souffles désordonnés ce redoutable voisinage des régions où l'homme n'exerce qu'un empire incertain, où de tout temps il a cru se sentir dans le royaume d'esprits désespérés et insoumis. Je me rappelle avec plaisir cependant la soirée et la nuit qui suivirent pour moi cette tempête. Malgré des obstacles de toute nature, notre cuisinier, qui avait son laboratoire en plein air, était parvenu, après des efforts surhumains, à nous faire cuire du riz, et nous avions reçu le matin même des rations d'eau-de-vie. On nous servit donc, sous cette tente turque qui avait bravé l'ouragan, une vaste gamelle remplie d'une soupe épaisse et fumante, dont le seul aspect avait quelque chose de réchauffant et de consolateur. Le plus grand, le plus magnifique des livres a rendu immortel un plat de lentilles ; je ne vois point de quel droit je dédaignerais le souvenir de ce riz bienfaisant pour lequel j'ai gardé une vraie et profonde reconnaissance. D'ailleurs, j'en suis convaincu, depuis bien longtemps les repas ont dans notre vie un tout autre rôle que leur rôle visible et matériel. C'est ce que nous a indiqué lui-même le divin fondateur de notre religion en choisissant pour les plus touchantes communications de son âme céleste l'heure de la réfection corporelle. Si les mets dont se repaissent la mollesse et l'oisiveté peuvent devenir parfois de funestes embûches, il n'y a que bénédiction à coup sûr dans la nourriture austère qui soutient une vie de labeur. Travailler, répète-t-on souvent, c'est prier ; eh bien! manger, c'est plus d'une fois remercier Dieu. Voilà qui me permet, je l'espère, de glorifier mon plat de riz. Maintenant je parlerai dans une langue plus profane du punch qui, le soir du 14 novembre, égaya notre tente, grâce à notre eau-de-vie de distribution. On avait retrouvé au fond d'une cantine quelques morceaux de sucre. On les jeta dans une gamelle où fut versée l'eau-de-vie, et bientôt au milieu de nous s'élevèrent ces belles flammes bleues que l'on se prend toujours à saluer comme les apparitions d'un pays féerique, tant elles ont quelque chose d'attrayant, de spirituel et de mystérieux. Puis chacun de nous alluma sa pipe et s'établit, derrière les nuages du tabac, dans un bien-être inespéré. La soirée finie, on s'enveloppa de tout ce qu'on put trouver de couvertures et de burnous pour braver le froid de la nuit ; nous étions serrés les uns contre les autres dans un espace si étroit que ce froid ne nous atteignit point. A demi engagé dans le sommeil, j'entendais notre tente soutenir une lutte désespérée contre la tempête. Par moments, le bâton qui servait de support craquait comme le mât d'un navire, et un véritable tonnerre roulait dans les plis de la toile sonore. Tous ces bruits se confondaient pour moi avec les frémissements de l'aile des songes qui m'emportaient dans les profondeurs de leur royaume. Je goûtais dans sa béatitude cette paix connue de tous ceux qui savent combien, malgré des cimes inquiètes, d'implacables abîmes, de cruels sentiers, la vie des périlleuses aventures est une vallée qui abonde en heureux et calmes réduits.

Peu de temps après cette rude journée du 14 novembre, il se fit un grand changement dans ma situation. La petite troupe que je commandais reçut l'ordre de retourner en Afrique. Les spahis, comme on l'a répété souvent, ne se recrutent point de la même manière que les tirailleurs algériens. Ce sont des personnages importants, appartenant à la noblesse de leurs tribus. La guerre comme ils la pratiquent dans leur pays, c'est-à-dire à l'automne ou au printemps, quelque expédition rapide qui les rend à leurs tentes avec des prouesses à raconter, voilà ce qu'ils recherchent et ce qu'ils aiment ; mais cette guerre longue, âpre, patiente, qui demande les vertus de la pauvreté, répugne à leurs natures sensuelles. Doués d'une élégante et généreuse bravoure, toutes les fois qu'il y a de la poudre dans l'air ils sont gais, ils sont fiers, ils s'épanouissent; quand cette excitante odeur vient à leur manquer, quand ils ne sentent autour d'eux que la misère, une sombre tristesse les prend. Puis il était arrivé à mon détachement ce qui arrive si vite en campagne à toute troupe légère, il avait bien diminué. Enfin il fut décidé que les spahis regagneraient leurs foyers. J'éprouvai de vives angoisses. Abandonner au milieu de son cours cette entreprise dont j'avais vu les débuts, laisser tout à coup, sans en connaître la fin, ce grand drame qui me captivait si puissamment, cela me semblait une cruelle chose. Le général en chef consentit à me prendre pour officier d'ordonnance. Je pus suivre dès lors avec un intérêt nouveau tous ces faits énergiques et brûlants qui entraînaient tant d'existences dans leur continuel mouvement.

J'allai m'établir au quartier général, sous une tente turque dressée au-dessus d'un vaste trou. Le colonel de la Tour du Pin, qui partageait avec moi ce nouveau gîte, en a vanté les charmes dans des lettres que je voudrais pouvoir transcrire ici. Cette tente ronde, formée d'une étoffe blanche et cotonneuse, lui faisait, disait-il, l'effet d'une coupole d'albâtre, et lui donnait, à son réveil, toute sorte de riantes idées. Notre coupole fut bien promptement obscurcie par toutes les scories que la boue et la neige attachèrent à ses parois ; cependant je lui ai toujours trouvé de la grâce; puis le trou que recouvrait ce dôme était un gîte philosophique où j'ai passé d'excellentes heures. Un troupier, quelque peu versé dans l'art du fumiste, avait pratiqué, à l'une de ses extrémités, une cheminée dont on ne pouvait point se servir, mais qui donnait quelque chose de patriarcal à notre logis et nous permettait de croire à des pénates. Deux lits, deux escabeaux et une petite table formaient notre mobilier. Cette petite table était quelquefois chargée de bons livres que nous lisions avec un incroyable plaisir. Jamais je n'ai goûté comme en campagne ce commerce avec les esprits disparus que permet la magie du livre. A moitié sorti de ce monde, habitant d'une région qui n'est ni la mort ni la vie, on abandonne son cœur avec complaisance aux pensées que lui envoient des âmes qu'on rejoindra peut-être dans quelques heures. Puis on juge de maintes choses avec une singulière bonne foi et une bien profonde douceur. Peut-être reviendrai-je sur les lectures que nous avons faites sous cette tente turque. En tout cas, je rends ici hommage aux aimables hôtes qui sont venus nous y tenir compagnie. Madame de Sévigné, entre autres, a pénétré dans notre trou; elle l'a réjoui de sa belle humeur, enchanté de son beau langage; elle l'a éclairé un moment par l'apparition de cette sereine et touchante élégance dont elle sut faire une sœur de sa raison et de sa piété.

Tel était le réduit que je quittais sans cesse pour accompagner le général Canrobert dans ses courses continuelles aux tranchées. Dès mes premiers pas dans cet immense labyrinthe qui allait s'agrandissant et se compliquant chaque jour, je compris que j'avais sous les yeux une œuvre unique peut-être entre toutes celles qu'ait jamais fait entreprendre la guerre. C'était une ville tout entière, avec des rues innombrables, que notre armée construisait autour de Sébastopol. Ce fut un dimanche que, pour la première fois je pénétrai avec le général en chef dans cette cité nouvelle, s'attachant aux flancs de l'ancienne cité qu'elle voulait détruire, comme un vaisseau dans un combat naval s'attache aux flancs d'un autre vaisseau. Les tranchées les plus éloignées de la place, celles qu'on avait construites les premières, me rappelaient ces rues désertes que l'on trouve parfois dans les faubourgs des villes les plus populeuses. Elles servaient encore de passage à nos soldats, mais nulle troupe n'y résidait plus. Elles n'étaient animées çà et là que par quelques boulets perdus, par quelque bombe lourde et maladroite, parvenue au bout de son vol pesant. Au fur et à mesure que l'on se rapprochait des murs ennemis, le spectacle changeait. Maints bruits, maints mouvements nous annonçaient que des faubourgs nous passions aux quartiers vivants et tumultueux. L'air commençait à se remplir d'un vague

7.

bourdonnement de balles ; au lieu de la bombe fatiguée, du boulet hors d'haleine, nous sentions passer au-dessus de nous la bombe dans la période ascendante de sa course, le boulet dans toute la furie de son premier jet. Loin de traverser des rues désertes, on traversait des rues peuplées comme celles des villes aux jours de fêtes, et offrant mille scènes variées. De temps en temps on apercevait le long d'une gabionnade une toile tachée de sang tendue entre deux brancards : c'était la civière. Malgré son aspect lugubre, cette machine ne répandait aucune tristesse autour d'elle; tout à coup elle emportait un mort ou un blessé, puis revenait prendre sa place parmi des gens dont la vie se continuait paisiblement. Plus d'un officier lisait quelque vieux journal, tout en surveillant ses tirailleurs, qui de leur côté lançaient tranquillement leur coup de fusil entre deux bouffées de tabac. Le général en chef se plaisait à entretenir chez le soldat cette utile et sage insouciance. Bien souvent il s'arrêtait pour adresser à un troupier, qui l'écoutait tout en déchirant sa cartouche, quelques mots plein d'un enseignement salutaire, dont le brusque passage d'un projectile rendait le sens plus saisissant et le caractère plus élevé; je me rappelle entre autres un boulet qui vint à fouetter l'air tout à coup sur sa tête et sur celle de son interlocuteur pendant qu'il parlait de cette communion dans le péril que nous offre perpétuellement la guerre. Jamais, dans aucune réunion humaine, nul incident ne contribuera plus efficacement que ce boulet à un irrésistible effet d'éloquence.

J'entendis ce jour-là dans les tranchées un son que l'air y a porté plus d'une fois, et que jamais, pour ma part, je n'ai recueilli avec indifférence. Sébastopol renfermait de nombreuses églises. Tout à coup voilà qu'aux bruits divers dont nos oreilles sont frappées il se mêle une paisible et lointaine harmonie ; ce sont les cloches qui prennent leurs graves ébats. Je me rappelle alors les pages éloquentes de *René*, et avec ces pages bien d'autres choses, car dès les premiers jours de ma vie, longtemps avant de comprendre le génie qui leur a rendu un immortel hommage, j'avais pour les cloches une tendre vénération. Je me les représentais dans leurs donjons aériens, sous les formes de hautes et brillantes dames, tenant à la race des fées malgré la sainteté de leurs demeures. Les ondes sonores dont elles remplissent l'air des villes, qui envahissent jusqu'à l'atmosphère de la chambre où se ferment chaque soir nos yeux, se liaient dans mon esprit à la pensée de robes majestueuses secouant de leurs plis frémissants toute sorte d'harmonieux trésors. Les cloches de Sébastopol éveillèrent au fond de moi tout ce chœur de pensées et d'images. Seulement, en venant nous trouver ainsi à travers le fracas du canon, les fées de mon enfance me semblaient avoir pris quelque chose de ces saintes femmes qu'aucun péril n'arrête quand elles veulent accomplir en ce monde leur œuvre toute-puissante de douceur.

Le général en chef allait régulièrement aux tranchées. Raconter une de nos journées, c'est les raconter toutes. Si, comme le pensait ce René dont à l'instant même le souvenir vient de s'offrir à moi, le bonheur est dans la monotonie, je puis dire que j'avais trouvé le bonheur. Le bruit du canon était devenu pour nous un bruit semblable à celui de la mer pour qui en habite les rives. Il jetait dans notre existence une sorte de grandeur rêveuse dont nous avions à peine la conscience. Quand le soir, après de longues heures passées aux tranchées, je me couchais dans le trou que j'ai décrit, je l'écoutais avec plaisir; je trouvais à cette voix lointaine le charme endormeur des vagues, en ce moment où la douce chaleur d'une lumière créatrice commence à se répandre dans notre cerveau, et où nos pensées se transforment, pour devenir ces êtres vivants qu'on nomme des songes.

Je sais encore un lieu et une heure où cette voix incessante du canon prenait un caractère étrange : c'était la petite chapelle en planches qu'on avait construite à l'extrémité du quartier général, et l'heure de la messe le dimanche. Que ceux dont l'âme est remplie d'un goût secret pour tout ce qui est marqué au sceau des grandes tristesses mettent un instant la tête dans leurs mains, et tâchent de voir ce que je vais essayer de dire. Par un jour froid et brumeux, quelques hommes sont rassemblés dans une baraque aux cloisons minces et sillonnées de larges fissures. Le froid pénètre de tous côtés dans ce réduit. Il est huit heures, c'est-à-dire une heure âpre, revêche, pleine d'ingrats malaises dans les matinées de décembre. Au seuil de la porte entr'ouverte commence une nappe de neige, dont quelques flocons ont envahi le sanctuaire sous le pied des fidèles, marquant les pas de chacun par une trace humide et glacée. En ce pauvre temple point de lumière adoucie et voilée; une morne et rude clarté, venant d'un ciel dont les espaces blanchâtres se montrent à travers des vitres grossières. Devant un autel aussi simple qu'un autel puisse l'être, paré uniquement des objets indispensables à l'exercice de notre culte, un prêtre célèbre le mystère de la messe. Au murmure régulier de ses prières se mêle un bruit uniforme et continu : c'est la voix du canon qui gronde là-bas, dans la tranchée, où vont aller tout à l'heure ceux qui se recueillent en ce moment. Je me rappelle une de ces explosions du canon accompagnant tout à coup les magnifiques paroles du *Credo* : « je crois en Dieu, créateur des choses visibles et invisibles. » Ces choses invisibles, la voix qui parvenait à nos oreilles nous avertissait qu'elles étaient près de nous, que notre vie déjà leur appartenait autant qu'à tous les objets sensibles dont nous étions environnés.

Quelquefois pourtant, sur ce fond de bruits monotones dont notre atmosphère était remplie, se détachaient soudain de grands bruits violents, furieux, exaspérés. Tout à coup le soir, ou bien au milieu de la nuit, éclatait une longue et ardente fusillade, rappelant, par ses petillements pressés et impétueux, les feux d'artifices à leur bouquet : c'était la ville et la tranchée qui, lasses de rester en face l'une de l'autre à se faire une guerre de canonnade, s'abordaient et se prenaient corps à corps, après avoir échangé à bout portant les feux d'une intrépide mousqueterie. Ces luttes nocturnes éveillaient la sollicitude du général en chef, qui voulait en connaître tous les détails et en récompensait soigneusement les héros ; mais cette sollicitude, ce qui va la faire éclater dans toute sa puissance et toute son étendue, c'est la saison où nous sommes engagés.

J'ai été témoin, avec toute une armée, de la force expansive que peut trouver une âme animée par un sentiment du devoir qui touche à ce qu'il y a de plus passionné dans la charité. Ces soldats français que l'on accuse, comme la nation dont ils sortent, de rencontrer, dans la vigueur même de leur nature, un obstacle à toute entreprise qui demande une obéissance résignée aux lois invincibles de la nécessité et du temps, il faut les maintenir, sinon dans l'inaction, du moins dans un état de laborieuse et meurtrière attente, où l'on exigera d'eux incessamment les sacrifices dont leurs instincts les éloignent le plus. Ce jour si désiré de l'assaut, où leurs âmes se reposeraient par avance, s'ils pouvaient en avoir à leur horizon l'apparition nette et distincte, ils ne le connaîtront même point, ils ne sauront pas quand ils le verront luire. En attendant ce moment, que dérobent à leurs yeux les brumes d'un obscur et hasardeux avenir, il faut qu'ils restent attachés dans le fossé qu'ils ont creusé, derrière le gabion qu'ils ont élevé, à une terre rougie de leur sang, et cela pendant des mois entiers, dans une saison inclémente, sous la verge glacée du froid! Que j'aimerais à pouvoir rendre l'aspect de nos camps par certaines matinées d'hiver! Le ciel et la terre, également blancs, ne semblent composer qu'un immense suaire. Il y a pourtant quelque chose qui s'agite dans les plis de ce linceul : c'est la population guerrière de notre plateau. En regardant avec attention le sol, on aperçoit çà et là comme un amas de petits monticules se confondant par leur couleur avec la neige dont ils sont entourés, et qu'ils dominent à peine : ce sont les tentes-abris. Là sont accroupis quelques hommes, derrière ce rempart d'une toile couverte, par l'humidité des nuits, d'un enduit qui glace et meurtrit les doigts. Poursuivez avec attention l'examen de ce terrain, et vous distinguerez aussi, je ne sais trop à quels signes, à des sillons creusés par des roues, à une surface luisante et dure où l'on sent la pression des pas, vous distinguerez des espaces que l'on appelle des routes. Sur ces routes, vous voyez se mouvoir de longues files d'êtres en capotes grises, sans armes et pliant sous de pesants fardeaux : ce sont nos soldats qui reviennent du port de Kamiesh, où ils ont été chercher des boulets. Pour rendre ce que ces hommes m'ont bien souvent fait éprouver, j'ai besoin d'aller une fois de plus chercher une image dans ce sanctuaire peuplé de formes impérissables, qui toutes répondent si mystérieusement aux grandes émotions et aux grandes scènes de l'âme et de la vie humaine. J'ai vu, dans ces soldats portant des boulets, notre armée entière portant le signe de cette mort violente qu'elle accepte à toute heure avec une soumission glorieuse : j'ai pu penser au Christ qui porte sa croix.

Si les camps même ont ce triste aspect, quel spectacle offrira la tranchée! C'est là qu'il faut entrer un matin, quand les troupes n'ont pas été relevées encore. Imaginez-vous ces hommes qui viennent de passer sous le ciel, dans un fossé, appuyés à une gabionnade, toute une nuit de décembre ou de janvier! Quelques-uns d'entre eux ont trouvé dans le froid un ennemi si âpre, si furieux, qu'à cette bataille des frimas ils ont reçu d'inguérissables blessures. Les voilà impotents : ils ont eu une main ou un pied gelé. Mais le plus grand nombre est debout, dispos, poursuivant sa laborieuse tâche avec une indomptable énergie. Si la nuit qui vient de finir a été marquée par quelque entreprise des assiégés, les civières qui se dressent entre les parapets sont toutes rigides d'un sang glacé, et çà et là, tout en marchant sur la neige, on se rougit les pieds. Le jour qui vient de succéder aux ténèbres dans ces lieux de mort et de souffrance ressemble à ce jour que les passagers d'un navire perdu voient se lever sur les implacables solitudes d'une mer haineuse et sans pitié. Il vient ajouter à la cruauté des objets qu'il éclaire, en versant sur eux, avec sa lumière, le pesant ennui des choses cent fois revues et répétées. Ainsi à travers son créneau le tirailleur, quand les ombres se dissipent, aperçoit devant lui cette même ville au front morne, où la vie ne se trahit que par la fumée du canon. La tranchée se remontre à lui sous ses traits invariables. Les balles écrêtent la cime des parapets ; un boulet qui renverse un gabion, une bombe qui éclate dans le fossé, continuent la série des accidents quotidiens. Rien n'est changé autour de cet homme, ni dans son cœur heureusement.

C'est à ce cœur que le chef dont je veux parler ne

cessera de s'adresser un instant. Rien de plus singulier, même de plus émouvant, que la visite du général Canrobert aux tranchées les jours où l'hiver redoublait de rigueur. Non-seulement on n'entendait point sur ses pas une seule plainte, un seul murmure, mais sa venue au contraire était fêtée par un concert de paroles joyeuses. Tous ces braves gens, devant lesquels il passait, trouvaient pour le saluer un sourire, sourire attendrissant, sourire sacré comme les souffrances d'où leur simple et touchant héroïsme le faisait jaillir. Quant à lui, il s'arrêtait sans cesse, dans ses courses prolongées souvent jusqu'à la nuit, pour adresser à l'un et à l'autre quelques mots d'encouragement familier. Les endroits qu'il choisissait de préférence pour ses stations étaient ceux où l'on était le moins à couvert des feux ennemis, où passaient le plus de boulets, où sifflaient le plus de balles. Il n'y avait point là entraînement aveugle d'une bravoure irréfléchie : c'était le calcul instinctif d'une généreuse intelligence. Plus d'une fois, comme en une occasion que je rappelais tout à l'heure, balles et boulets se mêlèrent à ses entretiens avec un heureux à-propos. Ces images sensibles du péril donnaient aux plus modestes discours une hauteur et une portée que, je crois, l'on demanderait en vain à toutes les ressources de l'art oratoire.

Il n'y avait point dans la vie journalière du soldat

de détails que le général en chef craignît d'aborder. Une nuit avait été particulièrement marquée par une abondante pluie de neige. Cette pluie s'était arrêtée tout à coup, et, sous les souffles du matin, cet amas de neiges tombées était devenu dur, rigide : la lave glaciale s'était figée. Les chevaux ne pouvaient point marcher sur une surface glissante où les hommes même étaient obligés de s'avancer avec précaution. Le général sortit à pied ; je l'accompagnais. Il se dirigea vers le bivouac d'un régiment nouvellement arrivé. La mort semblait régner sous ces tentes dressées de la veille, au sein de ce pays désolé. Sauf les sentinelles, aucun homme n'était debout. L'unique moyen de soutenir la lutte à laquelle ils étaient appelés manquait à ces nouveaux-venus. Ils n'avaient point de bois. Où en trouver sur ce plateau transformé en désert, qui ne semblait plus produire que des boulets ? Le général se penche vers une tente : il appelle, il secoue quelques hommes, pressés les uns contre les autres, cherchant l'oubli de leurs misères dans l'engourdissement d'un funeste repos. Il les engage à faire du feu. On attache sur lui des regards étonnés. « Nous n'avons pas de bois. — Allons, mes enfants, suivez-moi. » Ils l'accompagnent ; au bout de quelques pas, le voilà qui s'arrête, et du bout de sa canne il désigne, au milieu d'une surface blanche et unie, quelques pousses noires, minces, frêles, presque imperceptibles, de petites branches semblables à des brins d'herbes que le moindre vent eût fait frissonner. « Voilà du bois, » leur dit-il. Les soldats se mettent à rire, ils croient à une plaisanterie qu'ils ne comprennent pas ; mais ils sont distraits et un peu réchauffés par le mouvement, ce qui est déjà quelque chose. Le général s'écrie ensuite : « Qu'on aille me chercher une pioche. » La pioche arrive, et sous les yeux du chef, qui dirige la fouille, on remue la neige, puis la terre, à l'endroit où s'élèvent ces tiges menue. Bientôt c'est un vrai trésor que l'on découvre. Une énorme souche dessine l'un après l'autre ses contours rugueux, et finit par apparaître tout entière aux regards des travailleurs ébahis. « Partout, leur dit le général, où vous verrez ces pousses brunes que vous dédaigniez tout à l'heure, donnez un coup de pioche, et vous trouverez une bûche de Noël. » Voilà un régiment réveillé, des corps réchauffés, et des esprits enrichis d'une de ces leçons pratiques, chères à tous ceux que Dieu a faits pour être les pasteurs des guerriers.

IX

Je crois que l'on a maintenant une idée exacte de notre vie pendant cet hiver. Pour ma part, je songe à ce temps avec plaisir, et je ne pense pas que le charme de ces heures soit uniquement pour moi la lumière dont le passé revêt toute chose. Pour tous ceux que certaines parties du monde extérieur ont profondément lassés et qui n'ont jamais perdu l'habitude de hanter le monde intérieur, mon existence d'alors eût été d'une douceur secrète. Un Werther s'y serait guéri, un René s'y serait consolé. J'avais autour de moi ce que j'aime le mieux du mouvement terrestre, ce qui assurément en est le moins froissant, même pour les esprits les plus étrangers à mes goûts, si ce sont des esprits fiers, délicats et aisément offensés. J'avais sous les yeux ce mouvement de la guerre qui épargne les âmes aux dépens des corps ; j'étais livré à cette action, d'une généreuse et facile nature, qui ne vous impose aucun devoir fâcheux, ne vous contriste par aucune obligation mesquine; qui, au lieu de vous lier à la vulgarité, vous en affranchit, qui vous permet de vous créer dans le bruit tout un royaume d'enchantements solitaires et silencieux. Je saluai sous ma tente le 1er janvier avec mélancolie assurément, mais avec quelle absence d'amertume! Si ce jour m'apparaissait sans le cortége bien-aimé, et pour la plupart d'entre nous toutefois si douloureusement éclairci, des affections pieuses et anciennes, de quelle sotte et irritante escorte il était dégagé! Le 1er janvier au matin, en ouvrant ma tente, je promenai mes regards avec une muette satisfaction sur le tapis de neige immaculée qui m'entourait. Je pensai à ce pavé de Paris, qui à cette époque semble recéler, dans sa boue plus noire et plus sordide qu'à l'ordinaire, toutes les agitations vulgaires de la grande cité.

J'appris un jour, au milieu de nos solitudes guerrières, une nouvelle qui, loin de nous, dut servir de texte à bien des entretiens.

Lord Raglan n'habitait certes pas une demeure somptueuse, mais il n'était point établi sous la tente, comme le général en chef de l'armée française. Il occupait, dans la direction du champ de bataille d'Inkerman, une petite maison qui s'était conservée à l'abri de toute dévastation. Je ne sais quel pouvait être avant nous le propriétaire de ce modeste asile.

A l'extrémité d'une grande cour, semblable à une cour de ferme, s'élevait une sorte de pavillon couvert en tuiles, qui, dans un temps et dans un pays où chaque chose aurait eu son aspect habituel, n'aurait attiré les yeux par aucun caractère frappant. A cette époque de destruction, dans ces régions bouleversées, cette habitation avait la profonde originalité d'être une maison tranquillement assise sur ses fondements. Aussi j'y allais toujours avec plaisir. Malgré ma prédilection pour la tente, je respirais volontiers entre ces murs comme un parfum oublié de civilisation. Puis je trouvais à cette maisonnette quelque chose de patriarcal qui me réjouissait dans ces contrées tourmentées. Enfin la chambre où je restais d'ordinaire, pendant que le général Canrobert conférait avec lord Raglan, était habitée par un officier aimable et bon, destiné à ne plus revoir le pays d'où j'évoque aujourd'hui son souvenir. C'est dans la chambre du colonel Vico que me parvint la nouvelle dont je veux parler. Comme tous les lieux où s'est produite pour nous l'apparition soudaine de quelque grand événement, cette pièce est restée dans ma mémoire pleine d'une clarté qui n'en laisse pas dans l'obscurité un seul coin.

Sur un mur blanchi à la chaux, le crayon du colonel Vico avait dessiné une petite scène composée avec une singulière élégance. C'était une scène de bal. Des femmes assises entre des candélabres et des fleurs nous rappelaient une vie dont nous étions séparés comme par la pierre d'un sépulcre. J'avais un goût particulier pour ce dessin. Je le contemplais à la manière dont les enfants contemplent les gravures, en envoyant mon esprit s'y promener. Le jour dont je parle, mes pensées et celles de mon hôte prirent une allure imprévue. La conférence des généraux en chef se prolongeait; l'ombre commençait à envahir notre chambre, et l'ombre est comme le son : elle recèle toujours en elle quelque chose de vibrant et d'ému. L'un de nous se prit à dire : « Si nous allions apprendre quelque grande nouvelle! Il me semble qu'il y a quelque grande nouvelle dans l'air. » Et là-dessus longues dissertations sur tous les signes mystérieux qui trahissent la présence encore secrète de quelque nouveauté dans notre vie. Au milieu de ces propos, un aide de camp de lord Raglan entre brusquement et nous dit : « Messieurs, l'empereur Nicolas est mort. »

Quand un de ces hommes que Dieu a faits grands et radieux comme des étoiles vient à choir tout à coup, des hauteurs qu'il occupait, dans l'abîme éternel, c'est pour chacun de nous une surprise toujours renaissante. Le cri biblique : comment le puissant est-il tombé? s'échappe d'un millier d'âmes obscures. Les plus simples, devenant philosophes à leur insu, se perdent en méditations infinies sur ces illustres trépas. L'empereur Nicolas était un de ces souverains qui prennent pour loi suprême de leurs actions le mot célèbre de Louis XIV, et partant, agrandissent ici-bas jusqu'à des proportions immenses les formes visibles de leur figure, en aspirant, pour le confondre avec leur propre souffle, le souffle d'une nation tout entière. Ses ennemis eux-mêmes n'ont jamais imaginé de lui contester sa grandeur. Les officiers inconnus renfermés dans cette petite chambre pleine de ténèbres se mirent à deviser sur cette mort. Une illusion inhérente à cette puissante espèce d'événements leur fit croire un instant que tout autour d'eux allait changer. Le bruit monotone du canon, tonnant au loin dans la tranchée, les rappela bientôt aux réalités de leur existence présente. Pour nous, en effet, rien n'était changé. En admettant qu'un jour ce que nous apprenions alors dût exercer quelque action décisive sur le monde, ce jour, même prochain, ne luirait que pour un certain nombre d'entre nous. La guerre est loin de retrécir nos horizons, puisqu'elle nous rapproche de l'avenir immortel ; mais elle supprime l'avenir terrestre. De là cette insouciance à laquelle le soldat revient bien vite, après avoir sacrifié un instant par habitude à ces dieux de la vie coutumière qui s'appellent l'inquiétude et l'espérance.

Ce que je viens de raconter se passait au mois de

mars. Les travaux du siége à cette époque venaient de prendre encore un nouveau développement. L'attaque de la tour Malakof avait été décidée; cette décision avait entraîné sur notre droite la construction de tranchées armées et nombreuses comme celles de notre gauche. L'entrée de ces tranchées était quelque chose de merveilleux. Imaginez-vous un immense ravin s'étendant entre des rochers à pic d'où l'on montait, par une rampe abrupte, aux terrains accidentés que couronnaient nos canons et nos soldats. J'ai pénétré dans ce ravin à bien des heures du jour et de la nuit, et j'y ai constamment éprouvé le sentiment d'une puissante admiration. Une nuit surtout, ces lieux m'ont offert un spectacle d'une majesté sinistre et sauvage qui réclamerait un peintre et un poëte. Sur ma tête, entre les immenses parois du gouffre où je cheminais, j'apercevais un ciel lugubre; une lune semblable à une divinité redoutable et voilée se montrait derrière une nuée en même temps noire et transparente comme un crêpe funèbre. Pour que rien ne manquât à la sombre tristesse du tableau, quelques oiseaux de ténèbres battaient de leurs ailes les flancs déchirés des rochers. Je vis quelque chose s'avancer au fond de ce Tartare; je reconnus une civière sur laquelle était jeté un cadavre. Après avoir marché quelques instants dans cette vallée de deuil, on trouvait à droite le chemin montant qui conduisait à nos travaux. Sur cette route, dans l'excavation d'un roc, habitait le major de tranchée. Quand le feu de la place était ardent, quelques obus envoyaient souvent leurs éclats jusqu'au seuil de ce logis d'anachorète.

Les boulets du reste étaient devenus plus communs que les pierres dans ces ravins de Sébastopol, qui, suivant une étrange loi de ce que je serais tenté d'appeler la poétique providentielle, étaient dans une si émouvante harmonie avec tout ce qu'ils encadraient. C'était surtout derrière nos batteries que ces ravins s'emplissaient de projectiles. Un brûlant amas de fer lancé par la place allait s'enfoncer en partie dans ces gorges profondes où l'on était sans cesse forcé d'errer. Dans les sentiers que l'on suivait au fond de ces vallées rocailleuses, les bombes jetaient parfois la nuit une lumière utile. Je raconterais avec plaisir plus d'une excursion nocturne dans ces lieux à la fois bruyants et déserts, si je ne craignais de lasser ceux qui me suivent, en les promenant éternellement dans le cercle où notre activité était renfermée.

Malgré ce qu'il avait d'inflexible, ce cercle cependant, à certaines heures, apparaissait tout illuminé et agrandi par le puissant éclat des spectacles imprévus. Un soir, je ne me rappelle plus à quelle époque, je sais seulement que c'était le jour où l'on ouvrit avec la poudre ces tranchées que les soldats baptisèrent du nom expressif d'entonnoirs, on put vraiment se croire transporté à l'une des scènes entrevues par les sublimes visionnaires des saints livres. L'explosion de nos mines, le feu de nos attaques, les décharges de la ville faisant tonner à la fois toutes ses pièces, avaient produit un ouragan humain d'un aspect aussi formidable que les tempêtes même de Dieu. Le sol tremblait sous ces incessantes détonations, et le paysage entier, ce paysage sans arbres, sans maisons, ce royaume visible de la destruction, était sillonné dans ses vastes espaces par de tels éclairs, que les chevaux tournaient sur eux-mêmes, en proie à de folles terreurs. Je suis peu frappé d'ordinaire par la grandeur des objets matériels. Le reflet d'une âme ardente sur un visage noblement passionné me frappe plus que la lueur d'un incendie sur les murailles d'un palais. Je trouve qu'il est difficile aux choses les plus puissantes d'atteindre les hauteurs où nous porte la moindre de nos pensées. Eh bien! je dois dire que ce soir-là le fer et la poudre me parurent mériter un sincère hommage; ils avaient une grandeur d'êtres vivants, on pourrait même dire d'êtres surnaturels, car ils se montraient dans la splendide horreur qui devait environner aux âges bibliques les anges chargés des colères célestes.

Cependant notre armée s'était considérablement augmentée. Au milieu même de l'hiver, nous avions vu arriver la garde impériale. Je l'avoue, les premiers grenadiers que j'aperçus en faction, sous un ciel neigeux, devant de longues files de tentes, me causèrent une impression de plaisir. Je ne crois pas à la puérilité des uniformes. Ces couleurs éclatantes, ces ornements étranges, que de tout temps et en tout pays nous voyons la guerre adopter pour le costume de ses desservants, ont, suivant moi, un sens profond. Comme l'habit du prêtre, l'habit du soldat désigne un homme que sa condition met à part du reste de la société. Par ce qu'il a de bizarre, d'insolite, parfois d'inexplicable dans ses élégances, de farouche, presque de sauvage dans sa majesté, le costume militaire représente les idées, les instincts, la passion, la foi, en un mot, dont il est un des signes extérieurs. La folie de l'épée, comme la folie de la croix, s'exprime au dehors par cet appareil qui étonne et blesse même quelques froides intelligences, mais qui conquiert après tout des milliers de cœurs généreux. Parmi les vêtements guerriers, ceux qui sont consacrés par quelque glorieux événement de notre histoire, qui rappellent quelques grandes émotions patriotiques, ne deviennent-ils pas quelque chose de semblable au drapeau, c'est-à-dire des objets que l'âme a faits siens, où elle salue sous la matière tout un ordre de nobles pensées? Pour en revenir à mes grenadiers, je vis avec joie, sous ce ciel brumeux, dans ce pays lointain, près de cette

8.

ville entourée de fumée, ce bonnet qui me parlait d'Austerlitz et de Moscou.

Ce fut à Kamiesh que le général en chef visita les premières troupes de la garde, au moment où elles venaient de débarquer. Je m'aperçois que je n'ai pas encore parlé de Kamiesh. C'était un port excellent, mais un triste village. Sur les bords de la baie providentielle où s'entassaient les vaisseaux qui nous apportaient nos munitions et nos vivres, une colonie de marchands s'était installée. A côté des demeures mercantiles s'élevaient de grandes constructions où l'intendance avait ses magasins. Un seul mode d'édifice existait pour cette variété d'usages : c'était la baraque, cette sœur vulgaire de la tente, qui ne vous attache point plus solidement qu'elle à la terre où le sort vous a envoyé, et n'a point cet aspect attrayant, cette élégance aérienne de la toile, mobile, légère, soumise à tous les vents, comme les destinées qu'elle abrite.

Je ne hais point les palais en bois que les rives du Bosphore mêlent à leurs palais de marbre; ils sont peints, ils sont sculptés, ils ont l'ambition de plaire aux yeux, ils expriment à leur manière le louable et gracieux désir d'être un ornement en ce monde. Malheureusement nos baraques de la mer Noire ne les rappelaient guère. Quand ces habitations maussades, négligées, chétives, s'appuyant à un sol détrempé, dessinaient sur un ciel gris leurs toitures chargées d'un amas de neiges boueuses, nous aurions senti le spleen ouvrir ses ailes noires au fond de notre cœur, si le spleen n'était pas une harpie réservée par une volonté divine aux lieux où vivent l'oisiveté et le luxe.

Je ne puis songer à ce pauvre village, grelottant sous un ciel d'hiver, sans me rappeler une rencontre que je fis un soir dans ses environs. J'aperçus à pied, sur la route que suivaient les convois et les corvées, un homme, jeune encore, vêtu d'un habit ecclésiastique. Cet humble voyageur portait le nom d'un de ces brillants seigneurs qui vinrent en Crimée, au temps de la grande Catherine, dans cette excursion mêlée de périls et de fêtes que le prince de Ligne a racontée avec tant de verve. J'ai eu de tout temps pour le prince de Ligne une tendresse particulière; il avait, comme Hamilton et madame de Sévigné, cette parole fée qui doue de charmes étranges et imprévus tout ce qu'elle touche. En voyant devant moi le prêtre dont je parle en ce moment, je retrouvai, étincelantes, en un coin de ma mémoire, les lignes que consacre à l'un de ses ascendants le plus spirituel et le plus généreux courtisan du dernier siècle. En quel appareil cet obscur visiteur des âmes abordait cette contrée, parcourue autrefois par un des siens avec tant de pompe! Mon esprit se plut en ces réflexions. Quelle mystérieuse vertu aura toujours le sacrifice! n'importe sous quelles formes il traverse cette terre, dès qu'il vous côtoie, vous voilà ému. Qu'une goutte, une seule goutte du sang dont il féconde éternellement le monde vienne à tomber par hasard sur votre cœur, même en hiver, sous un ciel glacé, une fleur ardente s'y épanouit.

La voie où vient de m'engager le hasard de mes pensées et de mes souvenirs me conduit tout naturellement à des régions que je me reprocherais d'oublier. Je veux parler des lieux où nos soldats soutiennent contre la souffrance, dépouillée de la pourpre des batailles, contre la douleur nue, repoussante, hideuse, leurs suprêmes, leurs plus courageuses luttes : je veux parler des ambulances. L'ambulance qui m'a le plus frappé est celle du quartier général. Depuis l'accident qui avait renversé, le 14 novembre, tout un édifice de planches sur les lits de nos malades, on avait creusé, près du quartier général, une vaste tranchée que l'on avait recouverte en toile. Le général en chef visitait souvent les blessés. Je pénétrai un jour, sur ses pas, dans cette galerie souterraine où se pressaient des couches alignées en longues files. Ce jour-là, l'air était froid, le vent âpre et chargé de neige; mais la plus rude, la plus cruelle bise semblait quelque chose de bienfaisant lorsqu'elle venait vous frapper au visage dans cette atmosphère embrasée, par des souffles fiévreux, d'une chaleur oppressive et malsaine. Les deux extrémités de ce corridor lugubre étaient seules éclairées par la pâle lumière du dehors; toutes les autres parties étaient envahies par une ombre où l'on distinguait à peine çà et là, autour d'une chair morbide, quelque linge ensanglanté. Comme il arrive cependant au sein de toutes ténèbres, la vue semblait acquérir bientôt une puissance indépendante de ses lois ordinaires; avec cette étrange force que donnent tout à coup au regard l'émotion de certains spectacles et l'énergie de la volonté, on voyait dans ses moindres détails un cruel et sublime tableau. Ce sacrifice dont je parlais tout à l'heure, je ne le côtoyais plus cette fois, je l'embrassais, je le pénétrais, je descendais dans ses profondeurs sacrées, je sondais ses redoutables mystères.

Le général en chef trouvait dans son cœur des paroles pleines de vie qui ranimaient tour à tour ces patients sur leur douloureux grabat. Il répétait à ces élus de la souffrance les mots magiques qui font donner à nos soldats, avec un sourire, jusqu'à la dernière goutte de leur sang. Il parlait au mutilé de l'accueil qui fêterait son retour parmi les siens, à l'agonisant de ces amours qui fleurissent jusque dans le trépas, de Dieu et de la patrie. Je n'oublierai jamais cette revue d'hommes rangés pour la plupart sur le seuil d'un autre monde. Elle resplendissait d'une grandeur idéale plus éblouissante mille fois que toutes les grandeurs visibles. Au lieu de visages animés, de formes robustes, l'œil ne voyait que des figures hâves, toutes semblables à des fantômes; au lieu d'uniformes étincelants, c'étaient des draps trempés déjà par les sueurs de maintes agonies; enfin tout l'appareil de la misère, tous les apprêts du sépulcre remplaçaient l'appareil de la gloire et les apprêts du combat. Mais on sentait là quelque chose de plus émouvant que le roulement du tambour et même que le salut altier du drapeau; on sentait à cette revue de mourants, non plus les signes, mais la présence même des choses invisibles et sacrées pour lesquelles on embrasse la mort.

X

Le général en chef m'ordonna un matin de monter à cheval et de l'accompagner. Il prit la route des tranchées de droite. Tout à coup il s'arrêta devant une grande baraque où j'entrai avec lui. Dans le coin de cette baraque, on avait dressé un lit où était couché, avec une blessure mortelle, le général Bizot.

Il m'avait été permis bien souvent de voir le général Bizot dans les tranchées. C'était une bravoure à part que celle dont était doué ce chef intrépide de notre génie : c'était une bravoure en harmonie avec la nature même de l'arme qu'il contribuait si puissamment à illustrer. Sans cesse debout sur les parapets, poursuivant sa tâche savante avec une calme et infatigable ardeur, il avait l'air de ne compter pour rien les projectiles de toute sorte dont il était entouré. Un matin, au détour d'une tranchée, cet homme, qui depuis plusieurs mois chaque jour bravait impunément la mort, fut atteint par une balle qui lui brisa la mâchoire et causa dans son corps tout entier de graves désordres. Une grande perte fut imminente pour notre armée.

Nul homme ne pouvait mieux comprendre et plus aimer que le général Canrobert ce cœur droit et honnête du général Bizot, ce cœur semblable à une lampe utile, où brillait constamment une flamme pure, entretenue par une huile précieuse : l'amour du devoir servi par le goût du travail. Aussi ce fut avec une triste émotion que le général en chef pénétra sous l'abri où gisait son compagnon et son ami. Le général Bizot avait la tête enveloppée de bandages. Quand il vit s'approcher de son lit le chef sous lequel il servait, avec un sentiment de déférence militaire qui eut quelque chose de singulièrement touchant, il essaya de se soulever. Il pouvait encore parler, seulement sa parole se ressentait de la nature même de sa blessure : elle avait déjà le son profond et voilé que la mort donne à la parole humaine. Après avoir remercié le général en chef, il lui dit que tout allait bien. Il ne parlait pas, bien entendu, de son enveloppe brisée, où il sentait la vie près de disparaître, mais du siége de Sébastopol, dont il avait reçu à l'instant même de bonnes nouvelles. Il était arrivé sans effort, par le seul fait de cette blessure mortelle, à ce qui est assurément le plus parfait état de l'âme, à une complète abnégation. Il ne tenait plus à ce monde que par son intérêt à l'œuvre pour laquelle il allait mourir.

Quelques jours après, on l'ensevelissait à quelque distance du moulin d'Inkerman, en face de ces tranchées où il avait erré si souvent. On entendait sonner à ces émouvantes funérailles, non point un canon de parade, mais le canon du combat, qui ne mesurait pas ses coups, et qui, à l'heure même où nous conduisions ce deuil, créait plus d'un deuil obscur. Autour de la bière qu'allait enfouir cette terre déjà gorgée de tant de morts, se tenait la plus étrange réunion d'hommes qui ait peut-être jamais assisté à une cérémonie funèbre. Le général Canrobert, lord Raglan, Omer-Pacha, les chefs de trois armées, tous trois de religions différentes, étaient debout près de la sombre ouverture où il faut que chacun soit jeté à son tour pour aller aux régions de la lumière.

Le général Canrobert voulut prononcer quelques paroles avant le bruit de cette première pelletée de terre qui est elle-même d'une si terrible éloquence. Sous la double inspiration de ce qui l'entourait et de ce qui se passait dans son cœur, il trouva des accents d'une merveilleuse puissance. Il eut des pensées d'une lueur hardie et imprévue. Après avoir évoqué en quelques mots celui dont le cercueil était devant lui, après avoir appelé l'hommage de tous sur une existence que sa parole venait de rendre visible et lumineuse au bord de cette fosse : « Dieu, s'écria-t-il, devait à un pareil homme une récompense; cette récompense, il la lui a donnée par la mort que doit ambitionner chacun de nous. »

Ce rapide discours produisit une impression profonde sur un auditoire ému déjà. Il ramena les esprits à l'ordre de pensées dont ils ne doivent jamais s'écarter au jour où les mâles enthousiasmes sont nécessaires. Le général Bizot était aimé; sa mort avait causé une de ces tristesses si rares en ces moments où la mémoire est impuissante à retenir les noms de tous ceux qui succombent. Sa simplicité, sa bonté, sa valeur prodigue et sans faste, lui avaient conquis plus d'une affection que peut-être il ne soupçonnait point. Les sapeurs qui creusaient sa fosse, ceux qui portaient sa bière, avaient des larmes dans les yeux. Un attendrissement si contagieux se répandit dans la foule quand le général Canrobert éleva la voix pour lui adresser les adieux suprêmes, qu'un de mes voisins, jeune officier égyptien attaché à l'état-major d'Omer-Pacha, se mit à fondre en larmes. Malgré ce qu'elle avait de bizarre, la sensibilité de ce pauvre musulman me toucha. Je contemplais ce visage oriental, éclairé par deux grands yeux noirs tout rayonnants de pleurs, avec une surprise bien exempte de toute ironie; je songeais à ces fraternités inattendues qu'engendre la guerre et à ces lois impénétrables du destin qui peut donner à votre convoi des pleureurs sur qui vous comptiez si peu.

Si les scènes lugubres abondaient forcément dans notre vie, nombre de spectacles vivants et joyeux trouvaient aussi moyen de s'y placer. Puisque je viens de nommer Omer-Pacha, je ne dois point passer sous silence les souvenirs que son arrivée m'a laissés. Rien de plus curieux que les troupes égyptiennes qui débarquèrent avec lui en Crimée. Malgré leur costume européen, ces guerriers, enlevés aux rives du Nil, avaient quelque chose d'insolite que je considérais comme une bonne fortune pour mes yeux. Dans une grande revue qui fut passée près de Kamiesch, je me rappelle avec un plaisir tout particulier des sapeurs nègres, en tabliers rouges, qui semblaient appartenir uniquement à un royaume dont les intérêts pourtant n'étaient pas en jeu, le royaume de la fantaisie. Quant à Omer-Pacha, il n'avait rien dans sa personne qui fît songer à l'Orient. Son origine était sur ses traits, également étrangers à la béatitude somnolente des Asiatiques ou aux farouches ardeurs des Africains.

Un jour, au milieu d'un champ presque vert, car le printemps commençait à refleurir en dépit des hommes sur notre terre sanglante, une tout autre armée que l'armée turque offrit aussi une fête à mes regards. Les Piémontais venaient de nous rejoindre. J'aperçus pour la première fois ces troupes élégantes que j'étais destiné à revoir dans une guerre si différente de celle où elles m'apparaissaient. Les hommes portent toujours avec eux quelque chose de leur patrie. Dans le poétique uniforme des *bersaglieri*, j'entrevis cette Italie que j'avais saluée jusqu'alors de si loin, en gagnant soit l'Afrique, soit la Turquie, à l'horizon des mers ou derrière les cimes des montagnes. Dans ses habitudes, dans ses allures encore plus que dans ses vêtements, l'armée piémontaise nous apportait la figure, le caractère, le souffle du pays qui nous l'envoyait. Ainsi, au milieu de ce champ décoré d'une verdure naissante où j'arrivai un après-midi, une musique militaire bien dirigée, composée d'exécutants habiles et nombreux, jetait à nos oreilles assourdies par le canon une vive et légère harmonie. Que jouait cette musique? Je l'ai oublié; mais je me rappelle encore l'essaim d'images qu'elle a poussées dans mon esprit, tournoyant dans ses flots comme des atomes dorés dans un rayon de soleil.

L'armée anglaise nous offrait, elle aussi, ses passe-temps nationaux. A quelque distance de Balaclava, près d'un amas misérable de maisons que l'on appelait *Carani*, s'étendait une vaste plaine où les Anglais avaient organisé des courses. Les chevaux de toute nature étaient admis dans ces fêtes hippiques, les bêtes délicates et précieuses appartenant à la cavalerie de nos alliés, les énergiques montures que nous fournit l'Algérie, enfin jusqu'à ces petits chevaux turcs et tartares que le ciel a faits pour les longues routes, les âpres sentiers et les rudes labeurs. Je prenais un plaisir extrême à ces courses, qui empruntaient leur plus grand attrait aux circonstances et aux lieux. Les Anglais, qui sont accoutumés à défendre avec tant d'opiniâtreté leurs habitudes contre toutes les forces de la vie extérieure, apportaient dans ce divertissement, une ardeur consciencieuse. Un jour, dans une de ces suspensions d'armes qu'amène quelquefois, après des sorties vigoureuses, le désir commun aux assiégeants et aux assiégés d'ensevelir paisiblement leurs morts, un officier français vint à parler au milieu d'un groupe d'officiers russes des courses de Carani ; ce propos, qu'aucune préméditation n'avait inspiré, montrait à nos adversaires, dans l'armée des alliés, une sérénité d'esprit et une liberté d'allures qu'ils étaient du reste dignes de comprendre.

Puisque j'ai entrepris d'esquisser un tableau des scènes que présentait ce vaste siége, des mœurs qu'avait créées cette longue guerre, je ne dois pas laisser dans l'ombre l'aspect qu'offraient nos tranchées aux heures rapides des armistices. Aussitôt que le drapeau blanc, signe d'interruption du feu, s'élevait sur un des bastions de la ville assiégée, on voyait nos parapets se garnir des bonnes et franches figures de nos soldats. En face de nos parallèles, derrière les ouvrages avancés des Russes, se montraient d'autres visages, pour la plupart aussi, animés d'une expression de curiosité sans fiel. Ce n'étaient plus des ennemis, c'étaient des voisins qui se regardaient. Chaque tirailleur reconnaissait au-dessus du créneau qui répondait au sien l'être avec qui, pendant de longues heures, il avait échangé des coups de fusil. Des deux côtés, on s'examinait sans colère, même avec une sorte de bienveillance. La gaieté française s'abandonnait parfois à des plaisanteries reçues avec cette bonhomie qui est de toutes les armées. Quand le drapeau qui indiquait cette trêve venait à s'abaisser, toutes les têtes se retiraient en même temps derrière leurs abris habituels, et, quand le signe pacifique avait entièrement disparu, le feu reprenait de part et d'autre, les balles recommençaient à venir se loger dans les gabionnades ou se promener en sifflant dans les tranchées. Il est arrivé plus d'une fois, dans ces courts intervalles entre la guerre des longues heures et la paix d'un moment, qu'une tête curieuse semblait sur le point de s'attarder au-dessus d'un parapet ou d'une embuscade. Alors, en face d'elle, un geste charitable lui indiquait d'avoir promptement à se rendre invisible. Peut-être ces faits sembleront-ils à quelques hommes une arme contre la guerre. Empruntant à Jean-Jacques ses accents indignés à propos de la superstition païenne, ils s'écrieront : « Vous voyez bien que l'instinct moral la repousse des cœurs. » Pour moi, dans les actes de cette nature, je salue ce sentiment à la fois humain et altier, délicat et viril, qui porte avec tant de jeunesse un vieil et glorieux nom, destiné, je l'espère, à ne pas s'éteindre encore, qui s'appelle la chevalerie.

Notre vie était remplie de tous les incidents que je viens de peindre, quand arriva un événement qui a laissé en moi des traces vives et profondes encore, malgré les années écoulées. Un matin, le général en chef réunit autour de lui ses officiers, et leur apprit qu'il abandonnait son commandement. Je sus alors, par mes propres impressions, ce que l'âme humaine peut avoir parfois d'impersonnel, comment à certaines heures on peut sentir soudain toutes les énergies de sa vie se mouvoir dans une existence complétement étrangère à la sienne. Ce que j'éprouvai fut ressenti par tous les cœurs avec une force que je ne saurais rendre. Cette résolution, pleine d'une si incontestable grandeur, produisit une émotion dont il serait impossible aujourd'hui de faire comprendre toute l'étendue et toute la puissance. « L'abdication du général Canrobert, écrivait M. de la Tour du Pin, c'est la mort de M. de Turenne. Voilà une armée entière dans l'attendrissement. » Le capitaine expérimenté et hardi que cet acte inattendu portait aux degrés les plus élevés du commandement en avait le premier apprécié la générosité et la noblesse avec une chaleur connue de tous. On se répétait sous les tentes des entretiens entre le général Canrobert et son successeur ; ces entretiens sont acquis désormais à l'histoire : il y règne un caractère que l'on est toujours tenté de refuser à son époque, et qu'on est convenu depuis des siècles d'appeler un caractère antique, pour le reléguer dans les plus lointaines régions du temps.

III

LES DERNIERS JOURS DE LA GUERRE DE CRIMÉE

XI

Le général Canrobert voulut reprendre dans l'armée le poste qu'il occupait au commencement de la campagne. Il alla rejoindre la division qu'il avait conduite à la bataille de l'Alma. Les brigades dont cette division se composait étaient commandées, l'une par le général Vinoy, l'autre par le général Espinasse, officiers intrépides destinés à se retrouver encore dans cette campagne d'Italie où la mort attendait l'un d'eux. Les troupes que le général Canrobert allait conduire formaient alors un corps d'observation, campé sur les lisières de notre plateau, du côté de Balaclava. J'accompagnai dans son nouveau bivouac le chef que j'étais habitué à suivre, et près duquel j'eus le bonheur d'être maintenu. Ce bivouac était d'un aspect moins désolé que la plupart de ceux qui l'entouraient. En cet endroit un peu écarté, la terre avait quelques teintes verdoyantes. La vue était récréée par le spectacle de la vallée qui aboutit à Balaclava d'un côté et de l'autre à la Tchernaïa. Ces lieux m'auraient charmé si un genre de préoccupation, nouveau pour moi, n'avait point fermé un instant mon cœur à ses jouissances les plus familières.

Nul acte d'abdication qui ne porte en soi une secrète tristesse, pour ceux surtout qui en sont les témoins et qui mesurent toute l'étendue du sacrifice sans pouvoir en goûter les âpres jouissances. Ainsi la première soirée que passa le général Canrobert dans son nouveau campement m'a laissé une impression pénible que je retrouve encore. Nous dinions chez le général Espinasse, qui nous avait offert l'hospitalité du premier jour. L'heure était avancée déjà, et cependant nous étions encore à table. Dans les loisirs forcés que la vie militaire mêle soudain à une activité effrénée, on cherche à prolonger le moment des repas. C'est dans les camps que doit être né ce vieux proverbe : « On ne vieillit point à table. » Je ne sais pas si on y vieillit, mais je sais qu'on y est atteint parfois d'une mélancolie singulière. Assis devant une tasse vide, je regardais, derrière la fumée de mon cigare, tous ceux qui m'entouraient, et dont plus d'un a du reste disparu déjà pour toujours, depuis notre hôte, renversé par les balles autrichiennes à Magenta, jusqu'à mon voisin, son aide de camp, enlevé, à quelques jours de là, dans les tranchées par un accès foudroyant de choléra. Je songeais à tous les étranges hasards qui président aux réunions humaines et décident des lieux où l'on se retrouvera. Dans l'existence qui semble la plus opposée à l'habitude, on se crée si facilement une manière d'être coutumière, que mon regard et mon esprit cherchaient avec une sorte d'inquiétude, sous le nouvel abri où le sort m'avait conduit, les parois de la grande baraque où, la veille encore, nous prenions nos repas. Comment le souvenir de cette baraque, peu fait pour s'unir cependant à des idées de splendeur, me ramenait-il à l'acte dont j'avais alors l'âme frappée? C'est ce que tout le monde comprendra. Et comment cette variété de pensées avait-elle fini par me jeter dans une sorte de songerie moitié philosophique et moitié maladive? C'est ce que comprendront tous les rêveurs.

La conversation était tombée peu à peu ; elle ressemblait à ces foyers refroidis où l'on cherche en vain à rapprocher deux tisons renfrognés et décidés à ne plus se communiquer leur chaleur. Si je rêvais, quelques-uns autour de moi étaient endormis. Plus d'une tête, tantôt s'inclinant, tantôt se relevant par de brusques soubresauts, luttait contre la main pesante du sommeil. Voilà que tout à coup, du côté des tranchées, éclate une de ces fusillades qui font songer à un immense feu où l'on ne cesserait point de jeter un amas de matières petillantes. Sur le fond de notes alertes et mordantes que forme la mousqueterie se détachent par instants les bruits violents et lourds de pièces tirant à toute volée. Évidemment il se livre sous les murs de la ville quelque ardent combat. Le général Canrobert me regarde alors : « Montez à cheval, me dit-il, et allez savoir ce qui se passe ; vous direz au major de tranchées que je n'ai plus le droit de lui faire demander des renseignements, mais que je lui saurai gré des nouvelles qu'il me donnera. »

Ainsi la sollicitude pour l'œuvre qu'il avait dirigée survivait, chez le général en chef de la veille, à l'exercice du commandement, sollicitude profonde et sincère qui lui faisait former pour son successeur des vœux bien naturels, sans aucun doute, mais où plus d'un cœur peut-être n'aurait pas apporté la même ardeur que le sien.

J'avais un grand trajet à accomplir pour arriver jusqu'aux attaques de gauche, où se passait l'action. J'étais guidé à travers les ténèbres, dans des chemins qui n'étaient plus ceux que je parcourais habituellement, par les bruits et les clartés du combat. La ville et les tranchées à l'horizon ressemblaient à ces régions du ciel où éclatent les orages des nuits d'été ; elles formaient une sombre contrée où se succédaient de continuels éclairs. Parfois, au-dessus des nuages brûlants de fumée qui créaient dans l'ombre ce royaume des tempêtes, une lueur rapide étincelait dans des espaces solitaires : c'était quelque bombe ou quelque obus, devançant, par une explosion imprévue, le terme de sa course. Je m'acquittai de la mission dont j'étais chargé, et j'appris que, pour enserrer de plus près la ville, on avait tenté une entreprise qui avait réussi. Je revins au milieu de la nuit porter cette nouvelle au général Canrobert. Je le trouvai couché sous la modeste tente qu'il avait dressée dans son nouveau bivouac. Je le réveillai ; il me dit quelques paroles affectueuses, et j'allai me reposer à mon tour. Tel fut le premier jour de notre nouvelle vie.

Cette nouvelle vie du reste ne tarda point à me sembler douce. Ce n'est pas en campagne heureusement que l'on peut garder longtemps une pensée chagrine. Je me le suis répété bien souvent : la guerre, c'est la paix de l'esprit. Parmi mes meilleurs souvenirs, je dois placer notre établissement sur les rives de la Tchernaïa, établissement qui eut lieu quelques jours après notre départ du quartier général. Depuis le combat de Balaclava, les Russes avaient conservé des postes dans une partie de la vallée qui longeait notre plateau. On résolut de nettoyer cette vallée, de s'y établir, et de prendre la Tchernaïa pour limite. Le général Canrobert fut chargé de cette opération. Au milieu d'une admirable nuit de printemps, nous montons à cheval ; depuis le matin, les troupes avaient reçu l'ordre de se tenir prêtes. Notre colonne s'ébranle en silence, et nous descendons dans la vallée. Les sentiers que nous sommes obligés de suivre sont faits plutôt pour le pied des chèvres que pour celui des chevaux. Cependant aucun accident ne retarde notre marche. Nos bêtes semblent heureuses comme nous de l'aventure où elles entrent. Le fait est que, pour des gens habitués à l'existence sédentaire d'un siége, une entreprise au grand air, en plein champ, à travers de libres espaces, offrait une attrayante nouveauté. Je ne saurais rendre l'état de joyeux bien-être et comme de placide ivresse où me plongea, au pied de nos positions abandonnées, l'atmosphère dont je me sentis entouré tout à coup. La vallée où nous pénétrions était toute remplie de hautes herbes, répandant au loin une puissante odeur. Du sein de ces épaisses prairies, où nos chevaux s'avançaient du pas dont ils auraient traversé les ondes d'un gué, je contemplais, en levant la tête, un ciel printanier tout rempli d'étoiles doucement tremblantes. Je laissais mes pensées s'élever vers ces clartés immortelles, et suivre en paix ce goût mystérieux que Dieu nous a donné pour des mondes rêveurs comme des âmes, gracieux comme des fleurs. Je mettais toutes mes forces à jouir de ces instants, à étreindre l'heure présente au milieu de ces solitudes embaumées, et je songeais avec joie pourtant aux premières heures qui suivraient cette nuit. Que me gardait cette aurore? Je l'ignorais. Peut-être le moment où elle se lèverait serait-il celui qui me porterait moi-même aux pays inconnus où j'envoyais mes pensées de la nuit.

Notre marche ne fut pas inquiétée. Seulement quelques coups de fusil tirés par des vedettes russes nous apprirent qu'elle était connue. Cependant nos colonnes continuaient à s'avancer dans un silence qu'interrompait uniquement parfois le hennissement des chevaux. Quand les étoiles se mirent à pâlir et l'aube à se montrer, ce fut alors soudain un bruit de clairons et de tambours répété par tous les échos de la vallée. Nous étions à quelques pas de la Tchernaïa, aux lieux où l'action devait commencer. Il semble que les sons retentissants de nos fanfares accélèrent la fuite des ombres. La rivière, le vallon, les montagnes, nous apparaissent bientôt dans cette fraîche et vive clarté du matin qui éblouit les yeux sans offenser le cœur. Ce n'est pas la diane qui salue le jour dans notre colonne, c'est la charge. Aux accents de cet air passionné, de cette *Marseillaise* sans souillure, notre infanterie franchit au pas de course la rivière que la cavalerie a passée déjà, et s'élance sur une redoute que l'ennemi abandonne. Les coups de fusil animent cette scène matinale, le canon même se met de la partie, et quelques boulets, tirés à grande distance par les Russes, viennent écraser à nos pieds l'herbe encore humide de la rosée.

Après un rapide engagement, nous établissons notre bivouac sur les bords de la Tchernaïa, qui devient la limite de notre camp. Nos tentes s'élèvent sur des collines couvertes de gazon, d'où l'œil embrasse une vaste et riante contrée. Les hauteurs qui sont en face de nous sont occupées par des postes russes. C'est là que tirent continuellement ces batteries taquines, mais d'ordinaire inoffensives, désignées par les troupes sous ces sobriquets bizarres que toute l'armée a fini par adopter : *Gringalet* et *Bilboquet*. Les chevaux que l'on mène à l'abreuvoir, les hommes qui vont chercher du vert sur les rives de la Tchernaïa, les pêcheurs passionnés qui veulent charmer les loisirs du camp et améliorer leur souper en allant à la quête des écrevisses, sont sûrs de voir bondir auprès d'eux quelques boulets. Ces projectiles, lancés au hasard, qui vont presque toujours s'enfouir dans le gazon, n'inspirent guère au soldat que de la gaieté. J'assistai un matin à un duel des plus récréatifs entre l'une de ces batteries et un canon turc d'une grande portée que voulait essayer Omer-Pacha. Le général en chef de l'armée musulmane était venu déjeuner chez le général Canrobert. Le repas fini, il proposa une expérience de son canon, qu'il avait fait conduire sur nos hauteurs. On établit la pièce ottomane en face d'une redoute ennemie, et le feu commence. Un de nos boulets traverse la Tchernaïa ; à un mouvement que les lunettes nous permettent d'observer chez nos voisins, nous pensons qu'il n'a point manqué de justesse dans sa portée. Les Russes nous ripostent par un projectile qui décrit une courbe immense, et vient labourer, au-dessous de nous, la colline où nous sommes campés. Le résultat de cette canonnade improvisée fut en définitive des plus insignifiants. Je crois qu'aucun boulet, de part et d'autre, n'atteignit ce jour-là une créature vivante. Cependant cet incident est resté dans un coin de ma mémoire, parce qu'il se lie pour moi à certaines idées de joyeuse existence, de plaisirs imprévus et insouciants, puis parce qu'il m'a fait réfléchir, une fois de plus, à toutes les étranges révolutions dont les armes modernes menacent la guerre. Où s'arrêtera la force de cette poudre, que l'on compare sans cesse à celle de l'imprimerie, et qui a ouvert déjà en effet de si vastes brèches aux flancs du vieux monde?

A quelques jours de cette distraction se place aussi un de mes meilleurs souvenirs, c'est-à-dire la reconnaissance que le général Morris fit dans la vallée de Baïdar. La division du général Canrobert faisait partie des troupes que commandait le général Morris dans cette opération. Nous partons le matin au lever du jour, et, après une marche de quelques instants, nous voilà engagés dans la vallée de Baïdar, qui, à cette époque de l'année (on était au mois de juin), me parut une réunion d'enchantements. La route que suivait notre colonne passait entre des hauteurs couronnées d'arbres touffus et serrés, remplis les uns d'une sombre majesté, les autres d'une élégance altière. La forêt montagneuse dont nous sondions les profondeurs me rappelait la forêt chérie des romanciers et des peintres que le voisinage de Paris empêche seul d'être prise au sérieux par les voyageurs : la forêt de Fontainebleau. Ce sont des flots de verdure jaillissant entre des rochers, tantôt frémissant à leur pied, tantôt semblant s'épancher de leurs cimes.

Baïdar, où notre division s'arrêta, est un vaste et agréable village, mais qui se ressentait de la guerre. Nombre de ses habitants l'avaient abandonné. Ceux qui s'y trouvaient encore au moment où déboucha notre colonne vinrent à nous avec cet empressement mêlé de terreur que montrent les populations paisibles aux troupes armées. Après un rapide repas pris au milieu d'un champ, le général Canrobert monte à cheval et va jusqu'aux portes de Phoros. Là s'offre à mes yeux un tableau qui est resté dans mon esprit à l'état d'image éblouissante et confuse. Je trouve parfois dans ma mémoire une impression singulière à laquelle je me livre volontiers, parce qu'elle me remplit d'un charme immense. Au sein de la chaude lumière dont le passé enveloppe toute chose, certains lieux où j'ai vécu quelques moments à peine prennent pour moi des formes vagues, splendides et agrandies. Je respecte ces mirages, dus aux jeux de l'imagination et du souvenir. Seulement je veux donner pour ce qu'ils sont ces fantômes de paysages. Je me reprocherais un mot qui changerait pour d'autres en lignes arrêtées ce qui pour moi est un contour indécis et entrevu. Je ne dirai donc rien des portes de Phoros, si ce n'est que j'ai pensé à Claude Lorrain dans ce site où sont amoncelées toutes les richesses que peut souhaiter le pinceau, depuis les hautes et sombres pierres, les bouquets de verdure, les arbres isolés, les rochers et les montagnes, jusqu'à la mystérieuse figure de la mer, mêlant à toutes ces merveilles son inhumaine grandeur.

Le soir, notre colonne regagna son bivouac. Le général Canrobert se détourna un instant de son chemin pour aller visiter dans les bois une charmante villa moscovite qui, avec ses murailles roses et son toit vert, ressemblait de loin à une maison de fée. En approchant du camp, les soldats se mirent à chanter. Ils étaient gais ; ils subissaient à leur insu l'influence d'un beau pays. Un régiment de zouaves arrêté au bord de la route par une disposition militaire et un bataillon de chasseurs à pied qui continuait sa marche s'apostrophaient joyeusement. Les chasseurs imitaient le cri du chacal ; les zouaves répondaient par le cri du corbeau. On aurait dit le retour d'une fête rustique. La vie militaire s'offrait à tous les esprits sous ses formes les plus attrayantes. En cet instant même, un groupe que je n'oublierai jamais s'approcha du général Canrobert. C'était une famille tartare, qui se composait de trois personnes, un vieillard, une femme, un enfant. Le vieillard s'appuyait sur le bras de la femme, qui tenait l'enfant par la main. Ces trois êtres adressèrent la parole au général Canrobert, qui leur donna quelques pièces de monnaie. Ils demandaient l'aumône, nous dit un interprète, au nom de la plus complète des misères. La guerre les avait forcés à quitter leur toit. Où allaient-ils ? Eux-mêmes l'ignoraient. Image du bonheur détruit, du foyer frappé, de la vie errante, ils se dessinaient sur ce beau ciel empourpré par un soleil couchant, qui pour eux n'éclairait plus d'abri. Ils rappelaient, dans leur détresse imposante par sa simplicité et par son étendue, les premières douleurs de ce monde, ces exilés d'une contrée disparue dont nous sommes tous les descendants.

XII

Le 7 juin, dans la journée, je montai à cheval et je me dirigeai vers les attaques de droite. Cette partie du siége devait être le théâtre d'une action dont le général Canrobert désirait avoir de promptes nouvelles. J'arrivai, vers quatre heures, à la redoute Victoria. A quelque distance, en avant de cette redoute, était un plateau entouré d'une gabionnade qu'on nommait la batterie de Lancastre, parce que les Anglais avaient établi là autrefois les canons à immense portée dont ils voulaient faire l'essai sur Malakof. Je mis pied à terre, et je gagnai cet endroit, où je vis bientôt arriver le nouveau général en chef, suivi de tout son état-major. L'œil devait embrasser de ce lieu, dans tout son ensemble, le combat près de se livrer. En face de nous s'élevait un mamelon hérissé de canons, que l'on appelait le mamelon Vert. Ce mamelon était un degré sur lequel il fallait poser le pied pour arriver au faite de l'échelle qui s'appelait Malakof. Nos troupes avaient reçu l'ordre de s'y établir.

Depuis plusieurs heures notre feu avait redoublé d'énergie ; la place y répondait avec furie et lançait sans interruption des projectiles désordonnés qui rappelaient le siège à ses premiers jours. Tout à coup nos batteries se taisent, une fusée traverse l'air : c'est le signal. Nos colonnes s'élancent au pas de course sur le mamelon Vert. Alors se renouvelle ce miracle d'impétuosité et d'audace où réside la force éternelle de l'armée française. Nos hommes ont l'air d'être portés en avant par le souffle des canons qui tonnent contre eux. Ils devancent jusqu'aux pensées, jusqu'aux espérances des chefs qui les ont lancés. A peine s'est-on écrié : « Ils sont partis, » que l'on entend dire : « Voilà des pantalons rouges dans la redoute, ils sont arrivés ; ce sont bien eux. » Il me semble voir encore en ce moment l'aide de camp du général Pélissier, le spirituel et vaillant colonel Cassaigne, qui devait bientôt mourir à son tour pour l'œuvre qui le passionnait. Assis sur les gabions qui nous entouraient, le visage rayonnant d'enthousiasme, il se livrait à toutes les émotions d'un plaisir militaire et d'une joie patriotique. Si l'un de ces boulets qui par instants venaient tomber et bondir autour de nous l'eût emporté, il aurait été ravi dans la mort comme le prêtre frappé à l'autel.

Il arriva malheureusement à nos troupes ce qui arrive si souvent chez nous, tantôt aux pensées, tantôt aux hommes. L'élan fut tel, que l'on dépassa le but. Derrière la redoute qui venait d'être conquise apparaissait Malakof, s'élevant comme une provocation héroïque à la valeur des nôtres, au milieu de la fumée ardente qui l'entourait. Nos soldats ne firent qu'une station du lieu où ils devaient s'arrêter; ils poursuivirent leur course sans frein sur la route qui tentait leurs cœurs. C'est en vain que le clairon sonne la retraite; ils n'obéissent plus qu'à la voix intérieure qui continue à leur crier : « En avant ! » Quelques-uns d'entre eux arrivent ainsi jusqu'au fossé de la tour, où il n'est aucun moyen de descendre. Les Russes les accueillent par des décharges d'artillerie et de mousqueterie dont chaque coup cause une mort ou une blessure. Fouettées par une grêle de balles, coupées par des boulets, écrasées par des obus, nos troupes regagnent à grand'peine ce mamelon qu'elles ne devaient point dépasser. L'ennemi profite du désordre qu'a jeté dans leurs rangs une aveugle entreprise; elles perdent la position qu'un effort si heureux et si puissant leur avait donnée.

Mais les Russes n'ont point compté sur ces élans

qui font chez nous d'une réunion d'hommes un seul être, il faut même dire une seule âme, servie par une force intelligente et indomptée jusque dans la mort. Nos colonnes se reforment en quelques instants et se précipitent une seconde fois sur l'obstacle qu'elles ont déjà emporté. Elles retrouvent, élevée à une puissance nouvelle par la douleur et la colère d'un revers, l'impétuosité de leur premier assaut. Cette route marquée par leur sang, où souffle le vent de la mitraille, où les projectiles éclatent entre des cadavres, elles la parcourent de nouveau, orage humain lancé contre un orage de fer. Elles arrivent à la redoute. Lorsqu'ils sont sur les baïonnettes ennemies, nos hommes se croient sauvés, et, il faut le reconnaître, l'événement les confirme d'ordinaire dans cette foi. Les Russes sont chassés de leur position, où notre drapeau est planté, et qui devient désormais contre eux une des plus terribles attaques du siége.

Je racontai ce que j'avais vu au général Canrobert. Le lendemain, mon récit fut complété par le colonel de la Tour du Pin, qui nous avait accompagnés dans notre bivouac de la Tchernaïa, mais qui de là, suivant ses habitudes, courait sur tous les points où l'attirait un nouveau danger. M. de la Tour du Pin était de ceux qui s'étaient laissé entraîner jusqu'au pied de Malakof. Il se justifiait de cet excès d'ardeur avec une aimable et attendrissante bonhomie. Il était arrivé jusqu'aux bords du fossé, et de là il avait contemplé la cime où plus tard il devait monter et tomber. Cette terrible action ne me rendit pas tous les gens à qui j'étais attaché. Ainsi j'appris avec un profond chagrin la mort du général de Lavarande, que j'avais connu autrefois en Afrique, et que j'avais revu avec bonheur sur le champ de bataille de l'Alma. Plein d'entrain, de verve, d'ardeur, aimant la guerre pour la guerre, comme certains artistes aiment l'art pour l'art, le général de Lavarande venait souvent passer ses soirées sous la tente du général Canrobert. Il était de ces rares esprits qu'aucun obstacle ne rebute, qui, animés d'une jeune et puissante confiance, envoient gaiement leurs pensées au-devant des périls où ils doivent bientôt se jeter. Un boulet emporta cette tête hardie et joyeuse où la vue se reposait avec plaisir. J'appris le même jour avec tristesse la mort du colonel de Brancion, dont l'âme austère et vaillante rappelait les âmes des croisés. J'écris ces noms en passant, parce qu'ils répondent à des visages restés dans mon souvenir. Combien d'autres noms j'écrirais si je pouvais nommer ici tous ceux qui ont conquis de leur sang le droit de cité dans un royaume glorieux et infini, quoiqu'il se compose souvent à peine de quelques cœurs!

Il y a de plus douloureuses apparitions que celles des hommes les plus regrettés, ce sont les apparitions des funestes journées de notre histoire. La guerre de Crimée n'a compté qu'un jour néfaste; me voici arrivé à ce jour-là.

C'était le 18 juin, terrible date! l'anniversaire de cette immense bataille où s'abîmèrent une armée, un empire, un drapeau. Un étrange retour des choses humaines allait montrer, unis dans un suprême effort, combattant pour une même cause, ceux à qui cette date rappelait des souvenirs si opposés; cette fois un même deuil devait couvrir, pour les deux nations que les événements avaient rapprochées l'une de l'autre, cette portion du temps éclairée pour elles dans le passé d'une lumière si différente.

Nous savions, le 17 juin au soir, que le lendemain, aux premières heures du matin, une grande attaque serait tentée contre la ville. Pendant le combat acharné qui allait se livrer sur les remparts de Sébastopol, les Russes placés en face de nous pouvaient essayer de forcer nos lignes. Toutes les troupes campées sur les bords de la Tchernaïa reçurent l'ordre de prendre les armes le 18 au lever du jour. Ce lever du jour fut sinistre malgré un chaud et brillant soleil écartant sans effort les ombres transparentes d'une nuit d'été. Avec les clartés de l'aube, il s'éleva, du côté de la ville, une fusillade surpassant en étendue et en furie toutes celles dont avait encore retenti le plateau. On se rappelait, en entendant cet amas de détonations rapides et serrées, ces pluies torrentielles du printemps s'abattant sur les cimes d'une forêt; seulement c'était une pluie de feu qui, au lieu de tomber sur des arbres, tombait sur des hommes. Le général Canrobert parcourait à cheval le front de sa division, rangée en bataille. Il s'arrêtait souvent pour adresser aux soldats quelques paroles pleines d'énergie et d'espérance. On lui répondait par des acclamations. L'intrépidité, la constance, l'ardeur même, étaient sur tous les visages. Pourtant, avec cette prescience de l'événement, avec ce tact sûr et prompt que la guerre donne aux combattants les plus obscurs, chacun sentait déjà ce qui se passait du côté de la ville. Cette fusillade était trop opiniâtre, trop fournie et trop prolongée pour permettre de croire à une surprise. Évidemment les Russes nous avaient attendus; et maintenant s'environnaient de feux que tout le sang des nôtres ne pouvait éteindre. Ce bruit si violent, si emporté de mousqueterie, se confondit bientôt dans un fracas mille fois plus écrasant encore. La place annonçait, par le tonnerre continu de son artillerie, qu'elle s'était dégagée de notre étreinte, qu'elle avait refait l'espace autour d'elle. En effet, notre attaque avait échoué; nos colonnes rentraient dans les tranchées, où un déluge de fer les suivait.

Nous connaissions déjà la mauvaise nouvelle. Il était midi; nous prenions tristement notre premier repas quand, à la porte de la grande tente qui nous servait de salle à manger, le colonel de la Tour du Pin nous apparut avec un visage que ne saurait oublier aucun des témoins de cette scène. Lui d'habitude le calme et spirituel conteur de toutes les terribles aventures, le témoin souriant des choses sanglantes, il était pâle, défait, abattu ; cette âme sans peur avait été traversée par le glaive de la seule douleur qui pouvait l'atteindre. Cet échec imprévu de nos armes semblait l'avoir mortellement blessé. Le général Canrobert fit asseoir à ses côtés cet acteur volontaire de tous les drames où le canon jouait un rôle, et lui demanda avec empressement des détails sur l'action qui venait de finir. Alors le colonel de la Tour du Pin nous raconta en quelques mots ce qu'il avait vu et ce que le seul bruit du combat nous avait fait en partie deviner. Nos colonnes avaient été écrasées par la toute-puissance d'un feu que nulle valeur n'avait pu dompter.

Celui qui nous parlait était resté lui-même, pendant des heures entières, sur une ligne qu'aucun homme ne pouvait franchir sans devenir aussitôt un cadavre. Cette ligne était formée par des corps couchés, nous disait-il, comme des blés après un ouragan. Toutes les énergies, toutes les audaces, tous les jets, toutes les saillies de notre courage, venaient mourir à ces implacables limites. En nous racontant ces faits cruels, le colonel de la Tour du Pin avait une poignante éloquence; on croyait retrouver sur ses lèvres l'antique malédiction des chevaliers contre les engins infernaux qui soumettent à des forces aveugles et grossières la valeur ailée et brillante des grandes âmes.

Toute l'armée savait que les généraux Brunet et Mayran avaient été mortellement frappés à la tête de leurs divisions. On avait appris aussi avec une singulière rapidité la mort du colonel de la Boussinière, officier intelligent et intrépide, qui portait sur son visage toutes les nobles qualités dont il était doué; mais on ignorait quels amis on avait perdus dans les rangs obscurs. J'appris bientôt que cette affaire me coûtait un aimable et jeune compagnon, le lieutenant Roger, petit-fils d'un soldat de l'Empire et fils d'un homme que l'on remarqua parmi les plus résolus aux journées de juin 1848. Telle est la séduction de la jeunesse, sa puissance éternelle aux lieux mêmes où tant de puissances sont mises à néant, que ce vaillant enfant, par son trépas, serra d'une longue et douloureuse étreinte tous les cœurs où il était connu. Je le regrettai, pour ma part, avec une particulière amertume. En même temps que mille souvenirs de la patrie, il me rappelait mes plus vifs et mes plus joyeux souvenirs de Crimée. J'avais passé avec lui ma première soirée sur cette terre, où nos espérances prenaient leur volée, et qui ne s'était point encore creusée pour recevoir un seul d'entre nous. Sa figure hardie et souriante me faisait plaisir quand je le rencontrais dans les tranchées. Il avait ce que le prince de Ligne appelait, dans le langage élégant de son siècle, « une jolie bravoure. » Aussi pouvait-on lui appliquer ces paroles du poëte à propos d'une vie en fleur comme la sienne, suspendue comme la sienne au-dessus du trépas : « Sa bienvenue lui riait dans tous les yeux. » Ce n'était point seulement dans mes yeux qu'il était le bienvenu, c'était encore dans une partie plus profonde de mon être, où je retrouve avec attendrissement aujourd'hui ce que la mort nous laisse des témoins aimés de notre vie.

J'assistai, dans cette journée du 18 juin, à un fait qui occupe dans mon esprit une place à part, et que je livre aux méditations de chacun. Suivant moi, ce fait ignoré a une étrange grandeur et crie plus haut que bien des événements retentissants ; mais tous ne le jugeront pas de la même manière, ne lui accorderont pas la même force, ne lui reconnaîtront pas les mêmes signes. Le voici tel qu'il m'a frappé, dans sa simplicité émouvante, que je serais désolé d'altérer. Le général Lafont de Villiers, blessé à l'attaque du matin, avait rendu sa blessure dangereuse en ne voulant point se retirer du feu. De retour à son bivouac, il m'avait écrit de venir le trouver. J'avais quitté les bords de la Tchernaïa, j'avais gravi ce plateau tout rempli des émotions d'une nouvelle lutte. J'étais entré dans la tente où souffrait celui que je désirais voir, et j'y étais resté longtemps. A l'heure où je regagnai mon camp, le soleil commençait à se coucher. Je rencontrai un aumônier que j'ai retrouvé depuis en Italie, et dont le combat du matin avait rendu toute la journée le ministère nécessaire. Ce prêtre habitait une tente voisine de la mienne. Je fis route avec lui. Nous étions arrivés tous deux, lui sur sa mule, moi sur mon cheval, à la rampe qui descend du plateau dans la vallée. Entre les camps que nous venions de quitter et ceux que nous allions rejoindre, nous franchissions des espaces presque solitaires où l'âme se reposait avec étonnement dans le calme. Nous traversions un paysage touchant et sérieux, que cette heure de la journée, l'heure émue et recueillie par excellence, emplissait d'un immense charme. Soudain au bord de la route que nous suivions, à mi-chemin de la vallée et du plateau, le prêtre aperçut un soldat, étendu sur la terre, qui respirait encore, mais dont le visage portait toutes les traces de la mort. Il me confia sa mule, mit pied à terre et courut vers cet agonisant. Je le vis s'agenouiller, appuyer contre sa poitrine une tête alourdie, et ouvrir la bouche pour prononcer des paroles que je ne pouvais pas entendre. Au bout de quelques instants, il revint vers moi, et, avisant une bande de soldats sur la route, les appela pour transporter l'homme qu'il venait de tenir dans ses bras. Cet homme n'était déjà plus qu'un cadavre.

Nous avions repris notre course, et l'aumônier cheminait à mes côtés sans me parler. Sortant du silence tout à coup : « Savez-vous, s'écria-t-il, ce que m'a dit ce pauvre homme, dont j'ai reçu le dérnier soupir? Il m'a dit : — Le choléra m'a pris il y a deux heures. Je suis tombé à cet endroit où me voici. Au moment même où je vous ai aperçu, je priais Dieu avec ferveur pour qu'il fît passer auprès de moi un prêtre. »

Le prêtre était passé.

XIII

Quelques jours après le rude combat du 18 juin, la division du général Canrobert reçut l'ordre de monter sur le plateau. Elle devait remplacer aux attaques de droite l'ancienne division Mayran, que le feu des Russes avait décimée. Ainsi s'accomplissait dans toute son étendue le plus grand acte d'abnégation dont notre histoire militaire fournisse l'exemple : celui qui, si récemment encore, avait une armée entière sous ses ordres venait, dans un rang secondaire, poursuivre au poste le plus périlleux l'œuvre qu'il avait renoncé à conduire.

Notre division se mit en route un matin sous un soleil ardent. Au fur et à mesure que nous nous éloignions de la Tchernaïa pour nous rapprocher de notre nouveau bivouac, nous sentions une chaleur plus pesante, et nous parcourions une contrée plus morne. Nous disions adieu à la fraîcheur, aux arbres, à la verdure, pour rentrer dans ces régions nues, arides, dévastées, où depuis tant de mois une immense réunion d'hommes s'offrait à tous les coups dont la chair humaine puisse être frappée. Aux extrémités de ce plateau, foulé par tant de pas, labouré par tant de boulets, quelques brins d'herbe s'étaient remontrés au printemps ; mais au centre même de cette vaste place d'armes, aucune apparence de végétation ne récréait la vue. On marchait sur un sol que les flammes de la guerre semblaient avoir calciné. Le fer et le plomb remplaçaient d'une manière bizarre la verdure absente. Ces décorations ingénieuses, dont nos soldats aiment à égayer leurs bivouacs, et qui d'habitude se composent de gazon, étaient faites avec les projectiles lancés par Sébastopol. Des boulets de toutes dimensions, disposés comme le buis d'un jardin, formaient çà et là de sombres et fantasques bordures autour des tentes.

L'endroit même où le général Canrobert allait s'établir était le plus désolé de tout le camp. Au sein d'un vaste carré, formé par les lignes des bivouacs voisins, s'élevait, sur une terre dure et blanchâtre, une baraque qui me rappelait ces abris où la fièvre ronge quelques malheureux sous le ciel des colonies meurtrières. Cette baraque avait recélé l'agonie et la mort du général Mayran. On apercevait de ce triste logis deux autres bâtiments en planches, rappelant à chacun ses doubles destinées, les deux étapes du chemin qui conduisait tant d'entre nous au cimetière, l'ambulance et l'église. Cette église avait reçu le corps du général Bizot. Ce n'est pas du reste à cet humble édifice que je reprocherais d'avoir attristé le paysage ; loin de là : il en était au contraire, suivant moi, la seule grâce consolatrice. Où manquent le feuillage et la verdure, on est heureux de voir s'élever la croix. C'est d'une floraison éternelle que nous parle ce bois dépouillé. Je me serais bien gardé, si je l'avais pu, de transporter ailleurs cette demeure sacrée. Quelquefois un nuage blanc et léger semblait presque en effleurer le toit : c'était quelque obus ennemi, lancé au hasard, qui éclatait avant de toucher le sol. De pareils accidents faisaient bien. Tout ce qui évoque autour d'un symbole religieux les périls, les souffrances et la misère, tout ce qui ramène notre foi à ses obscures et sanglantes origines, doit être accueilli avec bonheur. Cette petite église, à portée de canon, où tant de bières hâtivement clouées ont fait une halte rapide, aura peut-être occupé ici-bas une grande place parmi les maisons de Dieu. Comme l'ambulance sa voisine, elle exhalait une odeur de souffrance ; seulement c'était l'odeur de la souffrance acceptée en ce monde et bénie dans l'autre, qui, à l'heure de la liberté éternelle, devient la plus précieuse essence dont puissent se parfumer les âmes.

La plus féconde imagination s'épuiserait vainement à chercher les contrastes que nous offre à chaque pas ce monde étrange où nous promène la guerre. Près des édifices dont je viens de parler, près de l'ambulance et de l'église, s'élevait une construction d'une nature originale et imprévue, un théâtre célèbre dans le camp tout entier sous le nom de *Théâtre des Zouaves*. Imaginez-vous, dans des proportions colossales, ce jouet qui fait le bonheur des enfants, cette sorte de maison carrée qui est ornée d'un fronton appuyé sur des pilastres, et qui a pour devanture une toile où un pinceau primitif a essayé de rendre les plis majestueux d'une draperie opulente. Tel était ce théâtre guerrier. Il s'élevait sur un petit mamelon et était entouré d'un hémicycle formé par des buttes de terre. Les spectateurs prenaient place sur ces buttes. Le jour où je le vis pour la première fois, en me rendant à notre nouveau bivouac, ce lieu destiné au plaisir était en deuil.

Des souvenirs lugubres planaient sur la scène abandonnée, et les gradins de terre, où depuis plusieurs jours nul ne s'était assis, faisaient songer à des tombes. La matinée du 18 juin avait détruit en quelques heures, presque tout entière, la troupe des soldats artistes. Les boulets russes avaient enlevé le père noble, l'amoureux, le comique, et jusqu'à la jeune première elle-même, car, ainsi que sur le théâtre antique, les rôles de femmes, sur le théâtre des zouaves, étaient joués par de jeunes garçons. L'ingénue déchirait la cartouche, maniait le fusil, et au besoin se faisait tuer. La dernière affaire l'avait prouvé. On dispensait les acteurs des corvées, mais on ne les dispensait point des combats, eux-mêmes ne l'auraient pas voulu. Ils apprenaient leur rôle dans les tranchées. La relâche forcée qui eut lieu après le 18 juin est le plus glorieux incident de leur histoire. Ce fait, qui en même temps nous égaye et nous attendrit, montre quelle bizarre et redoutable force recèle l'âme française. Comment lutter avec des gens qui traitent de cette manière le péril, qui se battent entre deux couplets, qui descendent d'un tréteau pour entrer dans la mort? Le théâtre des zouaves ne fut point fermé longtemps. Une nouvelle troupe se reforma bien vite. Comme ma tente était dans le voisinage de ce spectacle, souvent le soir, en m'endormant, je prêtais alternativement l'oreille au bruit du canon, que j'entendais tonner contre les tranchées et à celui des couplets, qui s'élançaient dans l'air de la nuit. Sous mon cerveau, où elles venaient s'unir, cette voix du trépas et cette voix des plus folles gaietés formaient un concert dont la musique d'aucun maître ne pourrait me rendre la mélancolie imposante et la poétique bouffonnerie.

A peine établi dans son bivouac, le général Canrobert se mit à monter avec sa division les gardes de tranchées. Ces gardes étaient fréquentes. Notre division était de garde un jour; le jour suivant, troupe de soutien. C'était avec le troisième jour seulement que nous arrivaient quelques instants de repos. Notre vie, du reste, pendant les gardes de tranchées, n'était point dépourvue d'intérêt. A un lieu dont j'ai parlé déjà, sur ce plateau occupé autrefois par la batterie de Lancastre, on avait construit une baraque appuyée à une gabionnade qu'elle ne dépassait pas. Cette baraque était le poste assigné au général commandant la division de garde; c'était de là qu'il partait pour aller faire sa tournée dans les tranchées, et, cette tournée accomplie, si quelque incident venait à se produire, pour se rendre sur le point où sa présence était nécessaire. Ce lieu était loin de me déplaire : il était élevé; on y vivait au grand air, on y dominait de vastes espaces. On était au milieu de nos attaques. On les voyait se dessiner à sa droite, à sa gauche et devant soi. Comme le poëte sur la montagne, on avait une ville couchée à ses pieds, et une ville bien loin d'être endormie, car Sébastopol était devenue un volcan en état d'éruption permanente. La respiration de cette bruyante cité, c'était le souffle de ses canons. Cependant, avec sa ceinture d'éclairs et sa couronne de fumée, elle avait de la grâce. Ce siége, si morne l'hiver, quand on le voyait les pieds dans la neige, au fond d'une de ces tranchées étroites, tortueuses, creusées dans un sol déprimé, qui s'étendaient devant le bastion du Mât, avait, l'été, une splendeur presque joyeuse quand on le regardait des hauteurs voisines de Malakof. Dans le paysage que l'on embrassait de ces positions, la mer avait une place importante, et la mer, toutes les fois que le soleil l'inonde, jette sur ses rivages l'enchantement d'un miroir magique. Parfois, malgré les images sinistres qui s'y réfléchissaient, la baie de Sébastopol m'a fait songer à cette baie célèbre de l'Italie où chaque flot a bercé un songe et inspiré un chant.

Les jours de garde, nous dînions à la batterie de Lancastre. Le général Canrobert faisait dresser sa table sous le ciel, à côté de sa baraque, derrière les gabions. L'idée lui vint de donner à ces repas l'entraînante et saine gaieté de la musique militaire. Chacun des régiments qu'il commandait fournissait tour à tour les musiciens. Les artistes se plaçaient à quelques pas de nous, et tiraient de leurs instruments des accords que les souffles du soir devaient porter parfois jusqu'aux oreilles des assiégeants. Quoique notre salle à manger en plein air fût loin du canon ennemi, il arrivait bien rarement cependant que quelque obus ou quelque boulet ne passât point au-dessus de notre table. Nous aurions eu mauvaise grâce à nous plaindre de ces projectiles qui faisaient toute l'originalité et toute l'élégance du festin.

Toutefois, en dépit de la musique, du soleil et de quelques joyeux incidents, cette vie, qui s'écoulait presque tout entière entre des mourants et des blessés, devant ces mêmes murs que nous regardions depuis si longtemps, causait par moments à l'esprit une certaine fatigue. Il y avait des heures où nous ressemblions à ces habitants des cités bruyantes, qui se sentent emportés tout à coup vers des plaisirs champêtres par une attraction passionnée. Nous avions envie d'être une journée sans entendre dans nos oreilles un bruit perpétuel d'explosions et de sifflements, sans voir à chaque minute la poussière soulevée près de nous par un morceau de fer, sans rencontrer une civière ensanglantée, ou mettre le pied sur un débris humain. De ce désir naquit une vraie partie de campagne concertée entre le général Canrobert et Omer-Pacha. Il fut convenu que nous irions déjeuner au Monastère avec le chef de l'armée turque et son état-major.

J'ai déjà parlé de ce couvent grec, situé au bord de la mer, près des lieux où Oreste retrouva Iphigénie. Je n'avais pas revu, depuis l'avénement du printemps, cette demeure et ses magnifiques jardins, qui, pour la première fois, m'étaient apparus un jour d'automne. Quand je retournai au Monastère par une matinée de juillet, les arbres y livraient aux vents de la mer tout le trésor de leurs chevelures. La table où nous devions prendre notre repas était dressée sous les marronniers d'une terrasse, d'où j'apercevais, au milieu des flots, ces poétiques rochers qui m'avaient gagné le cœur. Pendant que notre déjeuner s'apprêtait, j'avisai une chapelle ouverte où les moines célébraient un office. J'y pénétrai et j'eus sous les yeux une scène si bizarre, dans les circonstances où elle s'offrait à moi, qu'en me la rappelant je crois presque me raconter un rêve.

J'étais au milieu d'un sanctuaire décoré par cet art byzantin qui, dès son origine, fut consacré à la reproduction invariable de types mystérieux, et qui lui-même est resté un mystère. J'avais autour de moi ces pâles figures vêtues de draperies aux couleurs claires, qui semblent s'évanouir dans leur fond d'or, comme des visions nocturnes dans les premières clartés du soleil. Tout un côté de la chapelle était occupé par un autel enrichi de pierreries, où s'élevaient, entre des vases précieux, les grands chandeliers symboliques qui offrent au ciel, à l'extrémité de leurs cierges purs, droits et blancs ainsi que des lis, la flamme vacillante chargée de rappeler la ferveur tremblante de la prière. Devant cet autel étaient des moines couverts d'habits sacerdotaux qui transportaient l'esprit, par leurs formes, au sein des âges les plus lointains. Ces moines chantaient, et j'entendais sans cesse revenir dans leurs chants le nom de leur nouvel empereur. Ils demandaient à Dieu de faire triompher la cause et les armes de leur patrie. Dans un coin du temple où jaillissaient si librement ces hymnes, un étrange personnage se livrait à un bruyant et violent exercice. C'était le sonneur de cloches qui se pendait tour à tour à trois ou quatre cordes dont les oscillations déterminaient le plus assourdissant des carillons. Cet être, singulièrement semblable à une des plus fantasques créations du roman moderne, était nain et contrefait. Son corps difforme était enveloppé d'une robe rouge à fleurs d'or. Ce détail complétait le tableau. En promenant mes regards sur tous les objets qui m'environnaient, je me disais, pour me rendre compte de mes impressions : « Me voici à quelques pas de Sébastopol, qui m'envoyait des boulets hier et qui m'en lancera demain encore, assistant à des prières pour l'empereur Alexandre; j'entends les cloches d'un couvent, je suis dans une chapelle; mais par cette porte entr'ouverte, sous ces grands arbres, sur cette terrasse qui domine la mer, j'aperçois une table dressée. Je vais m'asseoir à cette table, et j'y déjeunerai en face du général en chef de l'armée turque ! »

Le lendemain de cette journée si pareille à un songe, je revoyais la batterie de Lancastre et je reprenais ma vie ordinaire. Au fur et à mesure que nos attaques serraient de plus près nos ennemis, les coups de la place tombaient plus drus sur la tranchée, et nos pertes journalières devenaient plus graves. Pendant ce siége, qui a duré tant de mois, notre armée ne s'est pas abandonnée une seule heure au découragement : on l'a répété bien des fois, ce sera pour elle l'honneur impérissable de cette guerre; mais il y avait des instants où ces sentiments de la confiance, de la gaieté, de la verve française, étaient remplacés dans nos rangs par un sentiment nouveau, par un sentiment de sombre et intrépide résignation. « Nous y passerons tous, disaient quelquefois les soldats; peu importe du reste ce qui adviendra des ouvriers, pourvu que la besogne soit faite. »

Malgré ce que de semblables pensées avaient d'énergique et de noble, le général Canrobert, avec raison, aimait mieux voir s'épanouir dans le cerveau des siens les pensées habituelles à notre nation. Aussi, dans ses visites continuelles à la tranchée, avait-il toujours dans la bouche de joyeux propos. Le troupier vis-à-vis d'un chef qui lui adresse quelques paroles de bonté, c'est un courtisan vis-à-vis de son souverain. Seulement c'est un courtisan d'une loyauté honnête et touchante; avant même que son supérieur ait parlé, il s'apprête à rire, s'il voit qu'une plaisanterie va naître, et à peine cette plaisanterie est-elle née, qu'il l'accueille, si mince, si chétive soit-elle, avec tous les transports d'une affectueuse hilarité. On peut donc s'imaginer l'empire qu'exerçait sur une semblable nature le général Canrobert avec cette langue imagée et vive que fournit un cœur vaillant à un esprit bien doué.

Un seul trait montrera cet empire. J'ai dit quel aspect sinistre avait à la droite du siége l'entrée de nos tranchées. Les ravins où l'on était forcé de s'engager pour arriver à cette partie de nos travaux évoquaient le génie de Salvator Rosa. C'étaient les paysages tourmentés chers à ce pinceau hardi et violent comme un glaive. Un soir, en revenant de visiter nos tirailleurs, le général Canrobert cheminait dans un de ces ravins. Au pied d'une montagne sombre et farouche, dont les plis commençaient à se remplir des ombres de la nuit, il aperçut quelques soldats qui remuaient la terre. Il s'arrêta pour demander à ces hommes ce qu'ils faisaient. Ils lui répondirent qu'ils creusaient des tombes. En cet instant même, près de ces fossoyeurs improvisés passaient d'autres soldats portant sur leurs épaules une civière. Un cadavre singulier reposait sur ce lit de mort ambulant : c'était un homme atteint par le trépas avec une telle rapidité que, en devenant immobile, il avait gardé toutes les attitudes de la vie, et s'était changé en une sorte d'effrayante statue. Un de ses bras s'était roidi le long de son corps, mais l'autre bras était levé au ciel. La mort avait donné au geste de ce membre livide une énergie que je ne saurais rendre. On eût dit un appel terrible à la puissance divine. Parmi tous les objets transformés que la guerre a fait passer sous mes yeux, aucun peut-être ne m'a paru plus émouvant que ce bras. Il y a dans les spectacles extérieurs d'invincibles puissances que les âmes les plus simples subissent souvent à leur insu. Les hommes près de qui le général Canrobert s'était arrêté semblaient soucieux. Ce qui frappait en ce moment mes regards pesait évidemment sur leurs cœurs.

« Eh bien! mes enfants, leur dit le général, il y en a donc beaucoup qui ont fait le grand voyage aujourd'hui?

— Oui, mon général, lui répondirent-ils, et demain il y en aura bien d'autres encore.

— Nous le ferons tous, reprit alors leur chef, c'est bien certain ; mais de quel lieu partirons-nous, et quand nous mettrons-nous en route : voilà ce que je ne puis pas vous dire. »

Appuyés sur leurs pioches, les hommes qui travaillaient dans le ravin se mirent à rire. L'humeur gauloise était réveillée et reprenait sa chanson au bord de ces tombes.

XIV

J'étais bien rarement de garde aux tranchées sans voir arriver dans l'après-midi un homme aux traits réguliers, à la taille élancée, vêtu de cet uniforme britannique qui, en campagne, se rapproche de l'habit bourgeois : c'était le général Colin Campbell, commandant la brigade écossaise. Sir Colin Campbell avait contracté une étroite amitié avec le général Vinoy, dont il avait été le voisin, pendant les premiers jours du siége, sur les hauteurs de Balaclava. « Je viens rendre visite à mon *ami*, — disait-il avec son accent anglais, donnant à ce mot : ami, je ne sais quoi d'énergique en rapport avec le sentiment de mâle affection que témoignaient ces visites périlleuses. Sir Colin Campbell allait trouver son ami, en effet, et l'accompagnait dans de longues promenades sous le canon de Sébastopol. Il revenait d'ordinaire avec un sourire de satisfaction sur les lèvres, heureux d'un progrès que, tout en courant, il avait remarqué dans nos travaux. Il me rappelait, au sortir de ces excursions, quand il reprenait le chemin de son bivouac, ces gentilshommes campagnards de son pays, gagnant le soir le château où s'écoule leur saine et régulière existence, après avoir visité une plantation ou une prairie.

Cette vie d'alors, qu'il me serait doux de ranimer aujourd'hui, a été traversée pour moi par maintes figures que je ne reverrai plus en ce monde. Le général Canrobert invita un soir, à cette table en plein air dont je parlais tout à l'heure, un jeune homme ayant des amitiés nombreuses hors de l'armée, où déjà cependant il avait su se faire connaître et apprécier. Ancien attaché d'ambassade, ce jeune homme, aux heures où je le retrouvai, était dans un accoutrement sous lequel l'auraient reconnu avec peine ceux qui l'avaient vu en d'autres temps : M. de Villeneuve, en quelques jours, s'était transformé en un sergent accompli de zouaves. Sans que rien sentît l'affectation ni en quelque sorte la mascarade dans cette œuvre importante de son cœur à laquelle il allait donner sa vie, il portait ses nouveaux habits avec une aisance, une liberté, une bonne grâce qui lui conciliaient tout d'abord la bienveillance de chacun. Homme d'élégance et de loisirs, il avait senti l'esprit guerrier passer auprès de lui, et il était entré dans nos rangs comme on entre en religion, avec foi, avec enthousiasme, avec ferveur, avec la détermination bien arrêtée d'offrir un noble et utile exemple à la jeunesse de son siècle. Ce sentiment, compris de tous, semblait approuvé du ciel même, qui lui envoya un noble trépas. Quelques jours après ce dîner de la tranchée, il reçut, dans une attaque de nuit, une blessure mortelle. La plume éloquente et pieuse d'une personne qui lui appartenait a retracé cette rapide existence se résumant dans une mort héroïque. J'ai voulu le nommer à mon tour, puisque je me suis trouvé sur son passage, et que son âme m'est pour ainsi dire apparue à la lueur même du coup qui l'a frappé.

On ne devrait pas s'étonner quand un homme obscur, racontant la guerre comme il l'a faite, oublierait des trépas illustres pour accorder une place importante à la disparition d'un compagnon. Je ne veux pourtant point passer sous silence la mort de lord Raglan, dont les funérailles furent une admirable solennité. J'accompagnai le général Canrobert à ce convoi, qui devait ces magnificences guerrières au concours de quatre armées. On prétend que lord Raglan fut atteint le 18 juin non point par un boulet, mais par l'invincible épée dont le ciel arme certaines tristesses. Quoiqu'il n'appartînt pas aux générations qu'il voyait tomber autour de lui, il semblait destiné à rester longtemps encore sur cette terre. Une séve vigoureuse animait le vieil arbre que la mort avait émondé à Waterloo. Un jour, après une courte agonie, lord Raglan s'éteignit entres les bras de ses aides de camp. C'était un homme aimable et bon, paré de glorieux souvenirs pour sa patrie. A la nouvelle inattendue qu'il avait cessé d'exister, ce fut donc chez ses compatriotes une légitime affliction. On résolut d'envoyer ses dépouilles en Angleterre ; mais, pour gagner le navire qui devait l'emporter, son corps avait une longue route à parcourir. Il fut décidé que sur cette route on déploierait toutes les pompes dont les armes peuvent entourer un cercueil. Je me rendis avec le général Canrobert à cette petite maison où j'étais venu si souvent à une autre époque passer de longues heures, devisant, pendant les conférences prolongées des généraux en chef, chez un officier qui devait, lui aussi, sortir dans une bière de cet humble asile. A cette maison commençait la double haie de soldats qui bordaient jusqu'à Kamiesch le chemin où le mort devait passer.

Les premiers soldats disposés sur cette voie funéraire étaient les *highlanders*; appuyés sur leurs fusils renversés, ces hommes, grands, vigoureux, bien taillés, faisaient songer, par leurs attitudes et par leurs formes, aux bas-reliefs antiques. Ils évoquaient la pensée d'une douleur imposante et calme, de la douleur qui sied au cœur d'une puissante nation. On se sentait ému par ces figures, non point à coup sûr de la tristesse poignante qui parfois se met à sangloter soudain, dans un coin obscur de votre âme, au convoi d'un être ignoré, mais de cette tristesse des deuils publics, auguste et solennelle comme le temple où tout un peuple accompagne les restes d'un grand homme. Ce qui achevait de donner à cette cérémonie un caractère en même temps lugubre et triomphal, c'était la nature, la forme et l'appareil du char mortuaire. On avait posé le cercueil qui renfermait l'ancien général en chef de l'armée anglaise, sur une pièce de canon traînée par un attelage de guerre, et le voile qui recouvrait ce cercueil était le drapeau même de la Grande-Bretagne. Jamais les hommes n'ont jeté sur un cadavre plus splendide linceul. Ce qu'il y avait dans cette pompe de patriotique et de guerrier lui enlevait la vanité dérisoire dont on est trop souvent offensé aux funérailles opulentes. Cet étendard semblait communiquer sa vie à celui qu'il enveloppait de ses plis éclatants. Ce qu'on croyait voir passer sur cette route de la dernière demeure, ce n'était point, comme il arrive trop souvent, quelque chose de détruit, de déformé, d'inerte, en un cruel désaccord avec toutes les créations d'un art fastueux, un repas apprêté pour les vers avec une ironique magnificence ; non, c'était un être vivant, un soldat allant trouver son Dieu dans le drapeau de sa patrie.

Ainsi, des deux généraux en chef qui avaient commencé cette guerre à la tête de deux armées, l'un était mort, l'autre avait déposé son commandement. Les funérailles que je viens de raconter eurent lieu à l'instant même où le général Canrobert, rentré volontairement au sein de l'armée, poursuivait la tâche de tous, dans ce qu'elle avait de plus rude et de plus laborieux. Bientôt l'ancien commandant en chef de l'armée française devait quitter cette terre, où le premier il avait planté notre drapeau, qui avait reçu le sang de ses veines sur deux champs de bataille, à laquelle il était attaché enfin par tout ce qui peut unir un homme de guerre et une contrée.

XV

Le général Canrobert a dit quelquefois : « Je suis comme Moïse ; si je n'ai point pu entrer dans la terre promise, il m'a été permis de la contempler. » Dans les dernières gardes de tranchées, il la voyait de près en effet, cette terre promise à notre gloire. Nos travaux avaient été poussés avec tant de vigueur, que sur certains points, lorsqu'on mettait l'œil à un créneau, on avait le regard noyé dans l'ombre de la tour Malakof. On semblait presque toucher l'apparition irritante qui devait un jour s'évanouir au contact de notre drapeau.

Dans une de ses excursions aux extrêmes limites de nos attaques, le général Canrobert, une après-midi, passait à un endroit où quelques soldats lui dirent : « Mon général, on ne passe pas ! » Aux questions du général étonné sur le sens de ces paroles, les soldats finirent par lui répondre : « C'est le feu des tirailleurs russes qui empêche de passer par là. Le chemin a été ouvert cette nuit ; on n'a pu le couvrir encore ; un officier a voulu le traverser tout à l'heure, il a été tué. » Il arriva ce que de semblables explications devaient amener : le général Canrobert entra dans le chemin. Je me rappelais, en le suivant, les chasses princières où l'on fait passer le gibier devant les tireurs commodément établis ; mais ce chemin n'était pas d'une trop fâcheuse longueur, et les balles que lancent les armes de précision sont souvent aussi capricieuses que leurs aînées, les balles des anciens fusils. Au bout d'un instant, nous avions traversé l'essaim des abeilles de fer déchaînées autour de nous, et nous rentrions dans la tranchée, abri d'une sécurité tempérée qui devenait un foyer hospitalier au sortir de ces lieux. Malheureusement une triste nouvelle nous y attendait. L'officier tué sur cette route dont on voulait écarter le général Canrobert, c'était Romieu, vaillant jeune homme qui avait jeté hardiment aux échos des champs de bataille un nom souvent répété par d'autres échos. Romieu avait été un de ces volontaires de la garde mobile qui épousèrent sérieusement la condition à laquelle ils s'étaient fiancés dans une heure d'enthousiasme. Je le retrouvai un jour dans la galerie d'une maison arabe que l'on avait transformée en ambulance. C'était en Afrique, à Laghouat. Il avait reçu une blessure sous le ciel du désert. Maintenant je le retrouvais une dernière fois, mort sous le ciel de la Crimée.

Ce souvenir est mon dernier souvenir de tranchée. Un matin j'appris que le général Canrobert avait reçu l'ordre de retourner en France. J'appris également que le général m'emmenait. Dès longtemps, mes spahis étaient retournés en Afrique; mon régiment était répandu dans la province de Constantine, qu'il n'avait jamais quittée : c'était là que je comptais retourner à mon tour après avoir passé quelques instants dans mon pays. Mes destinées en avaient décidé autrement, et, sans le savoir, j'adressais à la Crimée de courts adieux. Ils furent tristes cependant, ces adieux, car ce n'est pas impunément que l'on abandonne une œuvre où l'on avait mis toutes les forces de son âme. Puis les compagnons que je laissais sur ces rives pleines de périls, devais-je les revoir? Évidemment il ne me resterait d'un grand nombre d'entre eux que le sourire affectueux dont ils saluaient mon départ, et qui allait dès ce moment prendre place parmi les reliques de mon cœur. Si de pareilles émotions m'agitaient dans ma situation obscure, on peut s'imaginer de quelles pensées était assailli l'homme qui avait été le chef de la grande famille dont il se séparait.

La veille de son départ, le général Canrobert avait passé sa division en revue. Contrairement à ses habitudes, il ne s'était arrêté devant aucun soldat. On sentait qu'il avait hâte d'en finir avec une douloureuse épreuve. Le morne chagrin dont il était entouré pesait sur lui. Le jour même où il partit, tous les chefs de corps, tous les officiers que les travaux du siége laissaient disponibles avaient voulu lui faire cortége jusqu'au port. Bien des regards étaient humides de larmes, parmi les regards qui s'attachaient sur lui, au moment où il s'éloigna de cette terre encore sillonnée de ces boulets qu'il avait bravés tant de fois. Le général Pélissier l'accompagna jusqu'au navire où il s'embarquait. Là il embrassa dans son successeur tous ceux qu'il quittait. Bientôt nous reprenions à travers les mers la route de la France ; mais la patrie elle-même, à l'horizon, cette patrie calme et radieuse, couronnée de ses grâces souriantes, n'était pas une assez puissante apparition pour nous faire oublier l'autre patrie, à la sanglante couronne, que nous laissions derrière nous.

Ce qui est resté dans mon esprit de ce nouveau voyage à travers des régions déjà parcourues, c'est un incident assez curieux de notre passage à Constantinople. En arrivant dans cette ville, où il devait s'arrêter quelques heures, le général Canrobert voulut rendre visite au sultan. Le Grand-Seigneur, lui dit-on, n'était point dans son palais, mais dans une sorte de pavillon attenant, je crois, à une mosquée où il se rendait quelquefois pendant le jour. Le général se fit conduire à ce pavillon. Il pénètre au milieu d'une cour entourée d'une grille derrière laquelle stationnait une foule à la recherche des spectacles comme la foule de tous les pays. Il demande à voir le sultan. Un gros vizir à barbe grise, d'une physionomie joyeuse, contenant avec peine son embonpoint dans une redingote étriquée, lui répond que Sa Hautesse est à table, et qu'il est interdit à qui que ce soit de la déranger ; mais pendant ce colloque une pâle figure paraît à la fenêtre du pavillon ; le sultan est venu regarder ce qui se passait dans sa cour. Le voilà soudain qui descend et qui s'avance au-devant du général Canrobert d'un pas précipité. Je puis alors contempler de près le souverain de ce vieux monde musulman, si puissant autrefois sous ces voiles mystérieux et splendides qui ont tant perdu aujourd'hui de leur splendeur et de leur mystère.

Le sultan est jeune encore ; il a un visage doux, un sourire gracieux et triste, une voix un peu faible, dont des oreilles respectueuses sont accoutumées, on le sent, à recueillir pieusement les moindres murmures. Ses vêtements sont ceux de tous les Turcs. Son fez n'a point d'ornement ; sa redingote, noire et droite, est un peu large. Ne serait-il pas resté un seul rayon des magnificences orientales chez le descendant de tous ces éblouissants fantômes qu'on ne peut évoquer sans être aveuglé par un éclat de pierreries ? C'était ce que je me demandais quand, en regardant avec soin la rare apparition dont me gratifiait le hasard, j'aperçus entre les mains de ce souverain, si modestement vêtu, un tissu d'une merveilleuse finesse et d'une singulière blancheur. Dans un coin de ce tissu se détachait une fleur délicate et étincelante, brodée avec ces soies de l'Orient qui ont gardé des couleurs inconnues à nos contrées. C'était son mouchoir que chiffonnait le sultan, ce célèbre et poétique mouchoir qui rappelle tant d'amoureuses légendes. Tout le luxe des pays musulmans, toute la splendeur où s'épanouissait la race d'Aroun-al-Raschid, s'étaient réfugiés dans cette petite fleur. Aussi j'en ai gardé le souvenir, et je la vois à demi cachée, comme prête à disparaître, entre les plis de ce tissu que froissaient des doigts distraits, toutes les fois que je viens à songer au maître noir vêtu des rivages éclatants du Bosphore.

J'étais en France depuis quelques semaines, quand j'appris que j'étais envoyé, par avancement, dans un des régiments de chasseurs d'Afrique qui faisaient la guerre en Crimée. Je partis de nouveau : en arrivant à Marseille, je trouvai M. de la Tour du Pin, mourant des suites d'une blessure qu'il avait reçue pendant mon absence. On avait pu le transporter en France, où il expirait entouré de tous ceux qui avaient partagé, avec l'honneur et le drapeau, la meilleure part de son cœur. La Providence me permettait de lui serrer encore une fois la main. Ce fut après avoir reçu cette dernière étreinte que je retournai suivre au delà des mers cette destinée du soldat, semblable à la vision d'Hamlet, spectre impérieux, auquel on obéit avec une fiévreuse ardeur, sans savoir dans quels lieux il vous entraîne et quel visage il vous montrera.

Ce second départ pour la Crimée n'était point pour moi la même fête que ma première course vers ces rives où s'étaient passés tant d'événements. En retournant vers cette contrée que j'avais abordée autrefois, entouré d'un si joyeux essaim d'espérances, j'avais pour compagnes de voyage maintes tristesses auxquelles je n'avais pas songé. Qu'était devenue cette guerre que j'avais été forcé d'interrompre? Elle avait été, comme toujours, brillante et glorieuse, je le savais bien ; mais ce n'est pas vainement qu'on s'éloigne des êtres ou des choses. J'allais lui retrouver comme un visage changé, comme une physionomie nouvelle et inconnue. Puis ce pays où l'on vivait et où l'on mourait si vite, combien me rendrait-il de mes amis, et comment me les rendrait-il? Le lit de mort que je quittais à Marseille ne me donnait que trop le droit de me livrer à ces pensées. Pour retrouver l'hôte de ma tente, le meilleur compagnon de ma vie, ce n'est point au milieu des mers, ce n'est point vers aucune contrée de ce monde qu'il aurait fallu m'élancer.

XVI

Quand je mis le pied pour la seconde fois sur les rivages de la Crimée, je compris en effet que je m'avançais dans un pays où un acte immense venait de se consommer. Sébastopol n'était plus qu'un amas de ruines. Cette tour Malakof que j'avais laissée debout et menaçante, fière de son dernier succès contre nos armes, était tombée. Toute œuvre humaine, quand elle est accomplie, exhale un parfum de tristesse qui est un des plus étranges mystères de ce monde. Plus l'œuvre est vaste, plus profonde et plus pénétrante est cette tristesse.

Voilà les pensées qui se levèrent dans mon esprit à ce moment de mon existence. J'ai l'habitude de m'interroger avec sévérité et, je l'espère, de me juger avec justice. Peut-être n'aurais-je point senti se dresser dans mon cœur cette chaire funèbre, où retentissait une éloquence désenchantée, si mes destins ne m'avaient point éloigné de l'entreprise qui s'était achevée loin de mes yeux. Ce qui est certain, c'est que chacun de mes pas sur ce sol où je ne pensais plus marcher éveillait pour moi un pénible souvenir. En prêtant une oreille attentive aux bruits lointains dont résonnait la campagne désolée qui s'étend entre Kamiesch et Sébastopol, je reconnaissais bien encore la voix du canon ; mais ce n'était plus le canon des ardentes luttes, de la bataille passionnée et haletante, dont j'avais emporté l'accent. De la forteresse isolée où on les avait relégués, les Russes continuaient à nous envoyer quelques boulets. Ils tiraient sur les soldats qui, pour alimenter le feu du bivouac, allaient arracher les poutres des maisons en ruines. Leurs projectiles égarés, vaine consolation de leurs revers, écrasaient les derniers débris de leurs toits, et faisaient éclater dans leurs cimetières jusqu'aux pierres de leurs tombes.

Je vis encore tomber la neige et s'épanouir la verdure dans cette contrée où j'avais déjà vu le ciel et la terre changer bien souvent de robe et d'humeur. Je pourrais raconter ma vie sous la nouvelle tente qui abrita mes songeries, je ne l'essayerai point. Notre existence à chacun est semblable à un cours d'eau, pour me servir d'une comparaison biblique, non point seulement parce qu'elle va se perdre en des lieux inconnus, mais parce qu'elle réfléchit toutes les figures près de qui Dieu la fait passer. Celui dont la vie n'est qu'un ruisseau peut réfléchir d'immenses images. Qu'il montre son humble miroir au moment où les grands reflets s'y projettent ; qu'il le cache quand ces reflets ont disparu. Voilà ce que je me suis dit en commençant ce récit, et voilà pourquoi je ne demanderai plus à la Crimée que de me fournir deux tableaux.

Je commandais un jour un détachement de chasseurs d'Afrique qui montaient la garde chez le général de Salles. Successeur du général Pélissier aux attaques de gauche, le général de Salles avait dirigé le 8 septembre les efforts héroïques qui furent tentés contre d'insurmontables obstacles. L'envie lui prit, par une belle matinée d'hiver, d'aller voir en détail tous les lieux témoins d'une action immortelle, depuis ce bastion du Mât, devant lequel le siége était né, jusqu'à cette tour Malakof, où il avait si glorieusement fini. J'accompagnai le général dans cette excursion. Plus d'une fois déjà j'avais erré dans Sébastopol; mais jamais je n'avais aussi complétement embrassé l'ensemble de ces imposantes ruines. Cette ville que je retrouvais dans mon souvenir sous tant d'aspects variés et vivants, qui m'était apparue d'abord, à la fin d'une journée d'octobre, calme, silencieuse et comme endormie, reposant son front paisible dans la clarté du soleil couchant, puis que j'avais vue ensuite tant de fois violente, irritée, furieuse, élevant sa tête embrasée dans un ciel que ses colères remplissaient d'éclairs et de bruits, maintenant je la voyais morte, et morte d'une mort si violente, que son cadavre était déformé. Sauf deux ou trois édifices restés debout, et cependant terribles à voir, rappelant ces blessés qui, par un effort surhumain, conservent encore l'attitude et l'expression de la vie à leur chair sanglante et mutilée, Sébastopol n'offrait plus aux regards qu'une réunion confuse de décombres. Pressées les unes contre les autres dans un vaste espace, ces pierres, arrachées de leurs assises, dépouillées de leur ciment, ayant perdu toute trace des formes que les hommes leur avaient données, ressemblaient à une sorte d'océan à la fois houleux et immobile, à des vagues pétrifiées soudain, par une volonté toute-puissante, au milieu de leurs fureurs. Voilà ce qu'étaient les ruines des maisons. Pourrais-je dire ce qu'étaient les ruines des forteresses? Je veux seulement parler de Malakof. Sur la plate-forme où cette tour s'était effondrée, les débris qui dominaient, c'étaient des débris de fer. Éclats de bombes épais et larges pareils aux fragments d'une sphère, éclats d'obus minces et menus, cruelles miettes d'un fatal banquet, sombres boulets avec des taches de sang; balles rondes, balles pointues, toute la pluie homicide que répand la guerre de notre temps, les jours où elle ouvre ses réservoirs, couvrait encore ce coin de terre. Je descendis de cheval et je visitai avec soin ce théâtre restreint d'une action si puissante. Mon esprit n'avait pas besoin d'un grand effort pour retrouver dans tous ses détails la scène que ces lieux avaient vue. Chaque madrier abattu, chaque fascine arrachée, me racontait ce qui s'était passé. Je retrouvais l'étreinte brûlante de cette tour gorgée de canons, et de la trombe humaine qui était venue s'abattre sur elle. C'était là ce que me montraient mes yeux. Maintenant, pour retrouver la puissance cachée qui avait lancé cette trombe et l'avait faite invincible, je songeais à notre armée, dont je cherchais le souffle en mon cœur.

La dernière fois que je vis Sébastopol, ce fut au printemps, presque à l'entrée de l'été. Depuis quelques semaines, nous connaissions la conclusion de la paix, et nombre de troupes déjà étaient rentrées en France. Sur le point de quitter à mon tour cette terre où j'étais arrivé parmi les premiers, je voulus adresser un adieu suprême à la ville dont mon esprit s'était si souvent inquiété. Cette fois je partis seul pour l'excursion où ma fantaisie m'entraînait. Je trouvai à ces ruines un aspect sous lequel je ne les avais pas vues encore. Le printemps, qui, semblable à la jeunesse, joue avec toutes les afflictions et toutes les majestés, avait paré ces débris d'un charme inattendu de verdure. Un grand nombre de ces maisons, maintenant gisantes sur le sol, possédaient autrefois des jardins où quelques arbustes avaient été épargnés.

Ces arbustes avaient fleuri dans le deuil de leurs anciens asiles, et les voilà qui, élevant leurs têtes entre des décombres, parfumaient de leurs chevelures la cité couchée sur son lit funèbre. J'étais entré dans la ville par un cimetière où je m'étais longtemps arrêté. Voisin d'un bastion célèbre, ce cimetière avait été le théâtre d'une lutte acharnée ; pas une seule de ses tombes qui ne portât les stigmates de ce combat. Une chapelle peinte de couleurs claires, à la manière orientale, se tenait droite et solitaire parmi ces sépulcres suppliciés dont elle semblait la mère douloureuse ; cette église aussi avait cruellement souffert : à l'extérieur, elle montrait d'immenses plaies, et son intérieur, où je pénétrai, était rempli d'une tristesse navrante. Aucun signe sacré ne rayonnait plus dans ce sanctuaire. Sur des murailles nues, où s'étaient appuyées des mains sanglantes, au lieu de ces figures, semblables, sur leurs fonds étincelants, à des âmes dans l'extase dorée de la prière, on voyait des inscriptions soldatesques, des noms obscurs tracés avec la pointe d'une baïonnette, de bizarres dessins à la craie, enfin les outrages dérisoires dont le destin accompagne presque toujours ses rigueurs ; mais autour de ce temple dévasté régnait, dans toute sa puissance, cette grâce printanière dont je parlais à l'instant. Une herbe émue frémissait aux fentes des tombes, et les plantes grimpantes, ces bras aimants et mystérieux de la nature, commençaient à serrer les murs déchirés de la chapelle dans leurs vigoureux enlacements.

J'avais envie de visiter depuis longtemps dans Sébastopol une des rares maisons qui avaient survécu à l'assaut. La maison que je voulais voir était un assez vaste édifice d'une physionomie agréable et régulière, dont les murs blancs étaient surmontés par un de ces toits vert tendre chers au goût moscovite. On l'avait affectée, depuis notre victoire, à diverses destinations, et l'une des salles servait aux séances d'un conseil de guerre. J'étais entré dans cette grande pièce, meublée de ces bancs en bois luisant qui décorent toute enceinte où se rend la justice, et que je ne puis jamais regarder sans songer aux pauvres hères qui me semblent y avoir laissé comme les traces d'une sueur douloureuse. Soudain cette chambre déserte se remplit d'une singulière obscurité. Je m'approchai de la fenêtre, et je m'aperçus qu'un orage fondait sur la ville, un de ce ces orages de printemps, rapides, passagers, mais violents, qui s'abattent tout à coup sur la terre, la couvrent d'une ombre sinistre, mais s'évanouissent au bout d'un instant dans un ciel rafraîchi et parfumé. Je m'accoudai sur la croisée dont je m'étais approché, regardant les jeux de la tempête au milieu d'une ville en ruines, et attendant pour sortir de mon gîte que ses sombres ébats fussent terminés. Un léger bruit, à quelques pas de moi, me fit tourner la tête; j'aperçus, sur le seuil d'une porte qui venait de s'ouvrir, un homme grand, au visage sérieux, tenant un bâton à la main et vêtu de cette longue capote grise que portent les officiers russes. C'était un officier russe en effet qui se montrait à mes yeux. Cet ancien habitant de Sébastopol, à la faveur de la paix nouvellement conclue, était venu visiter les lieux où sa cause avait noblement succombé. L'orage l'avait surpris à travers ces chemins autrefois des rues, des rues bordées de maisons connues de ses yeux, peut-être de son cœur, aujourd'hui devenues des sillons dans un champ de pierres. Il était entré, pour se mettre à l'abri, dans la seule demeure qui près de lui fût encore debout. Il s'y présentait avec une dignité modeste et triste. Il me demanda en français s'il lui était permis de pénétrer dans la pièce où ma promenade m'avait conduit. L'accent et les traits de ce pèlerin, errant sur le sol dévasté de son pays, restera au fond de ma mémoire. J'ai eu là une de ces visions qu'on n'oublie point : les années peuvent venir, elles n'empêcheront pas que dans cette image, enfumée et jaunie comme la toile des vieux maîtres, une émotion puissante, l'émotion même de la vie, ne réside toujours.

Dieu nous préserve de souffrir jamais dans notre patrie. Nous ignorons bien souvent quel lien nous attache à cet être fait de ciel, d'âme et de terre. Beaucoup de gens croient leur cœur un rocher à l'endroit d'émotions qui leur semblent vaines, exagérées ou factices. Que ce rocher soit touché soudain par la baguette de quelque grand événement, d'une joie ou d'une douleur publique, ils comprendront quelle source vient d'en jaillir, aux larmes chaudes qu'ils sentiront dans leurs yeux. A mon second retour de Crimée, je retrouvai la France avec bonheur. Cette fois ma joie n'était plus empoisonnée par la pensée de ce qui se passait loin de moi. Malgré toutes les clartés lointaines dont mon cerveau était rempli, jamais je n'avais trouvé tant de charme à l'air que je respirais de nouveau. J'ai dit sur la Crimée tout ce que je m'étais proposé de dire. C'est vers ce pays que notre gloire guerrière s'est élancée, quand elle a brisé la pierre du sépulcre où on la croyait ensevelie. Maintenant c'est sous le ciel italien que nous allons retrouver le divin fantôme.

IV

LA GUERRE D'ITALIE

I

Entre la campagne de Crimée et la guerre dont je veux parler aujourd'hui, il y a toute la différence d'un hiver russe à un été italien. Autant l'action est lente et se traîne sur un sombre théâtre dans le drame qui se joue devant Sébastopol, autant, dans le drame qui commence à Magenta pour finir à Solférino, l'action est rapide et se promène à travers toutes les natures d'enchantement. En Crimée, le soldat a subi à la même place deux hivers, des maladies sans nombre et le feu d'une bataille démesurée, empourprant éternellement de ses clartés les mêmes horizons; en Italie, il a traversé, pendant une saison éblouissante, des villes que pavoisaient les peuples et des champs que pavoisait le printemps. Aussi cette guerre italienne m'apparaît-elle déjà comme une vision; plus je m'en éloignerai, plus elle prendra pour moi ces formes de rêve. Essayons donc de la peindre pendant qu'elle se balance encore dans la vive lumière des récents souvenirs, et que l'on peut respirer dans l'air le parfum, déjà bien adouci, des fleurs qu'elle secoue de sa robe ensanglantée avec une profusion si bizarre.

Ma situation militaire au moment où commença la guerre d'Italie permit au maréchal Canrobert de me prendre encore une fois auprès de lui comme officier d'ordonnance. Je reçus l'ordre de mon départ dans les derniers jours d'avril. Je traversai rapidement la France, toute frémissante de cette émotion enthousiaste, qu'elle s'étonne elle-même de toujours trouver en elle aussitôt qu'elle voit debout, et lui faisant signe, les guerres mêmes qu'elles n'a point appelées. Depuis Paris jusqu'à notre frontière des Alpes, je rencontrai sans cesse ces regards qui nous payent d'avance de toutes les blessures que nous pourrons recevoir, ces regards qui se réunissent tous pour en former un seul, que chaque soldat emporte dans son cœur, le regard de la patrie. Étrange chose! il n'y a point de générations qui ne vieillissent, il y a même des générations qui naissent vieilles; que d'âmes désespérées adressent continuellement à la jeunesse le mot de Brutus à la vertu! Où trouver, s'écrie-t-on sans cesse, l'être désigné par ce divin nom, qui signifie le dévouement, la chaleur, la foi avec sa grandeur et ses grâces, c'est-à-dire la prescience de l'avenir et toutes les saintes crédulités? où le trouver? Eh bien, il est auprès de nous, il nous enserre, et, pour me servir sans peur d'une expression surannée, c'est cet antique pays de France. Là brûle un feu sacré, dévorant bien souvent ceux qui le gardent, mais ne s'éteignant jamais, Dieu merci! Chacun de nous peut pleurer sa force brisée, ses illusions disparues, être ou se croire vieux tout à son aise. Heureusement notre mère est jeune, même d'une bouillante et prodigue jeunesse, qui, au service de ses désirs et de ses rêves, de ses pitiés et de ses colères, garde un trésor inépuisable de sang dont elle fait pleuvoir les gouttes brûlantes sur le monde entier.

J'arrivai en chemin de fer jusqu'aux Alpes. Tout un régiment d'infanterie avait pris place dans le convoi qui m'emportait. Envoyé en avant par le maréchal Canrobert, je reçus l'hospitalité dans un wagon d'une bande de jeunes officiers, tous impatients de lire cette première page du roman de la guerre, qui ressemble, par son ardent et mystérieux attrait, à la première page d'un autre roman. Sur les rails, qui obéissent parfois aux caprices d'une nature violente aussitôt que l'on pénètre en Savoie, et se mettent à suivre les aspérités d'un terrain montueux, notre convoi, chargé d'hommes, de chevaux et d'armes, prit d'orageuses allures. Notre wagon s'abandonna peu à peu à des balancements de chaloupe brusquement interrompus par des temps d'arrêt qui nous heurtaient les uns contre les autres. A chacun de ces chocs imprévus, des exclamations joyeuses sortaient de la bouche d'un de mes voisins, bouche ombragée d'une moustache dont chaque poil appartenait encore à l'heureuse famille des poils follets. « A la bonne heure ! tant mieux ! allons donc ! si nous pouvions avoir quelque accident ! répétait ce gai compagnon; je veux goûter de tous les dangers ! » Je ne sais pas si quelque balle a brisé la tête blonde où petillait cette verve guerrière; je me la rappelle avec plaisir : tous les périls étaient pour ce généreux enfant comme toutes les femmes pour Chérubin; il n'aurait pas plus dédaigné un accident en chemin de fer que la vieille Marceline.

Les hasards de ma vie ne m'avaient pas encore conduit en Savoie. Depuis longtemps, j'ai remis à la

guerre le soin d'ordonner mes voyages. C'est un
guide qui me plaît, dont la fantaisie a plus d'imprévu
que la mienne n'en saurait jamais avoir. Les paysages
savoyards m'ont ravi. Ils étaient d'ailleurs remplis, en
ces heures rapides, d'une émotion inaccoutumée.
Dans les sentiers les plus écartés, aucun paysan qui,
en voyant de loin l'uniforme français aux portières
des wagons, ne se mît à nous adresser des signes enthousiastes. A chaque station, nous avions reçu des
aubades, et nous avions eu les oreilles assourdies par
ces énergiques *vivat* qui produisent toujours sur le
cœur une sorte d'ébranlement, comme les clairons et
les tambours, n'importe pour quelle cause ils résonnent. J'avise tout à coup dans une campagne solitaire,
sur un chemin montueux, une charrette à l'aspect
paisible, toute chargée de foin. En regardant cette
image des tranquilles labeurs, mon esprit part en des
rêves champêtres, et je me dis que la vie humaine ne
s'agite point partout dans l'atmosphère fiévreuse où
je respire; mais voilà que soudain de cette charrette
s'élève au milieu du foin une grosse tête surmontée
d'une épaisse chevelure, puis un bras terminé par un
grand chapeau ; la tête et le bras se remuent avec
furie; le chapeau parle avec toute l'éloquence qui
puisse animer un objet de cette espèce. C'est que la
charrette recélait un charretier qui avait vu de loin
nos képis rouges; le patriotisme s'élançait de ces

bottes de foin pour nous acclamer. Nul enthousiasme ne m'a plus frappé que celui de ce charretier savoyard. Ce vieux feutre délabré qu'une main de paysan agitait sous un vaste ciel, au milieu d'un site agreste et désert, était pour moi le signe moins surnaturel à coup sûr, mais tout aussi certain, d'une grande victoire que la croix entrevue par Constantin. Il disait quel feu brûle dans toute son étendue le sol où la France pose le pied quand elle part pour un de ses redoutables voyages.

Le chemin de fer me conduisit à Saint-Jean-de-Maurienne. Là je rompis pour quelques jours avec les inventions des âges modernes, et je poursuivis ma route à cheval. Dans un petit village de la montagne, à Modane, j'eus pour logis un presbytère, où je trouvai une réunion de prêtres qui me donna la plus favorable idée du clergé savoyard. Mon hôte, le curé du lieu, avait un aimable esprit et une gracieuse figure ; il me fit songer au héros d'un grand poëte, puis, l'auteur de *Jocelyn* lui-même serait de mon avis, à une œuvre plus touchante encore et plus idéale que la sienne. Il y avait comme un parfum de l'Évangile dans les humbles détails où mon hôte entrait pour s'occuper de mon bien-être. Je me séparai de ce prêtre comme d'un ami. L'idée chrétienne est la seule région où les amitiés subites aient le droit de naître et d'être parées dès leur naissance d'une grâce immortelle. Le lendemain de mon séjour à Modane, je couchais au pied du Mont-Cenis.

Les montagnes sont couronnées d'une poésie éternelle comme les neiges qui blanchissent leurs sommets. Ce n'est jamais sans émotion que l'on gravit ces mystérieuses hauteurs, dont l'existence, ainsi que celle du désert et de la mer, n'a aucune raison humaine. Il semble toujours qu'on trouvera sur leurs cimes je ne sais quoi de superbe et d'inconnu. Ce je ne sais quoi, on le rencontre souvent en effet au sein de ces âpres solitudes, soit dans le ciel, qu'on voit de plus près, soit dans son cœur, que l'on écoute mieux. Si les montagnes agissent sur nous avec tant de force dans les circonstances habituelles de notre vie, on peut concevoir de quelle puissance elles doivent être armées pour celui qui les aborde à des heures solennelles, tout rempli de ces pensées que l'approche des grands événements rassemble frémissantes et pressées au fond de notre âme.

Je commençai l'ascension du Mont-Cenis au lever du jour. Quand je me mis en route, je marchais dans un air tiède, à travers des arbres parés d'une verdure printanière. Peu à peu je gagnai ces hauteurs où la végétation change d'aspect, où l'on ne rencontre plus que deux espèces d'arbres, quelques chênes isolés, dans des attitudes inspirées et violentes, pareils à des prophètes centenaires travaillés dans le désert par l'esprit de Dieu, et ces grands pins, droits, immobiles et sombres, images d'une résignation lugubre, qui ont l'air de laisser tomber leurs bras en disant : « Tout est consommé. » Je pénétrai enfin dans les régions froides et désertes. J'abordai ce vaste plateau couvert de neige, où l'on est pris d'une soudaine tristesse, où l'on se demande pourquoi tant d'altières magnificences prodiguées à cette montagne qui porte un suaire, où, au contact d'une nature glacée, on s'imagine un instant que le terme de tous les enchantements d'où l'on sort est un baiser sur les lèvres d'une morte. J'éprouvais une sorte de bien-être quand, après avoir descendu les dernières pentes du Mont-Cenis, je m'engageai dans la route de Suse. Je prenais possession de ce champ clos qui depuis tant d'années appartient à nos armes. On dit que l'Italie est notre tombeau ; je ne le crois pas. Si c'est notre tombeau, en tout cas, la pierre en est mal scellée, et nulles sentinelles encore n'ont pu garder le mort qu'il renferme.

Je trouvai le maréchal Canrobert à Suse. Peu d'instants après mon départ, le maréchal quittait Lyon, où je m'étais séparé de lui ; il traversait en quelques heures, avec des chevaux de poste, la route que je mettais trois jours à parcourir, et se rendait à Turin, où l'appelaient les plus urgentes nécessités. La loyauté de la France, qui avait attendu l'invasion du territoire piémontais pour faire avancer ses soldats, pouvait rendre critique notre situation et celle de nos alliés ; une généreuse et hardie résolution venait de prescrire le passage des frontières aux troupes placées le plus près des Alpes. On avait compté avec raison sur l'apparition de notre drapeau pour donner aux Italiens la résolution et la confiance que réclamait cette heure décisive ; mais il ne fallait point que ce drapeau subît un échec, et tandis que nos bataillons s'embarquaient pour Gênes et descendaient du sommet des Alpes, l'armée autrichienne tout entière avait franchi le Tessin, et, par une marche rapide, elle pouvait mettre Turin en danger.

Commandant alors en chef les premières troupes qui pénétraient en Italie, le maréchal Canrobert s'était dirigé en toute hâte vers cette capitale menacée avec le général Niel et le général Frossard. Après une visite à la Dora-Baltea, qu'un moment il fut question de défendre, il avait décidé l'occupation de Casal et d'Alexandrie. J'ai moins que jamais la pensée d'écrire une œuvre stratégique, mais je ne saurais passer sous silence ce mouvement, qui étonna les Autrichiens et favorisa si puissamment la concentration de notre armée. Pour comprendre d'ailleurs même les plus infimes détails d'un tableau, il faut qu'on en connaisse les grandes lignes.

Je trouvai donc le maréchal Canrobert à Suse, établi au palais épiscopal, qui était devenu notre quartier général. La ville était encombrée de troupes se promenant sous une pluie torrentielle à travers des rues creusées par un large ruisseau, et où d'innombrables gouttières déversaient leurs eaux sur les passants avec un fracas de cascade. Je n'ai vu Suse que sous ce ciel inclément, à travers ce déluge; quand elle me serait apparue à travers le plus gracieux sourire d'un ciel printanier, je ne sais s'il aurait pu m'en rester un bien net et bien vif souvenir. Nous étions livrés, en ces débuts d'une guerre soudaine, à cette maussade activité qui rappelle les insupportables vulgarités des voyages; nous appartenions au chemin de fer : il fallait embarquer hâtivement les hommes, les chevaux, les munitions ; puis nous appartenions encore aux télégraphes électriques, dont les fils s'agitaient sans relâche. Cette double voie ouverte à l'inquiétude humaine, cette ligne de fer sur le sol, cette ligne de fer dans les airs, sont l'organisation de la fièvre universelle. Suse, outre beaucoup d'ennuis, renferma pour nous une tristesse : le général Bouat, en prenant son repas dans une auberge où se pressaient une foule d'officiers, fut frappé d'une mort subite.

Le général Bouat était un chef énergique, qui s'était fait apprécier des soldats en Crimée. Sa mort produisit sur la troupe une impression pénible. Dans ce sort d'un homme renversé par une force invisible à quelques pas de l'ennemi, ne recevant point pour son dernier voyage, sur le seuil d'un champ de bataille, l'aumône d'un morceau de plomb ou de fer, il y avait ce genre de fatalité ironique qui offense si cruellement notre esprit. Au moment même où je quittai Suse, le cercueil qui renfermait les restes du général Bouat était exposé sous les arcades d'une rue pleine de mouvement et de bruit, devant l'auberge où ce vaillant soldat avait trouvé cette misérable mort. Je me disposais à escorter ses dépouilles au cimetière, quand je reçus l'ordre de partir sur-le-champ pour Turin, où le maréchal Canrobert s'était rendu de nouveau il y avait à peine quelques heures. Au lieu de revenir à Suse, comme il le pensait en partant, le maréchal restait à Turin, où sa présence était nécessaire. Je profitai d'un convoi qui emmenait quelques hommes et quelques chevaux appartenant à une batterie d'artillerie, je m'installai dans un wagon avec l'officier chargé de ce transport, et me voilà de nouveau entraîné vers l'inconnu par la force qui fait aujourd'hui marcher les vivants aussi vite que les morts de la ballade.

Dans mon rapide trajet, je retrouvai plus ardent, plus expansif encore l'enthousiasme qui était venu fondre sur nous dès nos premiers pas en Savoie. Malgré les obscurs voyageurs qu'il portait, notre convoi ne pouvait point s'arrêter sans être salué par des populations entières, accourues aux stations. Nous recevions, mon compagnon et moi, les honneurs les plus imprévus et les plus singulièrement en désaccord avec nos épaulettes. Ainsi nos signes désespérés ne purent persuader à une garde nationale rustique, rangée en bataille sur notre passage, de ne pas nous présenter les armes. Quant aux fleurs, elles commençaient leur rôle : ces légers et odorants projectiles, que la mitraille devait remplacer bientôt, pleuvaient sur nous de tous côtés. Les fleurs étaient le langage du patriotisme féminin, patriotisme plein de grâces inattendues et impétueuses, qui, avant le combat, nous versait à grands flots le vin du triomphe. Des mères prenaient leurs enfants dans les bras et poussaient sous nos lèvres des têtes blondes. Il faut bien l'avouer, nous étions attendris tout en nous moquant de notre attendrissement. L'humeur de notre nation est à la fois enthousiaste et sceptique. Le cœur du dernier de nos soldats est fait comme un poëme de lord Byron, avec cette étrange matière formée de la passion et de la raillerie. Que dire enfin? femmes, enfants et fleurs nous conquéraient à notre insu; nous faisions de ces trois éléments une aimable et charmante trinité qui nous représentait toute l'Italie.

J'arrivai à Turin dans la nuit, par un violent orage

qui rendait toutes les rues désertes. Je me fis conduire au palais du roi, où le maréchal Canrobert était installé. Ce fut à la lueur d'un éclair que j'aperçus pour la première fois ce vaste château, qui a quelque chose de guerrier et de claustral. Cette clarté, du reste, convenait merveilleusement à ces pierres et au moment où je les voyais. Le matin même, le roi était parti pour se mettre à la tête de ses troupes. Turin avait vu s'éloigner son souverain avec émotion, et la vieille demeure royale avait un air de veuve, mais de veuve altière. Heureuses de nos jours les royales demeures que les guerres seules forcent à recevoir les adieux de leurs maîtres ! Je passai la nuit presque tout entière près de la chambre du maréchal, dans un grand salon où veillaient avec moi quelques officiers. A chaque instant, la télégraphie électrique nous transmettait une nouvelle dépêche. Souvent le maréchal venait au milieu de nous, consultait ses cartes et prenait les mesures que lui conseillaient les graves intérêts dont il était chargé. Cette guerre faite ainsi la nuit, dans le silence du cabinet, au milieu de ce palais délaissé, avait une émouvante bizarrerie : c'était comme la lutte d'un médecin au chevet d'un malade contre ces ennemis invisibles auxquels s'attaque la science. Quand les dépêches nous laissaient en repos, je m'enfonçais dans un fauteuil, et à travers la fumée de mon cigare je regardais les lieux qui m'entouraient. Dans ce splendide quartier général, je me rappelais les baraques de la Crimée. Je songeais à tous les logis que nous habitons en ce monde, depuis la maison de notre enfance, la première maison, la maison aimée, toute remplie pour nous d'intimes familiarités et de profondes tendresses, jusqu'à ces gîtes imprévus, étranges et parfois cruels, où nous conduit ensuite la vie quand elle prend les allures fantasques du songe.

Évidemment, si dans le cours régulier d'une existence paisible j'avais visité un jour ce palais de Turin, que tant de voyageurs ont regardé déjà et regarderont encore d'un œil indifférent, cette visite m'aurait laissé quelque pâle souvenir que je n'évoquerais pas sans doute de ces régions de notre esprit où s'entassent les ombres des choses passées ; mais ce palais s'est offert à moi dans ces conditions singulières où la guerre place vis-à-vis les uns des autres les êtres de toute nature, soit inanimés, soit vivants, que ses caprices tout-puissants rapprochent. De là les vives images que j'en ai gardées. Ainsi je revois sans cesse cette salle d'armes que je traversai d'un pas hâtif en sortant de table, me repentant des loisirs que je m'accordais. Ces étranges figures dont elle est bordée, ces grands fantômes équestres créés par le génie des panoplies, m'ont bien autrement frappé que si je les avais contemplés, pendant de longues heures, du regard tranquille dont on savoure les richesses d'un musée. Je sentais le souffle des guerres présentes passer à travers ces héroïques armures qui me racontaient les guerres d'autrefois. A l'approche de l'un de ces orages dont elles aimaient jadis les fureurs, toutes ces choses belliqueuses me semblaient frémir comme des arbres prêts à se livrer aux étreintes de la tempête. Je regardai avec une curiosité ardente une cuirasse qui avait appartenu au prince Eugène de Savoie. Les traces de balles qui marquent en maint endroit l'acier damasquiné prouvaient que ce vaillant capitaine pratiquait le métier de soldat. Près de cette cuirasse reposait, sous un verre et sur un coussin de velours, une épée portée autrefois par Napoléon I*er*, une de ces épées délicates et minces que chacun connaît, représentant une pensée plutôt qu'une force matérielle, une épée symbolique, évoquant le génie silencieux qui a dominé les plus grands tumultes de ce monde.

Je dois au palais de Turin un souvenir aussi vivant que celui de sa salle d'armes, c'est le souvenir de son jardin. Dans quelques pages publiées récemment, le plus grand rêveur de notre siècle, le roi de ces songes tristes et splendides qu'a tant aimés une génération déjà vieillie, l'auteur de *René* passe en revue tous les jardins où il a erré. Le fait est que le jardin sera toujours, malgré ce que la poésie du siècle dernier en a voulu faire, une sorte de région mystérieuse où résident des puissances plus humaines et plus émues que les sauvages énergies de la nature. C'est dans un jardin que le premier sourire de la femme dore le premier péché de ce monde; c'est dans un jardin qu'un Dieu, transformé un instant en homme par un miracle de dévouement et d'amour, sent toutes les tristesses humaines envahir son âme, où il découvre le seul infini de cette terre, la douleur. Aussi ai-je toujours eu les jardins en vénération, même avant les moments que j'ai passés dans le jardin de Turin.

Il était environ trois heures; c'était le 2 mai; le maréchal Canrobert, accablé par la fatigue d'un travail incessant, voulut respirer l'air pendant quelques minutes; il se fit ouvrir le jardin qui s'étendait sous les fenêtres des appartements où il résidait. C'était un jardin dessiné de cette simple et large manière dont le dix-septième siècle eut le secret : de longues allées droites et sévères, bordées d'arbres majestueux; aucune de ces grâces théâtrales, nul de ces ornements factices que le goût moderne a introduits dans le royaume même de la verdure et des fleurs. Le château, dont je n'avais vu que confusément encore les murs extérieurs, m'apparut, de ce lieu austère, comme une sorte de couvent qui me fit songer aux grandeurs moroses de l'Escurial. De hautes murailles, offrant une sombre et imposante nudité, étaient percées par des fenêtres garnies de petits carreaux rappelant le treillage des casques. On se sentait regardé par ce morne palais d'un regard de fantôme. Les allées où s'imprimaient nos pas étaient hantées par les mêmes esprits que la salle d'armes ; le passé nous y poursuivait d'un œil semblable à ces yeux qui, du fond des vieux cadres, jettent parfois des troubles si bizarres dans nos cœurs. Le maréchal se reposa sur un banc, je pris place à ses côtés, et nos pensées se mirent, dans le monde invisible, à parcourir les mêmes sentiers. Nous jouissions d'une halte rapide, dans une course sans trêve à travers des sites imprévus et vers des faits ignorés. Le maréchal retrouva tout à coup dans sa mémoire l'apologue de Cynéas à Pyrrhus, qu'il me récita en souriant. Le repos devient pour les âmes guerrières une sorte d'idéal, mais un idéal que l'on tremble de rencontrer, et que l'on se plaît à reléguer dans les clartés indécises d'un jour lointain. Aurions-nous voulu contre ces clartés changer la lumière ardente et les senteurs orageuses que les jours prochains répandaient pour nous sous ces grands arbres? Assurément, je ne le crois pas. Du reste, notre entretien dura peu ; le maréchal fut obligé de regagner bientôt la royale demeure, où il devait reprendre le faix qu'il avait un instant déposé. Ceux qui, dans le drame de la vie, sont chargés des rôles importants n'ont que de biens rares et bien courts moments pour soulever le masque fixé sur leurs traits par la main même des destinées, et rafraîchir leur visage découvert au souffle des régions éternelles. Le privilége des hommes obscurs, c'est le commerce perpétuel qu'il leur est permis d'entretenir avec ces hautes puissances de l'âme qu'on appelle les rêveries. Ces puissances m'ont parlé avec une éloquence particulière dans le jardin de Turin, et voilà pourquoi ce jardin occupe presque autant de place qu'un champ de bataille à travers des récits que ne dictent ni la renommée ni la science, mais que murmurent simplement à voix basse le libre génie de nos songes et la fée capricieuse de nos souvenirs.

II

Le 3 mai, le maréchal Canrobert alla se jeter dans Alexandrie. Les Autrichiens, depuis plusieurs jours, se préparaient au passage du Pô. Nous le savions. Une audacieuse inspiration chez le général qui les commandait pouvait, aux débuts de la guerre, nous créer de graves embarras. Le troisième et le quatrième corps étaient loin d'être réunis. On expédiait de Suse à Alexandrie des troupes qui, malgré toute la rapidité des chemins de fer et le zèle ardent de leurs chefs, mettaient forcément à s'assembler un temps dont l'ennemi pouvait profiter. Les corps du maréchal Baraguay-d'Hilliers et du général Mac-Mahon, qui débarquaient à Gênes, ne pourraient pas s'ébranler pour nous rejoindre avant d'être au complet et de posséder les moyens de tenir la campagne. Le maréchal Canrobert sentait l'importance des heures, qu'il aurait voulu pouvoir pousser comme les hommes. Il se rendit à Alexandrie pour se rapprocher à la fois de Valence, où était le quartier général de l'armée sarde, de Gênes, où débarquaient sans cesse des troupes françaises, et des points menacés par les Autrichiens, dont il fallait épier chaque mouvement.

Alexandrie, malgré le soleil printanier qui l'éclairait dans la matinée où elle m'apparut pour la première fois, avait le triste aspect des forteresses, ces grandes prisons où la guerre, au lieu de prendre son essor comme sur les champs de bataille, s'assied les ailes reployées dans une morne et sombre attitude. Le maréchal fut accueilli dans cette place forte par les généraux piémontais Durando et Fanti, qui l'avertirent que les Autrichiens venaient de passer le grand bras du Pô à Cambio. Le troisième corps se composait de trois divisions commandées par les généraux Renault, Bourbaki et Trochu, le successeur du général Bouat. Trois divisions, commandées par de pareils hommes, auraient pu assurément soutenir les premiers efforts de l'invasion autrichienne; mais la division Bourbaki était seule établie dans Alexandrie, les autres arrivaient. Quelque coup de main heureux de l'ennemi contre le chemin de fer qui nous amenait d'indispensables renforts eût engagé pour nous la lutte dans de rudes conditions. Le premier soin du maréchal fut de visiter soigneusement toutes les fortifications de la place. Une pensée surtout l'inquiétait : maintenir ses communications libres avec Gênes et avec Turin. Il s'occupa tout d'abord de la défense des voies ferrées. Il fit établir sur les remparts de nouvelles batteries, puis indiqua en dehors de la ville des points où l'on pouvait créneler et retrancher des maisons. Il se rendit ensuite au palais d'Alexandrie, que le roi lui avait assigné pour demeure.

Le palais d'Alexandrie ne rappelle en rien celui de Turin. Il a le caractère de la ville où il s'élève. Le luxe en est proscrit, ou plutôt, je crois, n'a jamais songé à y venir. C'est une résidence toute guerrière, renfermant de grandes pièces dégarnies, faites pour prêter un abri passager à une existence hâtive et virile. Cependant les appartements réservés au roi n'ont pas tout à fait la physionomie rigide de la vaste salle où le maréchal installa son état-major. Eh bien, en dépit de sa mine sérieuse, cette salle nue, où chacun de nous, le soir, faisait dresser tour à tour un lit de camp, sur lequel il ne dormait guère, cette chambre à la haute cheminée, aux murailles épaisses, sentant le vieux château et la forteresse, est un gîte dont je me souviens avec un secret plaisir. La cour sur laquelle s'ouvraient nos fenêtres était une scène aussi féconde, aussi variée que celle où se joue le génie de Shakspeare. Paysans, soldats, souverains, j'ai vu dans cette cour tous les personnages de la comédie humaine. Cet homme en haillons, le front pâle, le regard craintif, marchant entre des gens armés, dont les mains violentes s'impriment sur sa misérable veste, c'est un espion. Le pauvre diable a échoué dans une de ces entreprises qui appartiennent tantôt à l'infamie, tantôt à l'héroïsme, mais qui, héroïques ou infâmes, offenseront éternellement le cœur. On le regarde avec cette curiosité mêlée de répugnance qu'inspire le reptile, l'oiseau de nuit, tout ce qui se cache, tout ce qui rampe, tout ce qui redoute le jour. J'aperçois des hommes qui éveillent, eux aussi, une curiosité profonde, mais une curiosité sans aversion, mêlée au contraire d'une sorte de déférence ; ce sont des prisonniers. Voici donc comment sont faits les gens que nous aurons bientôt devant nous. Ceux-ci étaient des Tyroliens surpris, je ne sais trop comment, par une patrouille piémontaise. Ils portaient avec une aisance qui ne manquait pas de grâce des habits d'une étoffe grossière, mais bien taillée. Leurs formes élancées étaient dessinées par cette jaquette de toile grise dont toute l'armée autrichienne est vêtue en campagne. Sur leurs têtes s'inclinait un chapeau coquettement retroussé et surmonté d'une plume noire, le chapeau des chasseurs dans l'opéra de *Freyschütz*. J'éprouve toujours une sympathie involontaire pour les gens que j'ai combattus ou que je vais combattre. La haine ne peut point vivre en compagnie des sentiments que la guerre développe en nous.

Mais il s'élève dans la rue un grand bruit. On entend un tapage de chevaux, des cris enthousiastes ; c'est quelque grand de ce monde qui passe. En effet, je vois entrer sous le portique du palais où les tambours battent aux champs, où le poste vient de prendre les armes, le roi Victor-Emmanuel. Je reconnais ce visage que, sous plus d'un humble toit, des gravures grossières m'ont déjà montré. Voilà cet œil ardent et bienveillant, qui darde un regard droit et hardi au-dessus d'une moustache provocante et comme irritée. Je laisse à d'autres le soin de citer ce prince à ce qu'on nomme le tribunal de l'histoire. Seulement dès aujourd'hui je pense à part moi qu'un souverain à cheval aux heures des périls, fera toujours battre le cœur. M. de Lamartine l'a dit, lui qui pourtant a écrit la *Marseillaise de la Paix*, « le cheval est le piédestal des princes. » Il a écrit ces mots, si je ne me trompe, à propos de ce malheureux roi qui a donné un saint de plus à sa race, mais frappé si cruellement la royauté en la forçant de suivre à pied, humiliée, affaissée, bafouée, cette voie douloureuse dont la Divinité seule peut faire une voie triomphale. Quel sort attend un monarque maintenant à la poursuite de la grande entreprise qui tente et défie de notre temps toutes les monarchies, déployant l'antique bannière de sa maison à des vents qui jusqu'à ce jour n'ont respecté qu'un seul drapeau? Je n'en sais rien; quoi qu'il advienne, je n'oublierai jamais le roi Victor-Emmanuel tel que je l'ai vu la première fois, à cheval, le sabre au côté, respirant librement et joyeusement dans l'air guerrier d'Alexandrie comme dans une atmosphère faite pour ses poumons. Bien d'autres mémoires que la mienne garderont assurément cette image, et dans l'âme des peuples une image est presque toujours un jugement.

Peut-être comprend-on maintenant pourquoi j'aime le palais d'Alexandrie et sa tour carrée, entourée de solides murailles, qui doit ressembler en temps ordinaire au préau d'une prison. Tandis que j'étais occupé des spectacles de toute nature qui venaient me trouver jusque dans ma demeure, les Autrichiens continuaient leurs inquiétantes, mais stériles démonstrations. On apprit une nuit qu'ils s'étaient montrés à Tortone, à quelques lieues de nous. La cavalerie piémontaise résolut de pousser une reconnaissance jusqu'à ce village, où du reste ils n'avaient fait qu'une rapide apparition. Le maréchal m'envoya aux avant-postes, d'où cette reconnaissance devait se mettre en route. Pour accomplir ma mission, je devais traverser le champ de bataille de Marengo. « J'aime ce champ de bataille, où la liberté dansa sur des roses sanglantes sa danse de noces. » Ces paroles sont d'un poëte allemand mort, il y a quelques années, dans notre pays, qu'il aimait avec une tendresse passionnée. Henri Heine a laissé sortir ce cri de son cœur en traversant ces plaines célèbres, où l'avait conduit la fantaisie du voyageur et où le devoir du soldat m'amenait à mon tour. Le champ de bataille de Marengo, au moment où je le traversai, était paré des plus riantes couleurs dont disposent le matin et le printemps. Cette terre où dorment tant de morts à la fois glorieux et oubliés se cachait sous une herbe épaisse dont chaque brin étincelait d'une larme, mais d'une larme féconde et céleste : le soleil n'avait pas encore bu la rosée. Ai-je rencontré sur ce théâtre verdoyant d'une terrible lutte les pensées qu'y salua le poëte dont le nom est revenu à ma mémoire ? Je ne le crois pas. C'est de notre âme après tout que s'échappent ces apparitions qui vont ensuite se poser devant nous, tantôt au pied d'un arbre séculaire, tantôt au pied d'une colonne, et mon âme est hantée par d'autres fantômes que ceux qui peuplaient l'âme d'Henri Heine. Toutefois ces lieux m'ont ému, et j'y ai vu ce que ne pouvait y voir un Allemand, même amoureux de notre pays ; j'y ai vu un objet plus éclatant mille fois que l'herbe humide sur laquelle il brillait, ce voile merveilleux que notre gloire y a laissé et qu'aucune puissance ne pourrait faire disparaître.

La reconnaissance piémontaise qui s'avança jusqu'à Tortone nous apprit que les Autrichiens étaient en retraite. Tandis que l'ennemi s'éloignait sans avoir détruit nos lignes télégraphiques, nos chemins de fer, tous les moyens d'action dont nous avions un si grand besoin, notre concentration s'opérait. Nos communications avec Turin étaient assurées, nos communications avec Gênes régulièrement établies. Nous n'avions plus désormais qu'à tenter ces épreuves abordées par notre armée avec tant de confiance. Les mauvaises heures étaient passées. Me voici arrivé aux faits éclatants ; mais je ne veux pas me séparer d'une époque où j'ai goûté plus d'une fois, malgré bien des tracas extérieurs, les plus précieuses jouissances du recueillement, sans raconter un incident qui se lie à des pensées dont l'expression serait, suivant moi, une profonde initiation à ce que j'appellerai la vie spirituelle en temps de guerre.

Entre une journée de fatigues et une nuit destinée aux veilles, le maréchal Canrobert voulut essayer un soir d'aller au théâtre d'Alexandrie. On nous introduit dans une vaste loge d'où nos regards se promènent sur une salle spacieuse, élégante et bien disposée, comme l'est toute salle de spectacle en Italie; mais cette enceinte lumineuse et parée est littéralement déserte. Toutes les loges ont cet aspect si singulièrement désolé qu'offrent les loges vides. Aucun spectateur n'est assis sur les banquettes du parterre. Nous sommes tout éveillés au milieu d'un rêve familier à ceux qui connaissent dans ses mille détours la cité des songes. Nous voyons autour de nous des lambris dorés, des lumières, tout ce qui est préparé pour les fêtes, tout ce qui attend la foule; mais à la place de la foule règne une solitude qui, dans ces lieux ornés, a quelque chose d'effrayant et d'étrange, comme un cadavre sur un trône. J'étais sous la pénible impression de cette salle vide, quand, au son de quelques violons criant dans ce désert, la toile se leva. On jouait une pièce de Goldoni. J'ai contre Goldoni des préjugés qui datent de loin. Il y a déjà de longues années, au temps de mon enfance, j'essayais de le lire dans de vieux volumes revêtus d'une couverture qui m'attristait : je suis convaincu aujourd'hui que c'était son pâle esprit qui donnait à cette couverture une teinte chagrine, puisque je trouvais quelque chose de vivant et de joyeux à la couverture plus flétrie encore qui habillait le livre jauni où résidait pour moi, à la même époque, le génie de Molière.

On représentait donc devant ces loges veuves et ces banquettes nues une pièce de Goldoni. Alors, tout en écoutant ces lazzis surannés, tout en assistant aux débats de cette gaieté tremblotante et chenue, je sentis tomber sur mon cœur une tristesse pénétrante, et je me dis que la grande mélancolie de la guerre n'était pas assurément là où la plaçaient ceux qui n'ont pas vécu dans l'intimité de cette étrange puissance. Jamais aucun champ de bataille, même le soir, à l'heure où les ombres de la nuit viennent s'ajouter aux ombres éternelles pour peser sur les morts de la journée, jamais un champ de bataille ne m'a semblé aussi lugubre que cette salle de spectacle. Ce n'est point l'événement prévu, le fait dont la pensée depuis longtemps tient en éveil toutes les forces de votre âme, qui vous jette dans ces abîmes où on se laisse choir avec une sorte de volupté : c'est un incident imprévu, c'est la surprise, la surprise, dont l'énergie des gens de guerre doit se défier, comme la vertu des saints. Je vins à penser soudain, au fond de ma loge, à ce qu'il y avait de presque sinistre dans ces jeux d'une muse défunte, regardés à l'extrémité d'une salle déserte par ces êtres appartenant au monde incertain des périls, et devenus déjà choses ténébreuses, pour me servir d'une expression biblique.

Et quand bien même, pensais-je encore, cette salle se peuplerait tout à coup d'une foule bruyante et passionnée; quand, à la place de cette livide comédie, trébuchant sur ses brodequins usés, cette scène me montrerait quelque drame éclatant d'une immortelle jeunesse, mon âme pourrait-elle s'ouvrir à de moins sombres pensées? Non; elle serait en droit au contraire de recéler de plus profondes tristesses, car c'est alors qu'apparaîtrait ce contraste que la guerre, lorsqu'elle se promène en plein pays civilisé, établit entre ceux qu'elle regarde passer et ceux qui suivent ses pas. Deux races séparées par des océans ne sont pas plus distinctes l'une de l'autre que ces deux races vivant côte à côte dans une apparente familiarité. Ces hommes continuent à parler la même langue, mais les mots qui ont un sens pour ceux-ci sont dénués de sens pour ceux-là. Les uns doivent sourire au sentiment que les autres doivent étouffer. Les uns ont le droit de se croire l'avenir, les autres n'ont pas même le droit de se croire le lendemain. Les uns enfin sont les sujets de la vie; les autres, tout en côtoyant les vivants, se sentent les esclaves d'une puissance plus vaguement redoutable que la mort.

Voilà les pensées qui ont peuplé pour moi un instant cette salle sans spectateurs. Ici ou là, j'en suis sûr, en des temps semblables à ceux où j'ai vécu et où j'espère vivre encore, elles se sont offertes à d'autres esprits que le mien; c'est ce qui m'empêche de les passer sous silence. Mais les mêmes pensées se colorent de différentes clartés suivant les différentes dispositions de l'âme, et ce qui m'a inspiré un soir une mélancolie passagère, mêlée d'ailleurs d'un plaisir secret, m'a causé bien souvent des joies intimes et ardentes. Il y a dans cette incertitude du lendemain un charme que les natures les plus grossières savourent; peut-être, après tout, le chagrin dont on est parfois saisi aux heures où l'on se sent glisser à travers cette vie comme un songe n'est-il que la terreur de l'instant où, le péril évanoui, on s'y trouvera de nouveau, créature enchaînée et chose pesante.

Le 14 mai, l'empereur arrivait à Alexandrie. Si, dans le cours ordinaire de la vie, les souverains excitent déjà une curiosité si ardente, on se figure ce que cette curiosité peut devenir aux jours où l'excitation est dans toutes les âmes, où l'on épie un mouvement, un signe de ces événements cachés encore, mais dont chacun sent la présence, que l'on sait debout et prêts à paraître. Alexandrie s'était transformée : une population que je n'avais même point soupçonnée inondait les rues et semblait monter le long des maisons, car fenêtres, balcons, corniches, tout espace où pouvait se blottir un spectateur était envahi ; chaque muraille avait un revêtement humain. Cet immense regard de la foule, où tant de passions réunissent leurs énergies magnétiques, tombait sur le visage de l'empereur, qui s'avançait lentement à cheval, en tenue de guerre, entre deux haies de soldats immobiles. L'air, retentissant d'acclamations, était à chaque instant obscurci par des pluies odorantes ; c'était l'enthousiasme italien qui se répandait en pluie de fleurs. J'ai vu depuis les fêtes de Milan ; malgré leurs magnificences, elles ne m'ont point fait oublier l'entrée dans Alexandrie. Ce qui marquait cette journée, c'était une émotion plus puissante que celle du triomphe, l'émotion du désir et de l'attente ; l'instant où l'on débouche sur un champ de bataille que les boulets n'ont point sillonné encore, voilà l'heure qui sera toujours la plus solennelle dans toute guerre. Que doit-on donc éprouver quand ce champ de bataille est une contrée tout entière, et qu'aux premiers pas on y est salué par l'âme d'une nation ? L'âme du peuple qui saluait le chef armé de la France avec cette reconnaissance exaltée, chacun peut l'apprécier à sa guise, l'aimer ou la haïr, l'accuser ou la défendre : nul n'aurait pu ce jour-là se soustraire à l'action vibrante de ses transports. Il y a tel air trouvé par le génie de notre révolution aux jours où il bouleversait tous les domaines de l'âme et de la matière pour chercher les éléments créateurs de son œuvre, qui bien des fois a enivré d'un charme violent ceux-là mêmes qu'il remplissait de cruels souvenirs. Le magique secret de cet air se retrouvera toujours dans les émotions semblables à celles qui soulevaient Alexandrie. Qu'on les recherche ou qu'on les évite, qu'on les exècre ou qu'on les adore, ces émotions ont des étreintes dont ne s'arrache impunément aucun cœur.

L'empereur, à peine arrivé, dessine ce mouvement sur sa droite, qui fait croire à l'ennemi que nous voulons forcer le passage de Stradella. Le premier corps s'avance jusqu'à Voghera, et le maréchal Canrobert va établir son quartier général à Tortone. J'abandonne Alexandrie avec joie; à cheval, en plein air, je jouis à loisir de ces paysages que jusqu'à ce jour j'ai entrevus d'habitude par la portière des wagons. En marchant sur ces routes bordées de verdure, le long de ces prairies couvertes d'arbres qu'enlace une vigne semblable aux lianes du nouveau monde, je me rappelle un livre dont ma jeunesse fut charmée, le voyage de Goethe en Italie. L'auteur du *Divan*, dans son enthousiasme pour cette contrée où s'épanouissent les deux seules amours de sa grande âme, l'amour de l'art et l'amour de la nature, va jusqu'à louer la chaude poussière dont il traverse les nuages en rêvant.

S'il eût porté un sac et un fusil, comme nos fantassins, à coup sûr voilà un éloge qu'il n'eût point fait; mais je m'associe du reste volontiers aux impressions du poëte allemand, et mieux que jamais je comprends pourquoi nous allons nous battre. Cette nature, dont est née pour la poésie antique l'idée de la Vénus féconde, de la Vénus mère des hommes, n'existe que dans les clartés du soleil. La terre baignée de cette lumière sera éternellement pour les peuples du Nord la mamelle que les enfants cherchent à tâtons dès qu'ils ont jeté leur premier cri en ce monde. Les Tudesques, comme disent les Italiens, donnent en vain à la Germanie le nom de mère. La vraie mère est celle qui nous réchauffe et qui nous berce sur son sein.

En commençant ces marches que plus d'un combat interrompra, que n'achèveront point nombre d'entre nous, je me rappelle aussi un proverbe que j'ai cité déjà : *l'Italie, tombeau des Français.* Ce proverbe, qui me revient au moment même où je côtoie de nouveau ces plaines de Marengo dont je parlais tout à l'heure, s'offre à mon esprit cette fois tout rempli d'une douceur singulière. J'ai vu en Turquie, dans une vaste salle où glissaient les derviches tourneurs, une tombe souriante, faite d'une marbre rose et délicat. C'était dans cette tombe que le chef des derviches devait être enseveli. Suivant un usage traditionnel, il venait se livrer aux exercices de sa communauté devant ce sépulcre qu'effleurait parfois le mouvement de sa danse extatique. Voilà qu'un caprice de mes souvenirs me fait songer à ce mausolée ottoman. L'Italie est cette tombe rose près de laquelle nous ramène souvent une danse comme celle des derviches, mystérieuse, entraînante et sacrée.

Nous arrivons à Tortone, qui est un gros village, presque une ville. Nous habitons dans une rue sombre une vaste maison un peu triste, mais qui ne me déplaît point, une de ces maisons où se cache le génie intime et rêveur de la province. Un jardin avec d'étroites allées, quelques fleurs communes, une herbe capricieuse, poussant çà et là dans l'indépendance de tout jardinier ; une sorte de grand hangar, à la fois remise et vestibule, où aboutit un escalier rustique qui conduit aux appartements du premier ? voilà notre demeure de Tortone. Nous prenons nos repas au rez-de-chaussée, dans une salle basse donnant sur le jardin. Le soir, à l'heure du dîner, la musique des régiments de ligne vient se faire entendre sous les fenêtres de notre salle à manger. J'en demande pardon aux grands maîtres qui ont fait dans le monde des sons tant de rares et précieuses conquêtes; mais les airs communs ressemblent aux fleurs communes, ils ont un charme qu'on est obligé de subir. Dans la vie guerrière, ce sont les seuls qui répandent dans les cœurs une gaieté salutaire ou une mélancolie inoffensive. Notre musique militaire à Tortone m'a laissé des souvenirs qui s'accordent avec ceux du jardin où elle résonnait. Ses accents ne rappelaient guère l'harmonie qui, dans un drame de Shakspeare, arrache au prince d'un de ces splendides et fantastiques pays créés par le génie du poëte anglais des cris d'une volupté douloureuse. Ils ne s'étaient point chargés d'une mystérieuse et fébrile tendresse en passant sur un parterre de violettes délicates où une fille de roi pourrait se choisir un bouquet; ils avaient tout simplement l'éclat, la fraîcheur, la santé des vives et fortes roses entre lesquelles ils étaient nés.

Nous étions à Tortone depuis trois jours, quand le canon se fit entendre une après-midi dans la direction de Voghera. A l'instant où ce bruit retentit, le maréchal Canrobert était à Ponte-Curone, village situé entre Voghera et Tortone, où le maréchal Baraguay-d'Hilliers avait son quartier-général : le maréchal Baraguay-d'Hilliers lui apprit que cette canonnade était le résultat d'une rencontre entre les Autrichiens, qui depuis quelques jours poussaient des reconnaissances offensives dont il était las, et le général Forey, qu'il avait envoyé pour mettre fin à ces démonstrations. Le général Forey livrait en ce moment, près de Casteggio, en avant de Voghera, ce combat qui a pris le nom de combat de Montebello. Tandis que le maréchal Canrobert s'entretenait avec le maréchal Baraguay-d'Hilliers, j'écoutais, dans une grande pièce où se tenaient quelques officiers, ce canon que pour la première fois j'entendais en Italie. Malgré ce qu'elle a de lugubre, avec ce je ne sais quoi de voilé et d'amplifié en même temps que lui donne la distance, cette voix du canon nous réjouissait; elle nous disait que les heures attendues étaient enfin arrivées, qu'une nouvelle guerre faisait son entrée dans le monde, signalée, nous n'en doutions point, par une nouvelle victoire pour nos armes. C'était le 20 mai, sur une terre en pleine floraison, qu'avait lieu ce premier combat. Les boulets déchiraient la robe du printemps, toutefois sans offenser ses charmes; car, je le répète souvent, parce que je l'ai éprouvé sans cesse, rien qui soit dans un accord plus harmonieux que les attraits d'une belle contrée et les émotions de la guerre. Ce sont ces émotions-là qui gagnent, plus encore que cette musique dont parle Shakspeare, à passer au-dessus de la verdure et des fleurs.

Le 21 mai dans la nuit, le maréchal Canrobert recevait l'ordre de quitter Tortone et d'aller remplacer à Ponte-Curone le maréchal Baraguay-d'Hilliers, qui allait, lui, établir son quartier général à Voghera. Cette ville, située tout près du lieu où s'était passée l'action de la veille, offrait, le 21 mai au matin, un spectacle attendrissant et radieux. Ce spectacle, je pus en jouir, car, avant de s'installer à Ponte-Curone, le maréchal Canrobert voulut aller lui-même visiter le nouveau quartier général du premier corps. Les rues de Voghera, riantes, spacieuses, bien percées, ouvertes de tous côtés à la lumière d'un beau ciel, étaient animées d'une vie passionnée, se traduisant par cet éclat fébrile dont se revêtent les cités après une victoire remportée sous leurs murs ou dans leur sein. Toutes les maisons étaient pavoisées, et avec leurs boutonnières enrubanées, leurs chapeaux à cocarde, les habitants eux-mêmes semblaient pavoisés comme leurs toits. Un général ne pouvait se montrer, une troupe en armes ne pouvait faire un pas, sans soulever un ouragan de cris enthousiastes. Cette joie violente qui agitait la foule avait pour sœur une joie plus émouvante encore, la joie recueillie et réservée de nos soldats. Les combattants de Montebello avaient sur leurs traits cette étrange empreinte que laisse sur les visages la première journée de poudre : c'est comme la trace d'un bonheur que l'on porte en soi et que l'on savoure secrètement. Réunissez dans un même groupe, au commencement d'une guerre, ceux qui n'ont pas encore vu l'ennemi et ceux qui déjà lui ont laissé de terribles souvenirs : un œil exercé les distinguera. Ainsi, avec des physionomies diverses, nombre d'hommes se réjouissent à Voghera; toutefois nombre d'hommes y souffrent : de là ce fébrile éclat dont je parlais. Cette guerre italienne m'a fait songer souvent à ce vin renfermé dans des coupes précieuses sur lequel les anciens effeuillaient des roses. Cette fois ce n'est pas sur le vin, c'est sur une liqueur plus généreuse que s'effeuillent les fleurs de l'Italie : c'est sur le sang de nos soldats.

Le maréchal Canrobert visite avec le maréchal Baraguay-d'Hilliers l'ambulance improvisée que l'on a établie dans une maison de Voghera. Je rentre dans ces lieux de souffrances où j'ai déjà erré tant de fois avec un sentiment que je retrouve toujours au commencement de chaque campagne : c'est une sorte de compassion mêlée de résignation et de fierté. La résignation naît de ce que mon esprit envisage, et la fierté, de ce que voient mes yeux, car la manière dont la plupart de nos soldats supportent leurs blessures donnerait aux plus humbles d'entre nous des mouvements d'orgueil national. A l'aspect de ces linges ensanglantés entourant un visage pâle, de ces taches rouges se montrant entre les plis d'une chemise grossière, sur une poitrine livide, je me dis : « Allons, le sort en est jeté, voilà un nouveau pacte signé avec la mort et ses ministres. » Mais le pâle visage est rayonnant, et l'on sent dans la poitrine livide quelque chose d'ardent, d'ému, de prompt à se soulever, — cette vie dont jaillissent nos victoires, cette vie aux sources innombrables, qui se retrouve dans la chair offerte joyeusement au canon par toutes nos générations guerrières. Le maréchal Baraguay-d'Hilliers montre son bras mutilé, et dit à ceux dont tout à l'heure le couteau du médecin entamera peut-être les os : « Allons, mes enfants, j'ai passé par là. » Ces mots renferment la sainte transmission du sacrifice, ils contiennent une plus haute et plus énergique consolation que de longs discours. Ceux qui, dans quelques instants, auront dépouillé, avant de mourir, une partie de leur vêtement terrestre sourient à ce doyen des amputés, et voient qu'il y a de nobles routes en ce monde où l'on peut encore marcher droit et ferme avec quelques os de moins.

Deux jours après cette excursion, je retournais à Voghera. Une démonstration des Autrichiens avait mis en mouvement une partie de notre armée ; mais, après quelques heures d'attente, nos troupes regagnèrent leur cantonnement. L'ennemi n'essaya point de nous attaquer. Décidément l'initiative nous était réservée dans cette campagne. Notre quartier général de Ponte-Curone ne manquait ni de grandeur ni de grâce. C'était une belle maison, bien située ; le premier étage était en partie occupé par un immense vestibule, qui me rappelait cette pièce banale de la tragédie classique, cette sorte de forum intérieur où le traître conspire, où le souverain apparaît entouré de ses gardes, où le prince amoureux débite à la princesse ingénue les élégantes litanies de ses respectueuses amours. Ce vestibule, où résidait notre étatmajor, était hanté tour à tour par des soldats, des généraux, des habitants du pays. Je retrouvais le palais d'Alexandrie, ou du moins sa cour si vivante. Un des plus grands charmes qu'aient, à mon sens, les bouleversements que Dieu nous envoie de temps en temps pour empêcher l'existence humaine de tomber sous la morne puissance de l'ennui, c'est la création bizarre dans toute sorte de lieux inattendus, — dans ce palais, dans cette chaumière, sur cette place, — de centres où viennent brusquement se réunir les mouvements des êtres les plus opposés, les plus divers, les plus séparés d'habitude en ce monde. Bientôt peut-être j'aurai l'occasion de montrer, sur des théâtres plus humbles encore que ce vestibule, des scènes autrement animées et puissantes que celles dont ce lieu fut témoin. Cependant je n'ai pas voulu oublier cette vaste salle, où l'on arrivait par un escalier spacieux qu'éclairait dans la journée une belle lumière, et où je me promenais le soir dans une agréable rêverie, en regardant mon ombre sur le mur. Je m'étonne toujours de ce singulier commerce que nous entretenons avec des êtres de pierre; on ne peut le nier pourtant. J'ai bien souvent senti la justesse de ces vers pleins d'une si mystérieuse conviction, faits par un pauvre poëte qui s'est échappé brusquement de la vie, sur les hôtes cachés de la matière, sur le regard des vieux murs [1]. J'ai rencontré nombre de ces regards-là dans mes courses à travers tant de pays ; ils ont pénétré dans mon âme, et je me plais à les y retrouver, car ils y répandent un charme profond qui n'a rien de commun avec les redoutables enchantements du regard humain.

Le bas de notre logis, à Ponte-Curone, se composait de grandes pièces qui n'étaient pas dépourvues de cette majesté un peu surannée qu'on rencontre souvent en Italie. Ces pièces, garnies de tableaux pressés les uns contre les autres, formaient une sorte de musée. Nulle de ces peintures que j'aimais pourtant à contempler dans leurs cadres somptueux et noircis ne m'a vivement frappé, quoique j'aie conservé un vague souvenir d'une Judith et d'une Cléopâtre, éclatant toutes deux, sur un fond obscur et confus, de cette pâleur splendide que prennent parfois avec le temps les chairs dues aux pinceaux des vieux maîtres. Le tableau qui m'a séduit à Ponte-Curone, et qui de lui-même est venu se placer dans le meilleur jour de ma mémoire, c'est une toile que j'ai rencontrée sou-

---

[1] Crains dans le mur aveugle un regard qui t'épie.
A la matière même un verbe est attaché.
Ne la fais point servir à quelque usage impie :
Souvent dans l'être obscur habite un dieu caché.
(GÉRARD DE NERVAL.)

dain dans le coin d'une église. On avait fait de cette église un magasin pour notre armée ; le maître-autel était voilé, les dalles étaient couvertes de paille, tous les ingrats attributs de l'industrie remplaçaient les ornements des lieux saints. Quelques peintures cependant étaient restées, et l'une d'elles m'atteignit au cœur à l'instant où je passais dans une contre-allée : c'était une tête de vierge pleine d'une grâce à la fois idéale et enfantine. La charmante image ressemblait, dans ce sanctuaire dépouillé, à une fleur aux fentes d'une masure. C'était bien une fleur en effet, fleur éclose de quelque génie oublié et disparu, jetant avec la céleste indifférence de ses sœurs, les fleurs des champs, son attrait à la solitude, au dédain et à l'ignorance.

J'ai dit tout ce que Ponte-Curone me rappelle. L'ordre nous vint un matin de nous préparer à partir dans la soirée. L'empereur avait décidé cet audacieux mouvement qui trompa l'armée autrichienne, nous porta en quelques jours sur les rives du Tessin, et nous ouvrit les portes de Milan. Où allions-nous ? C'était ce que chacun ignorait; seulement, à notre grande surprise, au lieu de nous diriger à pied et à cheval sur les routes où nous marchions depuis plusieurs jours, on nous fit reprendre les voies ferrées. Au tomber de la nuit, on nous mit tous, bêtes et gens, dans des wagons. Où devait s'arrêter le convoi qui nous emportait? Assurément la troupe ne le savait guère, puis que je ne le savais pas moi-même. Les soldats comprenaient pourtant que l'on se précipitait vers une prompte et décisive action. De là une joie expansive qui a fait pour moi de ce départ un des meilleurs incidents de la campagne. La gare de Ponte-Curone était encombrée de troupes qui toutes ne pouvaient point partir à la fois. Les hommes qui s'embarquaient étaient salués de mille propos, gais, pressés et bruyants, par ceux qui bientôt allaient les suivre. Quelques voix claires et vibrantes portaient à nos oreilles, avec son tour impossible à méconnaître, son accent distinct entre tous, la plaisanterie parisienne : « Train de plaisir, criait-on, grande vitesse ! » J'aimais ces voix qui me rappelaient les débuts de ma vie militaire, la gent leste, intelligente et hardie qui courait au feu, il y a douze ans, sous le regard souriant et attendri de la grande cité qu'elle sauvait. L'esprit parisien du reste n'est qu'une variété de l'esprit français. Le fond de l'humeur est le même chez tous nos soldats, n'importe de quelle province ils viennent. Je m'en étais aperçu depuis longtemps ; une fois de plus cette soirée me le montrait. Jamais gens partant pour les buts les plus riants de ce monde n'eurent un départ plus vivement marqué que le nôtre au coin de la verve, de la pétulance et de l'entrain. La soirée était d'une douceur merveilleuse ;

le chemin de fer, à Ponte-Curone, était bordé par des champs où s'étaient allumés maints feux de bivouac. A la clarté de ces feux resplendissaient des figures animées nous envoyant des paroles ardentes et légères, comme les étincelles qui, après avoir tournoyé un instant dans l'air, s'abattaient entre les herbes des prairies.

Le cœur encore ému, les oreilles encore remplies de ces accents, je m'endormis peu à peu au fond d'un waggon où j'avais pris place entre des compagnons nombreux. Je m'étais assoupi au bruit d'une conversation qui se ressentait de ces gais adieux, de cet insouciant départ, de cette heure entraînante, puis peut-être aussi d'une atmosphère ou le tabac déployait son heureuse magie. Le sommeil est une précieuse et fatale caresse de la mort qu'on ne reçoit jamais impunément. Il nous force à recommencer sans cesse la tâche inconnue qui allait nous devenir familière, et dont il nous a déshabitués en un instant. Tout homme qui se réveille aurait le droit de pousser un cri de douleur aussi bien que tout homme qui fait son entrée en ce monde. Si je n'éprouvai point en me réveillant la poignante tristesse qui traverse certains cœurs comme une lame aiguë, lorsque dans le sang qui les anime ils sentent rentrer l'air froid et cruel de la vie, je me sentis bien éloigné pourtant des régions où s'étaient fermés mes yeux. Notre convoi s'était arrêté, nous étions arrivés à notre destination. Une portière qu'on venait brusquement d'ouvrir laissait pénétrer un air nocturne qui avait quelque chose d'âpre et d'irritant. Mes compagnons, autour de moi, bâillaient, se frottaient les yeux, passaient enfin par cet implacable malaise qui, au sortir de tout repos, de tout oubli, de tout songe, s'offre à nous comme le portique de la vie. J'appris que je venais d'arriver à Casal.

Nos chevaux ne pouvaient pas être débarqués sur-le-champ, et le maréchal Canrobert avait hâte de gagner la demeure où devait s'établir son quartier général. Il se mit pédestrement en route au milieu de la nuit. Nous marchions dans l'ombre de grandes maisons, plus semblables à des casernes ou à des cloîtres qu'à des palais, qui bordaient des rues longues et étroites. Il me sembla que nous marchions longtemps. Chacun sait la dimension que prennent les courses dans les pays inconnus. Ces deux choses si profondément conventionnelles qu'on appelle la distance et le temps touchent tantôt à l'infini, tantôt au néant, suivant les jeux de notre esprit. Ces jeux de notre esprit si riants ou si douloureux, avec quelle puissance ils s'exercent dans une contrée que l'on aborde tout à coup et pour la première fois, où pas un seul souvenir ne vient çà et là nous offrir un point de repère! On s'avance alors dans une région mystérieuse comme le désert et comme lui féconde en incroyables mirages. Qu'on suppose enfin ce lieu inconnu abordé la nuit en des circonstances semblables à celles où je traversai Casal, et l'on comprendra ce que je sentis. Le terme de notre promenade nocturne arriva. Le maréchal Canrobert avait pour demeure un vaste palais dont la porte, haute et massive, donnait sur une sombre rue. On aurait dit quelque logis féodal fait pour servir d'asile aux drames énergiques du moyen âge, la maison d'un Capulet ou d'un Montaigu. C'était le palais d'un riche banquier; mais, quoiqu'il appartînt, je crois, à la race juive, le propriétaire de cette maison seigneuriale avait dans ses immenses salons plus d'une noble peinture où respirait le génie passionné de notre foi. Ces salons, que je parcourus rapidement à la clarté des flambeaux avant de gagner ma chambre, étaient décorés dans un goût en harmonie avec leurs vastes et sévères proportions. Sur les murailles aux riches tentures, des toiles de maîtres nous retraçaient maintes figures pieuses et guerrières. Des vierges ingénues cherchaient avec une curiosité grave et souriante tous les mystères du ciel et de la terre dans les yeux du divin enfant. Des martyrs élevaient au ciel leur âme réfugiée dans leurs regards, où la poursuivaient vainement à travers leur corps déchiré les flammes d'une impuissante douleur. Des chevaliers emprisonnés dans leurs armures semblaient encore peser sur le monde, dont ils étaient autrefois les dieux de fer. Enfin tous les souvenirs des temps passés, toute la poésie des âges héroïques et religieux remplissaient ce palais; mais à l'endroit le plus apparent d'un salon splendide, au milieu d'un vaste panneau, entre ces peintures sacrées, était accroché un tableau représentant un vieillard dans le costume de nos jours. Je ne veux point médire de ce portrait : peut-être était-ce celui de l'hôte à qui nous devions cette magnifique hospitalité. Cet habit noir cependant avait quelque chose de plus terrible que les armures dont il était entouré. C'était la griffe de la vie moderne imprimée sur le monde dont elle a pris possession, griffe que l'on dit inoffensive, clémente, incapable de causer une blessure, mais que je sais pénétrante, aiguë et meurtrière, puisqu'elle s'enfonce sans cesse dans notre cœur à l'endroit où il alimente de ses sucs les plus précieux la plante divine de l'idéal.

III

Le maréchal Canrobert quitta Casal un lundi, à quatre heures du matin. Le Pô, sur lequel on avait jeté un pont de bateaux, me parut, sinon le roi des fleuves, comme l'appelaient les poëtes antiques, du moins un fleuve de noble apparence et de rang illustre. L'été n'avait pas desséché ses eaux, qui n'ont pas la transparence lumineuse des eaux du Tessin, mais qui parlent à l'imagination par un air d'impétuosité et de grandeur. J'étais du reste en d'heureuses dispositions le jour où pour la première fois mon regard rencontra ses ondes. Le passage de ce fleuve, dont les rives portaient encore l'empreinte des bivouacs autrichiens, était une action importante. Le Pô franchi, on se sentait en plein pays de guerre : or, tant que les années n'auront point jeté la glace à mon corps et l'ombre à mon âme, ce que j'appelle le pays de guerre m'offrira, j'espère, l'attrait que le pays de chasse présente à une race d'hommes si nombreuse. On avance avec précaution, on écoute tous les bruits, on sonde toutes les profondeurs du feuillage, on respire dans la nature entière, qu'emplit la puissance du péril, le charme inquiet des bois sacrés. Après une longue marche à travers des routes couvertes où des tirailleurs déterminés auraient pu nous faire la terrible guerre qui illustra et ensanglanta le Bocage, le maréchal Canrobert parvint à un amas de maisons chétives qui porte le nom de Prarolo.

Il était environ midi quand nos yeux découvrirent ce petit village aux pieds noyés dans un sol humide et au front baigné dans le pâle ombrage des peupliers. La Lombardie ressemble en cette partie, que resserrent d'un côté le Pô et de l'autre la Sesia, aux fossés où s'épanouissent dans nos pays les cultures des maraîchers. On sent sous cette attrayante feuillée, entre cette riche végétation, l'air oppresseur des lieux bas ; on aspire à des sommets ou tout au moins à des plaines éveillant quelque idée d'espace et de liberté. Telle est l'impression générale que je cherche à rendre, car pour ma part j'aime d'une égale tendresse toutes les apparences que revêt la nature : je ne voudrais pas dépouiller la magicienne d'une seule des formes à travers lesquelles se poursuivent les amours de notre âme et de son essence inconnue. Je sais ce que j'ai rencontré sur les montagnes, et mon cœur, je m'en souviens, dans les grandes plaines a souvent bondi plus joyeusement que mon cheval ; mais les lieux bas, humides et couverts, ont aussi un attrait qui me pénètre. Les hautes herbes qui embarrassent nos pas, les branches qui fouettent notre visage ne peuvent parvenir à m'irriter. Je subis sans impatience l'enlacement de toutes ces choses verdoyantes et fraîches. Au grand air et sur les routes unies, je me sens doucement poursuivi par la pensée d'une étreinte que je n'ai point hâte d'abréger.

La maison où s'établit le maréchal Canrobert à Prarolo était un presbytère, un des plus humbles presbytères qu'ait jamais habité le desservant d'une église rustique. Le prêtre qui occupait ce logis portait le vieux costume ultramontain. Avec son habit noir à larges basques, sa culotte courte et ses souliers à boucles, il ressemblait à un personnage évoqué des abîmes du temps passé. On eût dit une ombre égarée sous ce ciel où résonnaient nos fanfares et où flottait le drapeau tricolore ; mais c'était une ombre bénigne et bienfaisante. Le pauvre homme trouvait dans son zèle à pratiquer envers nous les devoirs de l'hospitalité les ingénieuses ressources d'une puissance presque surhumaine. Il faisait mieux que de multiplier les humbles ustensiles qu'il mettait à notre disposition, il se multipliait lui-même pour nous servir, et cela si littéralement que je songeai à ce récit fantastique d'Hoffmann où je ne sais quel digne conseiller, portant, lui aussi, un grand habit et des culottes courtes, se trouve tiré soudain à vingt exemplaires. Je n'ai pas toutefois à m'accuser d'une pensée moqueuse. Si une pareille pensée eût un instant traversé mon esprit, elle eût été effacée comme le juron de l'oncle Tobie, et sans le secours d'une larme céleste, par un simple mouvement de mon cœur.

On nous servit à déjeuner dans une salle basse. Au moment où notre repas finissait, une vive fusillade, appuyée par quelques coups de canon, se fit entendre du côté de la Sesia. Je montai à cheval par l'ordre du maréchal. Un combat, dont nous séparait la rivière, se livrait près de nous. Les Piémontais délogeaient les Autrichiens de Palestro. J'entendais le bruit de ce combat dans une grande prairie que le cours d'eau traversait. Le village où se passait l'action était trop loin et environné de trop d'arbres pour qu'il me fût possible de rien distinguer; mais évidemment l'armée piémontaise était victorieuse, car la fusillade s'éloignait, et quand elle eut entièrement cessé, aucune troupe n'apparut sur la rive que nous devions aborder le lendemain. Si les Autrichiens avaient été vainqueurs, ils auraient probablement songé à faire observer la rivière, que nous étions sur le point de franchir.

Les travaux nécessaires à cette opération ne se

firent pas attendre. De grandes prolonges, traînées par de vigoureux attelages, chargées de bateaux et de planches, traversent Prarolo, à la grande satisfaction des troupiers, qui chérissent, comme les enfants, tout incident nouveau dans leur vie, et se plaisent particulièrement aux œuvres rapides, soit de construction, soit de destruction. Ces prolonges portent notre équipage de pont, et l'un des hommes qui ont le plus travaillé aux attaques de Sébastopol, le général Lebœuf, vient lui-même diriger les efforts de nos pontonniers. C'est dans cette prairie, où tout à l'heure j'écoutais le bruit de la fusillade, que l'on décharge nos prolonges et que nos travailleurs se mettent en action. Le maréchal Canrobert s'est transporté en ce lieu, où arrive bientôt aussi un officier d'ordonnance de l'Empereur. Ce que je vois m'intéresse et m'amuse. C'est à ce dernier point que je tiens surtout, car j'avoue que j'ai un profond éloignement pour toute chose humaine, œuvre d'art ou de guerre, tableau, statue, poëme ou combat, dont on peut dire : « Cela m'intéresse, mais cela ne m'amuse pas. » S'il est un plaisir grossier que le ciel réprouve, contre lequel proteste notre âme par d'invincibles tristesses et de mystérieux dégoûts, il est un plaisir au contraire que je crois noble, divin d'origine, comme la vie elle-même, dont il est la chaleur et l'éclat. C'est ce plaisir que je connais, que je cherche, dont je voudrais m'emparer

15.

sans cesse. Je ne crois bien voir et juger que les choses qui m'ont apparu dans sa lumière.

Je m'amusais donc au milieu de cette prairie si déserte, si recueillie sans doute la veille entre les saules qui l'entouraient, si bruyante aujourd'hui sous le pied des hommes et des chevaux; je m'amusais à voir s'exécuter avec une prestesse merveilleuse une des plus délicates opérations qu'on puisse faire en campagne, un passage de rivière. Nous étions en présence de l'ennemi, quoique l'ennemi fût encore invisible. D'un moment à l'autre, quelque obus pouvait tomber entre nos travailleurs; quelque boulet pouvait briser nos bateaux et disperser au milieu de la rivière nos premières planches à peine posées; des tirailleurs pouvaient se déployer devant nous, décimer nos pontonniers, abattre leurs chefs; nous courions enfin toutes les chances de ce grand jeu où l'énergie, la prudence et le hasard s'arrachent tour à tour les dés. Ce jour-là, aucun des incidents que l'ennemi pouvait faire naître ne se produisit, et le maréchal Canrobert, après avoir vu jeter sur la rivière les assises flottantes de trois ponts qui devaient nous porter le lendemain, regagna au déclin du jour son modeste logis de Prarolo.

Il était deux heures du matin; j'étais couché sur un lit de cantine, dans une petite pièce attenant à la chambre où reposait le maréchal Canrobert, quand un officier d'artillerie vint me réveiller. Il s'agissait d'avertir le maréchal qu'une crue soudaine de la Sesia venait d'emporter deux de nos ponts; un seul pouvait maintenant servir au transport de nos troupes. Pour faire face à ce contre-temps, le maréchal donna l'ordre immédiat d'avancer le départ du troisième corps, qui se mit en marche au premier rayon du jour. Ces rivières italiennes, qui, dans les chaleurs de l'été, deviennent invisibles, dont les lits arides ne sont plus, au milieu de la campagne, que de vastes et brûlants sillons, se montrent au printemps dans l'appareil de fleuves puissants et capricieux. La Sesia, majestueuse et paisible la veille, roulait maintenant avec colère ses flots jaunes comme une crinière de lion. On avait profité d'une petite île jetée au milieu de ce cours d'eau pour diminuer les travaux de nos pontonniers. Notre pont unique était coupé en deux parties formées par cette île, où pouvaient au besoin se masser plusieurs bataillons. Nos régiments défilaient depuis de longues heures, et le corps entier n'était point passé. Le règne du matin était fini, un soleil qui commençait à se faire offensant et lourd s'était emparé du ciel. Le maréchal avait franchi la Sesia en m'ordonnant de rester sur la rive qu'il quittait pour assister au défilé des troupes. J'étais assis auprès du pont, sur l'herbe échauffée déjà, luttant contre un sommeil qui voulait se venger de la manière dont, malgré moi, je le traitais depuis plusieurs jours, quand j'aperçus à l'horizon, dans le ciel bleu, au-dessus d'un bouquet de bois, un rapide éclair, suivi d'une détonation. Ce n'était ni le bruit ni la lumière de la foudre; je reconnus le canon.

La plus grande partie de nos troupes est passée; je traverse le pont pour aller rejoindre le maréchal, et je puis m'assurer enfin que c'est bien le canon autrichien dont nous avons entendu l'explosion, car un officier supérieur d'infanterie, le commandant Duhamel, vient d'avoir la tête emportée par un boulet, et quelques soldats gisent dans leur sang. En me dirigeant vers l'endroit d'où partent les projectiles, je comprends l'incident qui se produit : l'ennemi s'est avisé de notre opération, il voudrait la troubler; heureusement il est trop tard. Dans quelques instants, le troisième corps tout entier aura franchi la Sesia. Dès à présent nous avons assez de monde sur la rive où tonne le canon autrichien pour goûter une sécurité parfaite. Je rencontre le maréchal Canrobert, qui a parcouru le village de Palestro, et qui revient attiré par la canonnade. Il s'arrête sur un tertre, et fait mettre en batterie, pour répondre à ce feu tardif qu'un remords de l'ennemi dirige contre nous, quelques-unes de nos pièces à longue portée. Alors s'engage un rapide combat d'artillerie qui, malgré ses faibles proportions, captive mon esprit. En revoyant ce petit nuage rougeâtre que les boulets soulèvent quand ils tombent au milieu d'un champ, en contemplant l'herbe écrasée, le sol meurtri par ces globes de fer dont dépendent tant de destinées, je rentre en des régions que je croyais évanouies. Derrière le visage de l'Italie, je retrouve le visage de la Crimée. Rien d'étonnant à cela : Italie et Crimée se confondent pour moi dans un même idéal, cet idéal que les plus éclatants comme les plus obscurs, les plus grossiers comme les plus raffinés entre les gens de guerre, ont pour fin suprême de leurs actes, pour loi secrète ou cachée, niée ou reconnue, mais toute-puissante de leur vie.

Presqu'en même temps que cette action, un glorieux fait d'armes s'accomplissait. Le 3ᵉ zouaves, placé alors sous les ordres du roi Victor-Emmanuel, avait cette magnifique affaire qui restera parmi les plus glorieux titres de notre infanterie. Ce fut seulement à la fin de la journée que je pus contempler des lieux désormais célèbres dans notre histoire militaire : ce champ où les zouaves commencèrent leur course héroïque sous les boulets autrichiens, à une si grande distance des pièces dont ils allaient éteindre le feu, cette rivière encaissée et profonde où ils se jetèrent à la nage, ce talus glissant où s'imprimèrent leurs mains, ce pont dont ils gravirent les parapets, et où s'agita cette mêlée qui rappelle les combats des vieux âges. Il était trois heures de l'après-midi ; nous n'étions pas encore descendus de cheval. Le maréchal Canrobert visitait, avec le roi de Sardaigne, le village de Palestro. Nous étions derrière une pièce placée dans la direction de Robbio, qui de temps en temps envoyait quelques projectiles à longue portée sur la route qu'elle dominait. Tout à coup un grand bruit se fit dans le village ; c'était l'Empereur, qui venait juger par lui-même des événements de la journée. La grande rue où s'avançait son cortége était encombrée de cacolets portant des blessés. Parfois de quelques corps affaissés, se ballottant sur ces fauteuils de cuir, s'échappait le cri lugubre et poignant qu'arrache à la chair vaincue une douleur surhumaine. On entendait plus souvent des cris énergiques, d'ardentes et mâles paroles, l'expression enfin d'une vie passionnée et intrépide s'attachant aux lambeaux d'une enveloppe déchirée, comme un assiégé aux murs d'une ville en ruine. — Allons, docteur, dépêchons, débarrassez-moi de cela! — Je n'oublierai ni l'accent de ces mots, ni la bouche qui les prononçait. Celui qui parlait ainsi au seuil d'une ambulance, avant même d'être descendu du mulet dont il avait rougi le flanc par le sang échappé de ses veines, était un vieux zouave au front rasé, à la barbe de patriarche, aux yeux d'un bleu clair s'ouvrant dans une face bronzée. « Cela, » c'était son bras brisé, déformé, inerte, et ne tenant plus à son corps que par quelques linéaments ensanglantés. Je dirais, si j'osais employer un pareil mot à propos d'une telle image, que cet homme me fit plaisir, car le triomphe de l'homme sur la souffrance sera toujours un des plus nobles spectacles de ce monde. Cette victoire, célébrée par des voix éloquentes, a entouré d'un pompeux éclat bien des personnages qui peut-être ne valaient pas ce stoïque obscur dont je n'ai pas su le nom, et dont la vertu n'aura point laissé d'autre trace que la vibration d'une parole virile dans mon âme.

Dans cette même rue de Palestro, à l'heure où je me reporte maintenant, une autre vision m'attendait, dont je voudrais rendre l'éblouissement rapide. J'aperçus une pièce de canon qui roulait sur le pavé et que ne traînait pourtant aucun attelage. Elle était poussée par ceux qui venaient de la conquérir. A la droite de cette pièce, dont sa main couvrait la lumière, marchait un zouave aux traits sérieux et réguliers, décoré au front non point d'une cicatrice, mais d'une blessure toute fraîche, toute béante, d'un rouge éclatant et sacré comme le premier ruban d'un légionnaire. Si je ne l'avais sue déjà, ce soldat m'aurait appris une étrange chose, l'incarnation soudaine qui, à certaines heures de vastes et violentes émotions, se fait tout à coup des pensées les plus brillantes et les plus hautes dans les plus simples, parfois dans les plus grossiers. Le nom de cet homme qui criait au

médecin de lui arracher son bras, je regrette de ne
pas le savoir ; son visage m'a laissé un souvenir distinct : c'était celui d'un rude compagnon que je retrouverais avec bonheur. Le nom de ce soldat qui
étendait sa main sur ce canon enlevé à l'ennemi, je
n'ai pas besoin de le connaître, car ce soldat en cet
instant, c'était son régiment, c'était l'armée, c'était la
France. Rien ne lui appartenait, ni sa marche, ni son
regard, ni ce geste d'une indicible majesté que nul
art ne pourrait enseigner au plus habile. Il me rappelait cette fiction des poëmes épiques qui fait tout à
coup d'une enveloppe terrestre l'asile d'un hôte divin.
Cette fiction, comme toutes les prétendues créations
de notre cervelle, répond à une merveille du monde
réel. C'est cette merveille que je voyais passer dans la
grande rue de Palestro.

L'Empereur, en quittant le village, voulut visiter
l'endroit où s'était livré le rude combat du matin ; le
maréchal Canrobert l'accompagnait : je parcourus
ainsi moi-même ces lieux restés dans mon esprit avec
une netteté que m'explique l'émotion dont ils étaient
remplis encore au moment où ils frappèrent mes regards. Nos chevaux entrèrent d'abord dans un champ
où l'on voyait que l'action avait commencé. La terre
y était déchirée par des boulets, foulée par des pas
rapides ; çà et là apparaissaient quelques-unes de ces
épaves dont le sol est jonché après les orages de la

poudre : des fusils brisés, des cartouches, des gibernes, quelques cadavres enfin, qui devenaient plus nombreux et plus pressés à mesure que l'on s'avançait vers l'endroit occupé, il y avait quelques heures, par les canons autrichiens. Ces canons étaient placés derrière une rivière, ils prenaient les assaillants en écharpe. Dans une course aussi intelligente qu'audacieuse, les zouaves, après avoir supporté sur leur flanc le feu de l'ennemi, exécutèrent un à-gauche avec leur prestesse merveilleuse, et se jetèrent dans la rivière, dominée par une berge droite et haute où les Autrichiens avaient établi leurs pièces. Avec une incroyable prévoyance, une sagacité guerrière qui tient de l'instinct des sauvages, en franchissant le talus qu'ils rencontrèrent au sortir de l'eau, quelques-uns d'entre eux prirent dans leurs mains de la terre glaise; dans la lutte corps à corps de ces zouaves avec les canonniers ennemis, cette argile devait servir à boucher la lumière des canons.

Tous les incidents de la lutte à peine éteinte dont je parcourais le foyer brûlant encore parvenaient à mes oreilles, à mon cœur, à mon esprit de mille façons. Ce combat que me racontaient maintes bouches m'environnait, me saisissait comme ces peintures disposées par un art savant dans des chambres magiques. Pour rendre honneur à l'Empereur, le 3ᵉ zouaves avait pris les armes. Cet admirable régiment était rangé en bataille sur le lieu même qu'il venait d'illustrer. A quelques pas des vivants, qui, les yeux ardents et le corps immobile, présentaient les armes au souverain, gisait dans la sinistre pâleur, dans les bizarres attitudes familières aux cadavres des champs de bataille, le pêle-mêle des morts. Deux dépouilles surtout se faisaient remarquer par la terrible mutilation dont elles portaient également l'empreinte, une dépouille d'homme et une dépouille de cheval. Un boulet avait arraché la tête d'un capitaine adjudant-major en passant par le cou de sa monture. Le cavalier et son cheval, décapités tous deux, reposaient l'un auprès de l'autre dans une même flaque de sang. Ces débris étaient au bord de l'eau, sous un grand arbre qui, penché de leur côté, semblait leur verser de ses rameaux la paix des régions inconnues. Tout en galopant, je regardais tour à tour les hommes debout poussant des acclamations joyeuses, et les hommes silencieux déjà couchés dans des ténèbres apparentes, malgré la lumière qui venait se briser contre leurs chairs livides. La route que nous suivions avait l'air de séparer deux mondes : la mort d'un côté, de l'autre la vie, fournissaient les deux haies entre lesquelles couraient nos chevaux. Malgré ce que l'une d'elles avait de terrible, ces deux haies se complétaient, et je n'aurais voulu supprimer ni l'une ni l'autre. Ce sont les morts qui donnent au champ de bataille ses mystérieuses émotions et son caractère sacré ; ils créent sous nos pas, ils font toucher à nos regards l'orifice béant de cet abîme que nombre de créatures humaines trouvent une joie étrange à effleurer.

J'arrivai au pont même de Palestro, pont que barrait une pièce d'artillerie au moment où les zouaves s'en étaient emparés. Je vis les parapets qu'avaient escaladés nos soldats. Il fallait cette entreprenante agilité de pieds qui distingue nos fantassins pour transformer en passage cette construction étroite, dont la cime ébranlée s'émiettait au-dessus de l'eau pendant le combat. Je pénétrai enfin dans la cour du moulin. La mêlée avait pris là un caractère furieux, qu'attestait chaque pavé empourpré par un sang encore fumant et épais. Les baïonnettes tordues, les sacs vides, les shakos troués, les corps amoncelés surtout, disaient ce qu'avait vu cette demeure rustique. Les poëtes accusent souvent la nature d'insensibilité pour les drames qui s'accomplissent dans son sein ; le reproche qu'ils adressent aux arbres et aux plantes n'est point mérité par les pierres, du moins par celles que les hommes associent à leur destinée en les chargeant de les abriter. Rien de lugubre comme ces pauvres toits accoutumés à recéler une vie tranquille, quand l'ouragan des colères terrestres les a tout à coup visités. Il y a des maisons plus expressives, après un combat, que toutes les figures humaines. Les fenêtres aux vitres brisés ressemblent à des yeux déchirés et saignants; les murailles dépouillées ont quelque chose d'indigné et d'effrayé à la fois ; enfin, quand la demeure violée est une chaumière, la paille arrachée et brûlée de la toiture a une éloquente désolation, comme la chevelure que laisse pendre sur ses traits une femme en pleurs.

Revenons aux zouaves. Pendant que l'Empereur parcourait le front étincelant de ce régiment victorieux, je regardais l'un après l'autre chaque soldat, et je réfléchissais sur cette troupe qui s'est fait une si grande part dans la gloire de notre jeune armée. Les zouaves sont animés d'un même esprit, mais ils renferment des types bien différents. Près du soldat vigoureux, trapu, à longue barbe, près de l'homme bronzé, pour me servir d'une expression devenue vulgaire, mais qui exprime si bien cette sorte de dureté métallique, de revêtement impénétrable, dont la fatigue, la misère et le danger finissent par armer ceux qu'ils ont vainement tenté de détruire; près du vieux zouave, en un mot, voyez ce jeune homme au teint pâle, aux formes frêles, qui semble presque exhaler la fièvre : c'est un zouave aussi cependant, et malgré ses morbides apparences, ne craignez point pour lui l'hôpital. Regardez ses yeux, ils rayonnent de cette ardeur morale qui supplée aux énergies de la matière.

Il est renommé pour sa gaieté ; on l'appelle d'ordinaire le Parisien, et le fait est que, n'importe où il soit né, on le sent, Paris est sa vraie mère. Il est passionné, il est moqueur ; mais n'allez point dire qu'il est sceptique. O vous qui gouvernez les peuples, m'écrierais-je volontiers, si j'osais parler comme Bossuet, instruisez-vous en étudiant cet homme ; il dissipera peut-être dans votre esprit bien des erreurs ! Malgré leur verve, leur entrain, leur malice, ses traits recèlent dans leurs profondeurs quelque chose de sombre et d'enflammé qui ressemble à du fanatisme. Eh bien ! pourquoi ne le dirai-je pas ? c'est qu'il est fanatique en effet, et cette passion brûlante, dont son cœur est le foyer à présent tout aussi bien qu'au temps de la Ligue, peut toujours s'attacher à de nobles objets. Voici un trait que j'aurais pu placer dans mes *Souvenirs de Crimée*, mais que je ne regrette pas d'avoir négligé, puisqu'il peut trouver place ici. Un zouave venait tous les matins me raser sous ma tente. C'était un vrai Figaro. Son sourire, en dépit de la neige, étincelait comme la musique de Rossini. Je causais avec lui, il m'amusait. Je lui demandais des nouvelles des tranchées, dont il me racontait les commérages et les lazzi. C'était le petit journal du siége. Un jour je lui parlai de Paris : « Nous nous y reverrons, lui dis-je en riant. — Peut-être, me répondit-il, je ne l'espère guère ; mais que je laisse ici un bras, une jambe, et si c'est nécessaire toute ma peau, peu m'importe, pourvu que la ville soit à nous ! » Ce disant, la savonnette d'une main et le rasoir de l'autre, il poursuivait sa besogne. Comprend-on maintenant ce qui fait la force des zouaves ? Des enthousiasmes maladroits et des jalousies mesquines ont essayé souvent de leur créer une situation qui ne doit pas être la leur. Ils ne sont pas une exception dans la famille militaire, ils sont au contraire une vive et complète expression de notre armée : voilà leur gloire ; je dirai plus, ils sont une expression de la nation tout entière : voilà le vrai secret de leur puissance. « On parle sans cesse des zouaves, disait récemment un orateur du parlement anglais, et l'on débite sur eux tant de choses qu'on ne sait plus en vérité ce que c'est. » Eh bien ! tout Français aurait pu répondre à cet orateur : « Le zouave est comme la vigne, un secret du vieux sol gaulois ; c'est un secret qui depuis bien longtemps court le monde, mais que nul n'a pu nous ravir encore. »

Une gravure populaire en Italie, que j'ai vue à Plaisance derrière les vitres des marchands, représente le roi Victor-Emmanuel en uniforme de zouave. Je ne donne pas assurément cette gravure comme un modèle de bon goût : il y a là quelque chose qui sent un peu trop peut-être ces énergiques caresses de la popularité dont les princes, à certaines heures, courent parfois le risque d'être meurtris. Du reste, qu'on l'approuve ou non, cette image constate le seul fait dont je veuille m'occuper en ce moment : l'union qui, sur le champ de bataille de Palestro, s'établit entre le roi de Sardaigne et le régiment français placé sous ses ordres. Le combat dont je n'ai raconté qu'un épisode fit une vérité de cette phrase consacrée, mais si souvent menteuse, que l'on applique d'ordinaire aux troupes alliées ; il confondit réellement le sang des nôtres et le sang piémontais. Les zouaves virent le roi de Sardaigne d'aussi près que les grenadiers du Trocadero avaient vu autrefois le prince de Carignan. Un tel souverain et de tels soldats étaient destinés à se plaire ; la séduction eut lieu de part et d'autre : elle fut prompte et vive, comme l'action même dont elle naquit ; aussi l'Empereur répondit-il au vœu des zouaves en décidant que les canons conquis par eux dans la journée du 31 mai seraient offerts au roi de Sardaigne. Un des officiers supérieurs qui avaient le plus contribué à la victoire de Palestro et le chef de l'état-major de l'artillerie du troisième corps furent chargés d'accomplir la décision impériale. Le maréchal Canrobert me confia l'agréable mission de faire connaître cette volonté à celui qu'elle intéressait. Je montai à cheval une après-dînée pour me rendre au quartier général du roi. J'avais fait quelques pas à peine dans la grande rue de Palestro, quand des acclamations m'apprirent que ma course était arrivée à son but. Le prince que j'allais trouver chevauchait, au milieu de tout son état-major, entre les groupes nombreux de promeneurs militaires dont le village était alors encombré. Cette rencontre ne me surprit point, je puis même dire que je l'attendais, car près d'une armée piémontaise, n'importe en quel sens on pousse son cheval, on est sûr de se trouver devant le roi. J'exécutai les ordres du maréchal Canrobert, et j'exprimai de mon mieux au roi, qui m'encourageait du reste par un bon et loyal sourire, les sentiments que j'avais recueillis sur son compte dans les rangs les plus obscurs de notre armée. Si j'ai été courtisan, Dieu me le pardonne, ma conscience ne me reproche rien, et tout ce que je souhaite, c'est d'être encore courtisan de la même manière, n'importe avec quel monarque, pourvu qu'il reçoive mes compliments à cheval, que j'aie le bonheur, en les lui adressant, d'être à cheval aussi, et qu'il s'agisse dans mes discours de canons enlevés par nos armes.

Le troisième corps fit séjour à Palestro. La maison qu'occupait le maréchal Canrobert était une demeure des plus modestes, un presbytère encore, je le crois du moins, car je n'ai recueilli aucun renseignement précis sur ce gîte, que son propriétaire avait abandonné. Dans la matinée du 2 juin, notre réveil fut hâté par une fusillade assez vive. Le jour paraissait à peine, et déjà la mousqueterie nous donnait une aubade. Le troisième corps et l'armée piémontaise formaient en cet instant le pivot du mouvement qu'accomplissait l'Empereur. L'ennemi pouvait tenter contre ce pivot quelque énergique effort. Telle fut la pensée qui frappa également le roi et le maréchal. Les troupes françaises et italiennes prirent donc les armes, et se tinrent prêtes à marcher; mais les Autrichiens ne songeaient pas à l'offensive : loin de là, ils cachaient, suivant leur habitude, une retraite par une démonstration de tirailleurs. La fusillade qui avait éclaté à nos avant-postes se ralentit bientôt, puis cessa tout à fait. L'ennemi avait abandonné Robbio. C'était ce qu'à midi nous ignorions encore. A cette heure de la journée, le roi et le maréchal étaient réunis pour concerter une attaque sur ce point, dont une courte distance nous séparait. Le roi s'était rendu chez le maréchal, qui en ce moment même attendait de l'Empereur une dépêche importante, à laquelle ses résolutions devaient être subordonnées. La conférence entre le commandant du troisième corps et le chef royal de l'armée piémontaise avait eu lieu dans un petit jardin dominé par un clocher d'église villageoise, devant les murs lézardés de notre maison, à l'ombre d'arbres chargés d'années qui me rappelaient les arbres chers aux romanciers allemands, ces témoins verdoyants de la vie domestique, qu'une volonté cruelle veut faire abattre, mais que sauve la sensibilité d'un enfant ou d'un vieillard. Cependant le temps s'écoulait, et la dépêche attendue n'arrivait point. Le roi, après avoir fumé quelques cigares, se coucha sur la terre, appuya sa tête sur son bras et s'endormit sur le lit guerrier par excellence, puisque rien, pas même un manteau, ne le séparait du gazon. Autour de lui, les conversations continuaient, car le jardin était rempli d'officiers, et les soldats en capote grise qui montaient la garde devant le logis du maréchal auraient pu le frôler en passant dans cet étroit espace. Il dormait, prêt à se réveiller pour retourner au feu, qu'il avait quitté la veille, quand notre jardin fut littéralement envahi par une bande de paysans. Voilà aussitôt le roi debout et les nouveaux venus qui l'entourent avec des attitudes, avec des gestes, tout ce luxe de démonstrations qui n'appartient qu'aux races italiennes. Ces villageois étaient des habitants de Robbio qui venaient apprendre à leur souverain que les Autrichiens étaient en retraite. L'ennemi, tant qu'il avait été parmi eux, leur avait assigné leur village pour prison. Ils se dédommageaient d'une captivité qui, à en juger par la volubilité de leurs paroles, semblait surtout avoir pesé sur leur langue. Le roi était assailli par vingt récits à la fois, récits tout remplis d'attendrissements et de bouffonneries, car l'Italie, comme les muses antiques, tient un masque à la main, un masque qu'elle manie avec la prestesse, la verve et l'entrain des Espagnoles dans la manœuvre de l'éventail. Ce masque joyeux, tantôt elle l'écarte, tantôt elle le rapproche de son noble et sérieux visage. Quelquefois les traits épanouis de la face en carton s'éclairent d'une lumière douloureuse : c'est qu'aux fentes du masque vient de se coller un œil plein de larmes.

Au moment où se passait cette scène, la dépêche de l'Empereur arriva. Le maréchal reçut l'ordre de se diriger sur Novare. Ainsi se déroulait le plan qui devait aboutir à la victoire de Magenta. Ce fut le vendredi, 3 juin que le corps du maréchal Canrobert quitta Palestro. L'étape que nous avions à faire était courte. Nous suivions une route unie dans un pays plat. Novare nous apparut de bonne heure et nous causa une agréable impression. La ville était toute remplie d'une allégresse guerrière. L'air, où pleuvaient en cet instant les fleurs, était imprégné d'une odeur récente de poudre. Il y avait trois jours à peine, une batterie autrichienne enfilait la grande rue, maintenant pavoisée aux couleurs italiennes, où nous avancions sous la grêle des bouquets, et jetait de la mitraille à la tête de nos premières colonnes. L'ennemi toutefois n'avait pas cherché à nous disputer sérieusement cette cité. Les pièces qui avaient accueilli nos soldats par une brusque décharge s'étaient retirées au galop. Les Autrichiens ne voulaient point tenter de nouveau la fortune sur le champ de bataille où l'âme intrépide de Charles-Albert reçut une mortelle atteinte. Ils nous attendaient derrière le Tessin, dans ces positions formidables que nous devions aborder et enlever comme celles de l'Alma.

Le maréchal Canrobert descendit dans une grande maison située à l'extrémité de la ville. Aux fenêtres de notre demeure apparaissaient tant de têtes gracieuses, que nous aurions pu nous croire logés dans un couvent de jeunes filles. Aux mauvais jours de nos discordes civiles, chacun a répété cette phrase : « Il y a des hommes qui semblent surgir des pavés ; » aux heures dont j'ai gardé le souvenir, du sein ému des villes italiennes, ce n'étaient point des hommes qui semblaient sortir, c'étaient des jeunes filles. On avait sous les yeux les enchantements de l'Arioste : au lieu de ces farouches figures que le sombre génie des révolutions tire chez nous de cavernes inconnues, mille visages souriants se montraient à toutes les ouvertures des maisons illuminées par le soleil, et ce patriotisme féminin dont j'ai déjà parlé continuait ses démonstrations fleuries. Rien de joyeux comme Novare la veille de Magenta. Les feuilles de roses tombaient sur nos épaulettes et s'arrêtaient sur la crinière de nos chevaux. Combien devaient mourir le lendemain parmi ceux qui respiraient les parfums de cette matinée! Pluie de fer, pluie de fleurs, voilà toute la guerre d'Italie.

L'Empereur s'était établi à Novare dans un vaste palais situé au centre d'un quartier populeux. Ce fut là que le maréchal Canrobert se rendit quelques heures après son arrivée. L'Empereur était à cheval ; il avait été reconnaître l'endroit où le corps du général Mac-Mahon devait opérer son passage. C'est en cet instant même que se livrait le combat de Turbigo. A plusieurs reprises, on avait entendu dans la ville le canon de ce combat. L'heure avançait, et le chef de notre armée ne rentrait point. Une secrète inquiétude agitait déjà quelques esprits. La vie devient chose si fragile dans une enveloppe qu'on promène au souffle du canon! Tout à coup la ville se remplit d'acclamation ; d'une fenêtre où je m'étais placé, je vis briller l'uniforme des cent-gardes et enfin paraître l'Empereur lui-même. Il portait sur ses traits cette placidité mystérieuse que le lendemain je devais retrouver sur son visage entre les cadavres et les trophées de Magenta.

IV

Le 4 juin, nous devions quitter Novare à onze heures ; mais la route qui conduisait de Novare à San-Martino était tellement encombrée, qu'à une heure seulement nous montions à cheval. Heureusement le maréchal Canrobert avait prescrit le départ isolé de la brigade Picard, qui s'était mise en route à neuf heures. Cette brigade fut une des premières troupes qui rejoignirent l'Empereur et porta un utile secours à la garde, si vigoureusement engagée. Ce fut une grande joie pour le maréchal de la trouver à l'instant où lui-même, devançant le corps qu'il commandait, venait prendre place au terrible feu où une nouvelle victoire naissait à la France.

Le ciel, au moment de notre départ, est éclairé par un soleil ardent et passionné, dont les rayons maîtrisent les nuées d'un ciel orageux. La route que nous suivons est une de ces routes italiennes qui ont l'été un aspect si joyeux, et que j'aime malgré la blanche poussière dont elles semblent prendre plaisir à nous poudrer avec la malice acharnée que les masques du Corso mettent à enfariner les promeneurs. Le chemin s'allonge entre des prairies d'un vert éclatant, bordées d'arbres aux tailles élégantes et sveltes, et sur ce chemin tout semble en fête ; les soldats entonnent leurs chansons de route; les bagages offrent ce bizarre entassement d'objets qui est la partie fantasque des armées. Dans cette charrette s'entre-choquent des bidons et des gamelles ; cette petite voiture, peinte de vives couleurs, qui rappelle par sa forme les chars où les élixirs merveilleux se promènent dans nos campagnes, est conduite par une cantinière. Ces bagages dont s'amusent mes yeux, le moment va bientôt venir où je les maudirai de toute les forces de mon âme. La colonne, qui marchait lentement et d'un pas sans cesse interrompu, s'était arrêtée. Le maréchal Canrobert venait d'entrer dans un champ où il avait mis pied à terre, quand une de ces sourdes vibrations qui annoncent quelque part le jeu puissant d'une force électrique parvint subitement jusqu'à nous. Les hommes juchés sur les voitures tournaient leurs regards dans la direction de San-Martino. Là, disait-on, tourbillonnait un épais nuage. Était-ce de la poussière? était-ce de la fumée? C'est ce que l'on ignorait. Quelques oreilles qui s'approchaient du sol croyaient entendre le bruit du canon. Chacun sait à quels caprices de l'air ce bruit formidable est soumis. Quelquefois des vents complaisants vous l'apportent à travers d'énormes distances, clair, distinct, sonore, dans toute l'imposante plénitude qu'il possède au sortir des bouches cuivrées dont il s'envole. Quelquefois, au contraire, quand vous en êtes séparé à peine, l'atmosphère ne vous le transmet qu'à l'état de son latent et confus. C'est ce qui arrivait en ce moment.

Sous l'influence pourtant du frémissement qui agite la troupe, des rumeurs qui parcourent la colonne, le maréchal Canrobert fait monter à cheval un capitaine piémontais attaché à son état-major, le comte Vimercati. Il prescrit à cet officier d'aller trouver l'Empereur et de prendre ses ordres. Le capitaine Vimercati part au galop, malgré tous les obstacles dont la route est embarrassée, et accomplit sa mission avec une célérité prodigieuse. Il revient nous annoncer que, depuis plusieurs heures, l'Empereur soutient avec la garde une lutte gigantesque contre un ennemi nombreux, acharné, résolu à jouer dans une grande bataille le sort de la Lombardie. L'ordre de l'Empereur est que le troisième corps se rende le plus promptement possible sur le théâtre du combat. Un officier de l'état-major impérial vient confirmer les paroles du comte Vimercati. On peut s'imaginer l'effet que de semblables nouvelles produisent sur l'âme du maréchal Canrobert.

La division Renault formait ce jour-là notre tête de colonne, et, nous l'avons dit, une brigade de cette division, la brigade Picard, nous avait heureusement précédés. Le maréchal ordonne au général Renault, dévoré d'une impatience semblable à la sienne, d'accourir avec la brigade Jeannin en écartant tous les obstacles de la route, et lui-même, entouré de son état-major, vole au canon de toute la vitesse de son cheval. Deux hussards de notre escorte, lancés en avant de nous, tracent un sillon dans cette foule pesante de voitures que rien tout à l'heure n'aurait semblé devoir ouvrir. Au sortir du tumulte des charrettes, les rangs pressés des soldats à travers lesquels nous courons s'écartent d'eux-mêmes avec rapidité. Cette multitude armée sent passer au milieu d'elle non point un homme, mais une volonté, une force dont rien ne doit retarder l'essor. Au fur et à mesure que nous approchons de la fournaise où s'accomplit le grand œuvre, tous les bruits du combat deviennent distincts et s'emparent avec énergie de nos oreilles ; puis voilà ces mille émotions qui rayonnent dans une variété innombrable d'incidents à l'entrée des champs de bataille. Le souffle et la lave du volcan arrivent à nous.

Le maréchal s'arrête un instant devant l'Empereur, qui se tient à ce pont de Buffalora dont il a défendu les abords par des batteries qu'il a lui-même fait placer. On sait que le pont de Buffalora est miné, une partie s'en est écroulée déjà ; mais heureusement la poudre autrichienne a fait incomplétement sa besogne, elle a laissé une voie périlleuse et vacillante où se pose le pied de notre armée. L'Empereur veille sur cette fragile artère par laquelle circule tout le sang dont se nourrit la bataille, et qui, en se rompant, frapperait chacun de nous au cœur. Il adresse quelques paroles au maréchal Canrobert, et notre course effrénée recommence. Il était en ce moment près de quatre heures. Le ciel était alors bouleversé par un orage printanier, orage passager et sans sérieuses colères, mais qui jouait avec le soleil dont il brisait les rayons, avec les nuées qu'il assemblait, dispersait, barbouillait de mille couleurs, et qui mettait ainsi les régions de la lumière en harmonie avec le théâtre de nos combats. Ainsi je me rappelle deux rapides impressions de mon entrée sur le champ de bataille. Tandis que devant moi je voyais se dessiner sur un ciel bleu les uniformes de nos soldats et monter dans une clarté transparente la fumée blanche de notre mousqueterie, à ma droite, dans un immense pan de vapeur grise traversé par de fauves rayons, semblable à ce voile de nuées que les peintres abaissent derrière la croix où meurt le Christ sur la cime du Golgotha, je voyais s'avancer une longue et sombre colonne. C'étaient des prisonniers autrichiens marchant entre des baïonnettes françaises. Sur ces visages de vaincus, je retrouvais çà et là ce regard tout rempli d'exaltation douloureuse que j'ai déjà vu bien souvent éclairer des traits ensanglantés.

Parmi les figures que je vois passer en m'enfonçant de plus en plus dans la route embrasée où nous voilà engagés maintenant, je reconnais plus d'une figure amie, mais qui déjà n'appartient plus à cette terre. Je suis côtoyé par des civières où reposent pâles, immobiles et couronnés, pour parler comme un poëte allemand, des premières violettes de la mort, des compagnons qui me rappellent les plus vivants souvenirs de ma vie. C'est ainsi que les yeux fermés et le corps roidi de Bougoz, un capitaine de grenadiers, tombé noblement à la tête de sa compagnie, font revivre pour moi la Crimée et une promenade à Kamiesch. Je donne en courant un regret à ce brave garçon, que je rejoindrai peut-être tout à l'heure dans un autre monde, et je continue ma course à travers la foule, composée de vivants et de morts, qu'enveloppe une même vapeur de poudre et de sang. L'endroit où nous parvenons présente un aspect étrange ; c'est un lieu où la nature et les hommes ont multiplié à l'envi les accidents. Dans un sol mamelonné, couvert d'une végétation énergique, on a pratiqué un canal et un chemin de fer. Ces œuvres de la paix ont été singulièrement transformées par la guerre. Le canal, dont la plupart des ponts sont brisés, remplit l'office du fossé autour des places fortes, et le chemin de fer est une tranchée où sont entassés des soldats. C'est dans ce lieu que, sous les ordres du général Regnault de Saint-Jean-d'Angély, la garde soutient depuis le matin une lutte acharnée contre l'armée autrichienne. Elle est maîtresse de toutes les redoutables positions que l'ennemi tenait à son arrivée; elle occupe sur le canal un pont que les Autrichiens ont vainement tenté de faire sauter. Elle se cramponne à ce terrain ardu, dont chaque pouce est rougi du sang qui coule depuis tant d'heures de ses veines; mais il lui est interdit d'avancer : elle a joué au début de la bataille le rôle que son aînée d'Austerlitz et de Wagram jouait à la fin des actions. L'ennemi n'espère plus la vaincre de front; aussi tente-t-il contre son flanc droit des efforts violents et désespérés. C'est là qu'il dirige ses feux incessants et qu'il essaye de pratiquer une brèche; mais c'est là qu'arrive le maréchal Canrobert.

D'un coup d'œil il juge la situation. Il embrasse en même temps les forces qu'il doit combattre, les obstacles qu'il doit vaincre et les éléments dont il dispose. Les éléments ne sont pas nombreux. La seule brigade de son corps qui soit en ce moment arrivée, la brigade Picard, a déjà livré de rudes combats. Elle est loin d'être épuisée à coup sûr, mais elle a fait des pertes cruelles : ses officiers sont décimés; il en est peu qui soient sans blessures. Ses soldats, qui combattent avec cette ardeur individuelle si nécessaire d'ailleurs au terrain et à l'action où ils sont lancés, forment un mélange de tous les corps et de toutes les compagnies, grenadiers, fusiliers, voltigeurs, chasseurs à pied tournoient sous le feu dans de mêmes groupes où frappe également la mort.

Je ne voyagerai jamais entre les deux talus d'un chemin de fer sans songer à la tranchée où j'arrivai à la suite du maréchal. La cime de cette tranchée est écrêtée par les balles et semée de cadavres en capotes grises. Il faut franchir ce rempart et repousser les tirailleurs autrichiens, dont la ligne se prolonge jusqu'à Ponte-Vecchio-di-Magenta, où nous devons à tout prix nous établir. Le maréchal fait gravir à son cheval cet escarpement ensanglanté, ramasse autour de lui quelques hommes et m'ordonne de les porter sur une butte qui s'élève en avant de nous, d'où, dominant un terrain couvert, il faut débusquer l'ennemi. Secondé par le chef de son artillerie, le général Courtois d'Hurbal, qui, sans commandement par le retard forcé de nos pièces, a pris ce jour-là le rôle d'aide de camp, il établit lui-même d'autres tirailleurs et relie au village de Ponte-Vecchio la butte où il m'a placé. Cette butte était surmontée d'un kiosque couvert de pampres, qui est resté agréablement dans mon esprit. Tout l'espace du reste qui s'étendait entre cette hau-

17

teur verdoyante et le village que le général Gyulai nous a disputé si vivement offrait le plus attrayant aspect. Les arbres y étaient enlacés par les festons de cette vigne grimpante qui est la couronne de la campagne italienne. C'était un lieu semblable à celui où le Corrége a mollement étendu son Antiope ; mais ce lieu alors était bien loin d'être propice au repos. Toutes les charmilles abritaient des tirailleurs. Les balles sifflaient à travers les arbres, dont elles emportaient les feuilles et brisaient les branches. Il y avait pourtant des figures couchées sous ces bruyants ombrages ; seulement ce n'étaient point des figures vivantes. Les cadavres étendus dans ces lieux arcadiens, au pied de ces mûriers touffus, sous ces rameaux de vigne, tiraient un effet puissant de ce qui les entourait. L'orage dont j'ai parlé tout à l'heure s'était dissipé. Le ciel avait cette gaieté attendrie, la terre cet émouvant éclat qui suivent les bourrasques du printemps. Les corps où régnait la mort gisaient sur une herbe brillante, toute remplie de cette tiède et féconde existence qui gonfle le sein de la nature quand elle enfante ses merveilles de chaque année. Eh bien, cette bataille en cette saison, à travers ce beau pays, offrait à l'âme un charme violent, elle l'inondait de cette volupté douloureuse qui est le secret suprême de toute jouissance humaine. Nul de nous en ce moment n'aurait pu accuser le ciel de ne pas remplir cette coupe avide que, suivant un poëte, nous lui tendons éternellement. Le ciel nous jetait avec profusion au contraire tout ce qui peut faire déborder le vase insatiable : odeur des prés, senteurs de l'orage, parfum de la poudre. Voilà ce que je pensais tandis que nos chevaux franchissaient les cadavres et rompaient avec leurs poitrails les enlacements de la vigne.

Ce que je pensais, je le retrouve facilement dans ma mémoire. Il y a des ivresses qui se dissipent, pour ne plus jamais renaître, dans l'air qui nous environne; il en est d'autres, au contraire, mystérieuses et puissantes, dont les vapeurs vont se perdre au fond de notre âme : telles sont les ivresses des combats. Celles-là sont restées en nous, et sortent de notre cœur quand nous le déchirons pour en faire jaillir le souvenir. Mais ce que j'ai senti n'est pas ce que je souhaite le plus de rendre ; je voudrais avant tout dire ce que j'ai vu. Or quand on a vraiment participé à un combat, même de la manière la plus obscure, quand toutes les énergies d'une bataille, semblables aux willis de la ballade allemande, vous ont saisi et maintenu des heures entières dans le tourbillon de leurs mouvements, peut-on avoir autre chose dans sa cervelle que des images forcément incomplètes, tumultueuses, confuses? Eh bien, cette série d'images, pareilles aux arbres vacillants, aux maisons roulantes, aux paysages ivres, qu'on traverse en chemin de fer, je voudrais les faire courir maintenant sous les regards auxquels j'ouvre mon esprit, comme elles ont couru sous mes yeux.

Le maréchal Canrobert s'élance vers un amas de maisons qu'entoure une épaisse fumée. Cet amas de maisons s'appelle Ponte-Vecchio-di-Magenta. Le canal qui traverse ce village le sépare en deux parties, sans communication entre elles, car les Autrichiens ont fait sauter le pont qui les unissait. Pourtant nos soldats devaient combattre sur les deux rives de ce cours d'eau. J'ai su depuis ce que le général Vinoy et le général Renault avaient fait sur la rive gauche. Je vois encore le maréchal sur la rive droite. Au moment où nous arrivons à Ponte-Vecchio, ce village, qui, en quelques heures, fut pris et repris sept fois, subissait une invasion autrichienne. Quoique animées d'un dévouement héroïque et commandées par des officiers intrépides, quelques compagnies se retiraient devant les masses poussées par le général Gyulai, qui jetait en cette partie du champ de bataille colonne sur colonne, avec l'acharnement d'un joueur épuisant tout l'or de sa bourse sur un même coup. Le vent brûlant de la mousqueterie sifflait à travers le village, brisant les tuiles et arrachant le plâtre des maisons. Le maréchal Canrobert fait rebrousser chemin aux premiers soldats qu'il rencontre. —Allons, mes amis, leur crie-t-il, encore un effort à la baïonnette ! — A la baïonnette ! répètent autour de lui des voix fatiguées, mais ardentes, où l'on sent vibrer toute l'énergie que des vouloirs indomptables peuvent arracher aux dernières profondeurs de l'âme. Et ces compagnies décimées, conduites par des officiers qui presque tous ont reçu des contusions ou des blessures, marchent de nouveau sur les feux ennemis, se jettent sur la mort, qu'elles forcent à reculer comme un fantôme vaincu par la sainte magie de la foi.

Les Autrichiens se sont repliés à leur tour. Quand nos yeux ne nous le diraient pas, nous le saurions par ces longs sifflements qui traversent l'air, puis viennent aboutir sur le sol à une explosion soulevant autour de nos chevaux les mottes de terre et les touffes d'herbe. L'ennemi recommence à lancer ces fusées qu'il tient en estime particulière : projectile d'un poétique effet, mais lent, maladroit, incapable de lutter contre ce coin de fer que le canon rayé, à travers de fabuleuses distances, enfonce au cœur d'une armée. Le canon rayé, je le vois jouer son rôle sous la direction du général Lebœuf au pont du chemin de fer, où le maréchal Canrobert retourne un instant. Le général Lebœuf a mis là quelques pièces en batterie. Ces pièces, tournées vers Ponte-Vecchio, lancent des boulets qui, décrivant une courbe immense, passent au-dessus du village où sont retranchés nos soldats, et vont tomber dans les rangs autrichiens. Ce chemin de fer d'où tout à l'heure nous courions à l'ennemi offre un spectacle entraînant. Le maréchal Canrobert y est accueilli avec enthousiasme par des troupes heureuses du secours chaleureux qu'il leur apporte, et qui assure le succès de leurs longs efforts. Pendant que le commandant en chef du troisième corps échange quelques mots avec le général Niel, qui vient de donner des ordres à la division Vinoy, je promène mes regards sur ce qui m'entoure. La confiance règne sur tous les visages. La statue n'est pas encore fondue, la statue immortelle que le soir nous offrirons à notre pays, mais les terribles accidents ne sont plus à craindre ; grâce à ces êtres d'âme et de chair qui se font une joie de se jeter dans la fournaise où il ne faut pas que la flamme s'éteigne un instant, elle sortira complète et radieuse du moule brûlant qui la cache à nos yeux.

Je reconnais dans ce coin du champ de bataille plusieurs visages que j'ai déjà vus, éclairés par des lueurs semblables à celles qu'ils réfléchissent maintenant. Ainsi je retrouve le général de Wimpfen, qui me rappelle l'Afrique et la Crimée. Les traits de ce vaillant soldat, dont le vieux nom est mêlé aux guerres de tous les pays et de tous les temps, sont ensanglantés et noircis ; mais son regard est rayonnant. Il m'adresse quelques paroles qui me font plaisir.

« Ce sont toujours les mêmes hommes qui se font tuer, » disait en riant le maréchal Bugeaud. Le fait est que les champs de bataille ressemblent à ces salons où l'on retrouve toujours une même société. Ils ont un personnel d'habitués que les balles endommagent et diminuent de temps en temps, mais dont on voit constamment reparaître quelques débris.

Bientôt le maréchal Canrobert reprend sa course. Nous retournons aux lieux que nous venons de quitter. Les Autrichiens n'ont point renoncé à l'attaque de Ponte-Vecchio. Le maréchal s'arrête encore à ce village, puis parcourt de nouveau les lignes de tirailleurs qui en protégent les approches. Il se meut, à la fois calme et passionné, au milieu du feu. Il se porte à tous les endroits où un exemple énergique est nécessaire. Chaque soldat tour à tour entend à son oreille cette parole amicale et impérieuse, héroïque et familière qui tantôt le pousse où il faut courir, tantôt l'enchaîne où il faut rester. Tandis que les heures s'écoulaient pour nous dans cet espace étroit, mais où se passait une grande lutte, le général Mac-Mahon accomplissait son mouvement tournant sur Magenta. Le maréchal Canrobert avait envoyé le comte Vimercati s'enquérir des opérations du deuxième corps. Tout à coup nous voyons cet officier s'avancer vers nous au galop. La joie d'une bonne nouvelle est sur ses traits. Il nous apprend en effet que Magenta, où il vient lui-même de pénétrer, est au pouvoir de nos armes. En cet instant, le maréchal Canrobert était sur la lisière d'un champ, à l'entrée de Ponte-Vecchio. L'ennemi tentait sur ce village un effort suprême. Le feu redoublait de furie. Je vois encore, à l'horizon d'un tableau que je pourrais dessiner, ces soldats autrichiens élégants et sveltes, avec leurs tuniques blanches et leurs bonnets bleus, ouvrant les bras et tombant à côté de leurs fusils. Dans ce paysage embrasé, la mort était en pleine moisson ; mais le maréchal Canrobert sentait la victoire décidée. En préservant le flanc droit de l'armée, il avait assuré les succès obtenus aux débuts de l'action par la garde ; la prise de Magenta par le général Mac-Mahon venait à présent confirmer l'heureux résultat de la lutte qu'il soutenait depuis plusieurs heures. Ainsi trois actes éclatants amenaient le dénoûment triomphant du drame. Le maréchal Canrobert s'adresse à un groupe de soldats dont son cheval est environné. Il leur fait partager la joie patriotique dont il est rempli, puis, se tournant vers le capitaine Vimercati et vers moi, il nous ordonne d'aller au plus vite annoncer à l'empereur ce qu'il vient d'apprendre.

Nous partons de toute la vitesse de nos chevaux; nous parcourons la voie qui couronne le talus du chemin de fer, voie embarrassée à chaque pas par des cadavres que nous sommes obligés de franchir.

Nous arrivons aux lieux où se tient l'empereur et nous remplissons notre mission. L'empereur, en cet instant, dirigeait le mouvement d'une batterie. Il nous reçut avec un sourire affectueux, mais les traits empreints de ce calme profond qui m'avait frappé la veille. Ni les heures passées si pleines d'angoisses, ni l'heure présente si remplie d'enivrement, n'avaient pu mettre leur trace sur son visage. Un moment arriva cependant où, dans ce regard que l'ivresse du succès n'avait point troublé, un sentiment profond se peignit, et, je dois le dire, un sentiment de tristesse. Cet incident m'a frappé vivement, et je veux essayer de le raconter.

Pour gagner l'ambulance, qu'on avait établie à la hâte, les blessés étaient obligés de suivre la route où se tenait l'empereur. Ainsi aucune horreur de la bataille n'était épargnée à celui qui en réglait les mouvements. Comme les fils de cet illustre supplicié forcés à recevoir sous l'échafaud le sang de leur père, l'empereur, en offrant lui-même sa chair aux balles, sentait tomber goutte à goutte sur son cœur tout le sang de son armée. Placé à quelques pas derrière lui, après m'être acquitté de mon message, j'accordais, je l'avoue, une assez médiocre attention au lugubre défilé dont j'étais le spectateur. J'étais rempli d'une joie immense, ma cervelle résonnait de fanfares. Le ciel mélancolique pourtant, et où s'allongeaient les premières ombres du soir, me semblait pavoisé à nos couleurs; mais soudain mon regard fut attiré par une civière où se tenait à demi couché un blessé dont le visage avait une particulière énergie. C'était un soldat. Ses jambes étaient cachées par sa capote grise, à laquelle ses épaulettes de laine étaient attachées encore ; une chemise grossière couvrait seule son buste, dont le bas portait des traces sanglantes, et le haut de ce buste offrait un terrible spectacle. Un boulet avait atteint cet homme à l'épaule et lui avait arraché le bras ; l'endroit où ce boulet avait frappé présentait une plaie sinistre, une immense surface de chair rougie où se tordaient des fibres déchirées. Eh bien, en passant devant l'empereur, ce soldat, par je ne sais quel effort, car, outre cette horrible plaie, il avait au ventre une autre blessure, ce soldat parvint à se soulever, et, se mettant sur son séant, il appela l'empereur. « Sire, votre main ! » s'écria-t-il avec cet accent étrange, violent et sourd, sonnant le formidable et l'inconnu que prend le verbe de l'homme quand il s'agite comme un oiseau de nuit effrayé entre les parois de la masure d'où le chasse la mort. A cet appel, l'empereur, comme si une puissance surhumaine l'eût évoqué, s'avança lentement, et mit sa main nue dans la main que le soldat agonisant lui tendit par-dessus sa capote, à quelques pouces de la plaie béante qui était la cause de cette étreinte. Après cette poignée de main, la civière poursuivit sa route. Le front du soldat était radieux, celui du souverain était voilé. L'empereur donna encore la main à un officier blessé à la poitrine, qui, en passant devant lui, s'était soulevé également sur sa civière pour l'acclamer avec un accent qui avait quelque chose de jeune et de touchant. Toutefois c'est du soldat mutilé que j'ai gardé le plus vif souvenir. Cette poignée de main sur ce brancard décoré par des épaulettes de laine m'a singulièrement remué. Elle renfermait, suivant moi, toute la tristese et toute la grandeur de ces éclatantes et mystérieuses journées, pleines d'un charme sans mélange pour des combattants obscurs, mais faites pour remplir d'une solennelle émotion ceux qui tiennent du ciel le terrible droit de les nommer leurs filles.

V

La nuit commençait à tomber, et le champ de bataille se refroidissait comme les cieux ; les bruits et les ardeurs de la lutte qui avait rempli la journée s'éteignaient de toutes parts. Les cadavres couchés sur la terre n'étaient plus offensés ni par la lumière du jour ni par le regard des vivants. Les ténèbres les ensevelissaient, et le vent du soir les pleurait. Dans la direction de Ponte-Vecchio, que je cherchais à regagner, je rencontrai le maréchal Canrobert, qui se rendait auprès de l'empereur. Je rebroussai chemin pour l'accompagner. J'appris des officiers qui le suivaient qu'après mon départ le combat s'était prolongé encore dans les rues de Ponte-Vecchio-di-Magenta. Dans ce combat, me dit-on, le chef de notre état-major, le colonel de Senneville, avait reçu une balle au cœur. Le colonel de Senneville était le dernier officier à qui j'adressais la parole en me séparant du maréchal; il m'empruntait, je crois, en ce moment le feu de mon cigare. Je devais aller le lendemain ensevelir ses dépouilles dans ce lieu même où, sans le savoir, je lui avais dit un éternel adieu. J'avais une respectueuse affection pour cet homme vaillant et calme, que j'avais déjà connu en Crimée. Puis, par un de ces caprices de la mémoire, fréquents à ces heures violentes où l'esprit reçoit tant d'impressions, je me rappelais avec une force singulière le dernier regard que j'avais vu dans ses yeux. Pendant la soirée où l'on m'apprit sa rapide et noble fin, je sentis continuellement ce regard sous ma cervelle. Il y ouvrait comme un abîme où je faisais descendre cette rêverie mêlée d'amertume et de douceur qui va de notre âme à celle des morts.

Cette funeste nouvelle n'était pas la seule que je devais apprendre ce soir-là. Pendant que l'empereur s'entretenait avec le maréchal Canrobert, je sus que nous avions perdu le général Cler et le général Espinasse. C'étaient encore deux figures d'Afrique et de Crimée qui disparaissaient pour moi, et deux figures que j'avais vues passer dans des clartés glorieuses. Ces deux hommes avaient eu du reste assurément le trépas qu'ambitionnaient leurs cœurs. Pour parler le langage de Montluc et de Brantôme, tous deux étaient les nourrissons de Bellone, qui les avait allaités de la plus énergique liqueur de ses mamelles. Aussi tous ceux qui les ont connus se rappellent la joie dont ils rayonnaient quand ils pouvaient courir à cette formidable nourrice. Le général Espinasse avait pour officier d'ordonnance un de ses cousins, jeune homme à la nature chevaleresque, haut de cœur, prompt de main, soulevé facilement par toutes les émotions généreuses. Le lieutenant Froidefond, ainsi s'appelait cet officier, pour qui je me sentais un vif attrait, tomba dans les rues de Magenta, près de son général. Voilà encore un homme qui fut traité par la Providence suivant ses ambitions et ses instincts. Certainement, quand leurs cadavres sont encore chauds, on voudrait rappeler à la vie les braves gens que la mort vient de frapper, on s'indigne contre le coup qui les atteint tout en sachant que leurs cœurs y auraient souscrit. L'avenir se réjouit de ces trépas que pleure le présent, c'est là ce qui doit nous consoler. Ces morts héroïques, qui passent en quelques brèves paroles d'une génération militaire à l'autre, se dégagent peu à peu des tristesses dont elles étaient entourées pour ne plus garder que leur virtuel éclat.

L'empereur avait établi son quartier général à San-Martino, dans une petite maison ombragée par ces grands sycomores qui se réfléchissent dans les eaux transparentes du Tessin. Cette petite maison se composait de deux chambres également étroites, également nues, l'une que s'était réservée le souverain, l'autre où se pressaient tous les officiers de sa suite. Je sentais une faim violente et j'étais dévoré par une de ces soifs particulières aux champs de bataille, qui semblent avoir fait passer dans notre gosier toutes les ardeurs de notre cœur. J'obtins un morceau de pain et quelques gouttes de vin qui étaient dans cette résidence impériale le présent de la plus généreuse hospitalité, car la table de l'empereur, ce jour-là, avait été en harmonie avec son logis. Je quittai ce glorieux et détestable gîte pour me diriger vers des pénates inconnus que je devais trouver plus sordides et plus bouleversés encore.

Le maréchal Canrobert alla camper de sa personne en avant des positions que la garde avait si vaillamment enlevées le matin. De hautes masures couvertes par le combat de la journée d'innombrables cicatrices se dressaient en face l'une de l'autre dans les ténèbres. Le seuil d'une de ces maisons était éclairé ; la porte laissait passer par ses fentes des rayons de lumière. Je poussai ces planches mal jointes ; elles glissèrent dans une flaque de sang où gisaient quelques couvertures grossières. Ces couvertures étaient jetées sur des cadavres, placés entre des chandelles fumeuses, qui reposaient sur ce sol ensanglanté. J'étais entré dans une chambre mortuaire. Je quittai cette demeure où les vivants n'avaient pas le droit de dormir, et j'allai au gîte opposé.

Là n'existait aucune porte. On entrait dans une cour vaste et obscure, où soufflait le vent de la nuit. Dans un coin de cette cour, je rencontrai un corps de logis brisé, démantelé comme un navire qui a prêté toute une journée ses flancs aux boulets. Là sans doute s'étaient embusqués des tirailleurs que nos baïonnettes avaient délogés. Je pénétrai à tâtons dans une grande pièce, où je sentais mon pied se heurter contre toute sorte de débris d'une espèce inconnue. La clarté d'une allumette, que j'enflammai à mon cigare, me permit de distinguer parmi ces débris de grands fragments de papier. C'étaient des gravures arrachées aux lambris de cette triste demeure, — ces humbles gravures, luxe naïf de l'indigence, ces images de l'Été, du Printemps, de l'Automne, qui sourient dans de pauvres cadres, sous des toits de chaume. Je ramassai quelques-unes de ces images, j'y mis le feu et les jetai dans un vaste foyer, où je lançai ensuite tout ce que je trouvai sous ma main, chaises boiteuses et bancs cassés. Alors à la clarté de cette flamme, que je destinais à combattre je ne sais quelle particulière espèce de malsaine et pénible humidité, je fis avec les lieux où m'avait poussé la guerre une connaissance qui n'était pas de nature à me charmer. Une table où je voulus appuyer ma tête pour dormir, un siége que j'avais respecté et placé près du feu pour m'y établir commodément, avaient un suintement que je m'expliquai ; l'humidité dont je m'étais senti pénétré, cette chambre déserte la devait à une vapeur de sang.

J'abandonnai encore cette pièce inhospitalière, plus hideuse peut-être avec ses vagues empreintes de meurtre que la chambre où tout à l'heure mon pied heurtait contre des cadavres, et j'allai me coucher au dehors sur le gazon de la cour. Là, j'allumai avec quelques officiers et quelques soldats un feu de bivouac ; je m'enveloppai dans mon manteau, et je plaçai sous ma tête l'antique oreiller de Jacob. Si je ne trouvai pas sur la pierre où je m'endormis les songes mystiques que Dieu envoya au patriarche, j'y goûtai un sommeil plein de douceur, un de ces sommeils où notre être tout entier s'étend avec délices le soir d'une bataille, et qui, rempli de secrètes caresses, nous reçoivent comme les eaux profondes du fleuve chanté par le poëte reçurent le pasteur Aristée.

Je fus réveillé à cette heure matinale, où l'on se sépare à regret d'une couche même aussi dure que l'était la mienne, à cette heure où notre âme et la nature, encore sous le charme l'une du rêve, l'autre de la nuit, semblent renaître avec tristesse toutes deux à la réalité et au jour. Je reçus l'ordre de monter à cheval pour accompagner le maréchal Canrobert, qui allait avec son état-major visiter ses avant-postes. Nous arrivons à Ponte-Vecchio-di-Magenta, où est installée la division Trochu. Nous traversons le village, et nous pénétrons dans les champs où sont établies nos grand'gardes. Nous circulions au milieu des hommes couchés sur leurs sacs et des armes réunies en faisceaux, quand un bruit soudain de mousqueterie retentit à quelques pas de nous dans le brouillard du matin. L'air est envahi de nouveau par l'essaim turbulent des balles. Nous pouvons nous croire rentrés dans les régions de la veille. Cette fusillade matinale, cette diane sonnée en coups de feu, avaient pour but de cacher un mouvement du général Gyulai. C'était, a dit le rapport autrichien, le dernier effort d'un vaillant régiment qui avait perdu la moitié de ses officiers dans la journée de Magenta ; tandis que l'armée ennemie, campée dans la direction d'Abbiate-Grasso, opérait sa retraite, ce régiment, lancé en avant, venait essayer de cacher sous le rideau brûlant d'un nouveau combat ce qui se passait derrière lui. A cette explosion de coups de fusil, le général Trochu monte à cheval ; fait prendre les armes à toute sa division, et se jette lui-même sur l'ennemi à la tête des premières troupes qui sont prêtes. Les hommes se mettent au pas redoublé, les clairons et les tambours entonnent la charge, et, soulevés par ces accents entraînants, voilà les pieds de nos fantassins qui courent à travers l'herbe chargée de rosée. Je me rappelle avec bonheur ce brillant départ. Il avait je ne sais quoi d'héroïque et de gai. Cette image de l'alouette gauloise, qui me revient toujours quand je me trouve entre les rangs agiles et joyeux de notre infanterie, s'offrit à moi plus vive que jamais. Je la voyais, cette alouette, prendre sa volée aux premiers rayons du jour, à travers les champs de maïs, allègre, audacieuse et défiant le plomb qui sifflait autour de ses ailes. Ce rapide engagement eut des résultats qui répondirent à ses débuts. Le général Trochu repoussa l'ennemi, et le poursuivit en lui faisant éprouver des pertes sensibles. Perdu dans la gloire de la veille, le combat de cette matinée ne fut point pourtant sans éclat. Il eut, dans ses étroites proportions, ses nobles dévouements, ses généreux trépas, aussi bien que les plus grandes batailles, car l'héroïsme et la mort surtout se jouent des limites encore plus que le génie ; ce qui est marqué à leur empreinte offre partout la même grandeur.

Le lendemain de Magenta est une des journées qui font le plus de lumière dans mes souvenirs ; je retrouve l'une après l'autre toutes les heures qui ont passé pour moi dans cette région du temps, et le regard particulier que chacune d'elles m'a jeté en passant. Ainsi je me rappelle une longue séance que je fis sur le pont du chemin de fer, où le maréchal s'était arrêté, attendant les ordres de l'empereur et l'allure qu'allaient prendre les événements. C'était sur ce pont que la garde avait livré la veille ses plus opiniâtres combats. Aujourd'hui ce lieu où les soldats circulaient joyeusement, devisant des périls passés, se parant en jouant d'uniformes enlevés à l'ennemi, ce lieu avait quelque chose de souriant qui rappelait les fêtes de village, et cependant de chaque côté du pont, sur des rampes escarpées, la mort avait placé deux enseignes sinistres : c'étaient deux monceaux de cadavres réunissant des types et des vêtements variés. Un zouave avec une barbe monacale était étendu les bras en croix ; son front pâle reposait sur la poitrine déchirée d'un Autrichien ; auprès de lui se serrait un grenadier dont on ne voyait pas le visage, car il était tombé la face contre terre, mais qui avait dans ses cheveux courts et drus ce je ne sais quoi qui sent la toison nouvelle, caractère commun aux têtes de novices et de jeunes soldats. Cet homme était bien un jeune soldat en effet; je pus m'en convaincre en voyant son honnête visage, que reconnurent deux de ses camarades. « — Tiens! firent les compagnons de ce mort qui se promenaient sur le champ de bataille, fouillant de leurs regards curieux les débris dont ils étaient entourés, voilà un tel qui manquait à l'appel ce matin. »

Ces corps sans sépulture étaient un spectacle qu'on ne voulut point laisser aux soldats; l'ordre fut donné de creuser partout des fosses, et le sol enferma bientôt ces cadavres qui flanquaient les deux côtés du pont: Autrichiens et Français furent ensevelis côte à côte; habits bleus et habits blancs disparurent cachés par les mêmes pelletées de terre. Ainsi naissait sous la main des fossoyeurs la fraternité, cette fleur idéale que les songeurs demandent aux régions de la vie et qui ne veut s'épanouir que dans la tombe. J'étais destiné à voir ce jour-là toutes les natures de funérailles qui suivent les vastes actions. Le maréchal Canrobert voulut rendre les derniers devoirs au chef de son état-major, le colonel de Senneville.

Il partit accompagné de quelques officiers parmi lesquels je me trouvais; il se rendit à l'entrée de Ponte-

Vecchio-di-Magenta, au coin du champ où la veille j'avais parlé pour la dernière fois à celui dont j'allais voir disparaître les restes. Il y a, aux heures tristes de la vie, des lieux qui opèrent dans notre mémoire un miracle semblable à celui du saint suaire. Ce paysage, où vers la fin du jour j'ensevelis un compagnon aimé, a laissé son empreinte sur mon esprit, nette, vivante, comme la face divine sur le tissu dont elle fut touchée. Je vois la maison qui s'élevait derrière moi, le pré qui était à ma gauche, et où les hussards de notre escorte s'arrêtèrent pendant la cérémonie funèbre pour faire un fourrage improvisé. Je vois plus que tout cela encore : le sentier étroit où gisait, enveloppé dans une couverture de campement, le corps du colonel de Senneville. Le maréchal Canrobert fit soulever le grossier linceul qui lui dérobait un visage ami. Il attacha sur ces traits rendus pour quelques instants à la clarté du jour un regard rempli à la fois de mélancolie et de fermeté, puis il fit creuser lui-même par des grenadiers la fosse où l'on allait déposer le cadavre. Pour savoir si cette fosse avait la longueur et la profondeur nécessaires, il ordonna à un des fossoyeurs en capote grise de s'y coucher. Celui qui reçut cet ordre était un jeune soldat dont la figure prit quelque chose de soucieux. — Allons, mon enfant, dit le maréchal, cela vous portera bonheur. Quand la tombe eut les dimensions voulues, on y descendit le mort, que l'on plaça la tête tournée vers la France. On planta ensuite sur la terre à qui ces dépouilles étaient confiées l'étendard de la patrie que vivant ou mort on rencontre, n'importe de quel côté on se tourne; la croix s'éleva sur ce sol piétiné par les luttes de la veille ; un prêtre récita les prières de l'Église. Les prières terminées, le maréchal Canrobert, prêt à remonter à cheval, s'inclina une dernière fois vers la tombe où il venait de coucher son compagnon, et jeta ces paroles dans notre silence : — Au revoir, Senneville, au revoir !

Celui qui faisait à la formule consacrée cet heureux et noble changement, qui, à l'hôte récent de cette tombe guerrière, disait : « Au revoir! » et non pas « Adieu! » avait couché la nuit entre des cadavres, et ne savait guère quelle demeure il aurait le lendemain. Cette courte oraison funèbre entre deux batailles fit passer dans nos cœurs ce frémissement dont nous agite la parole humaine, quand elle mérite de s'appeler l'inspiration. Le maréchal Canrobert, au bout de quelques heures, avait oublié le mot qu'il avait prononcé ; mais ce mot est resté dans des âmes où il pénétra, comme un trait, tout vibrant de l'impulsion qu'il devait à une force inconnue.

Trois jours après la bataille de Magenta, nous entrions à Milan. Cette triomphale journée du 8 juin 1859 m'a laissé dans ses débuts une pénible impression.

Nous suivions, pour gagner la ville, les chemins qui se prolongent des deux côtés de cet interminable canal que l'on appelle le Naviglio-Grande. Resserrées dans ces voies étroites, les troupes s'avançaient avec lenteur. Il fallait subir continuellement le supplice des marches pompeuses, ces temps d'arrêt qui emplissent l'âme d'un sentiment chagrin et impatient, semblable à l'ennui morbide des salles d'attente. Nous avions couché la veille dans un petit village sur les bords du canal. Nous étions à cheval depuis quatre heures du matin, et à midi nous n'apercevions pas encore les toits de Milan. On sentait dans le ciel un lourd soleil ; la fatigue et la chaleur unissaient contre nos cervelles leurs puissances oppressives. La pensée toutefois d'assister à des prodiges d'enthousiasme, d'entrer dans une ville en fête, d'appuyer enfin nos lèvres un instant aux bords de l'immense coupe où les membres inconnus des légions illustres s'enivrent obscurément de la gloire, cette pensée nous soutenait et ramenait par intervalles un sourire sur nos visages poudreux ; mais nous avions compté sans les nécessités de la guerre, qui dominent tyranniquement chaque heure des existences qu'elles régissent. Tandis que Milan se pavoisait et se couronnait de fleurs, cette armée autrichienne qui l'avait traversée la veille, sombre, silencieuse, irritée, laissant derrière elle une trace de sang, les courageux vaincus de Magenta n'étaient qu'à quelques pas de nous, et la lutte dont nous sortions pouvait recommencer. L'ordre nous vint de tourner la ville au lieu d'y pénétrer, et d'aller nous établir sur les boulevards extérieurs, prêts à soutenir les corps Baraguay-d'Hilliers et Mac-Mahon, qui s'avançaient déjà vers l'ennemi.

Je ne pus donc d'abord juger Milan que sur quelques faubourgs déserts, car tout le sang de cette ville passionnée affluait en ce moment à son cœur. Cependant, nos troupes établies dans les campements qui leur étaient assignés, le maréchal Canrobert voulut se rendre au quartier impérial. Je vis alors dans toute sa splendeur le spectacle désiré. Milan avait l'aspect d'une ville où vient de s'accomplir une révolution, mais une révolution sans épouvante et sans larmes. On y sentait d'abord cette vie étrange, expansive, qui, à des heures brûlantes et rapides, inonde tout à coup de grandes cités. Les rues étaient encombrées de cette foule où se confondent tous les rangs, où tous les regards s'interrogent, où tous les cœurs se répondent, enfin où se montrent, enchanteurs et dangereux fantômes, ces visions que les peuples n'oublient plus quand elles leur sont apparues une fois. Malgré le nombre de Français qu'il avait déjà salués, l'enthousiasme milanais n'était point las. En se dirigeant vers le quartier impérial, notre état-major glana encore nombre d'acclamations et de fleurs.

Le palais occupé par l'empereur était rempli de costumes étranges. A côté de nos uniformes se montraient ces bizarres accoutrements sous lesquels se produisent soudain, aux jours d'émotions publiques, nombre de citoyens souvent respectables et paisibles. Une sorte de garde nationale s'était formée immédiatement. Plusieurs notables milanais avaient modifié leur tenue habituelle par un baudrier passé sur une redingote bourgeoise et par une coiffure militaire. Dieu me préserve du reste d'une pensée ironique en racontant ces détails, que je recueille uniquement pour faire revivre les scènes qui m'ont frappé! Je trouve qu'il ne faut pas railler l'enthousiasme chez l'homme isolé, à plus forte raison chez les peuples. Un fait qui se retrace en ce moment même à ma mémoire donnera une idée de l'empressement que nous montraient à l'envi toutes les classes de la société dans la capitale de la Lombardie. Suivant une règle enseignée par l'expérience de la guerre pour éviter les pertes fâcheuses de temps, le maréchal Canrobert, dans tous les lieux où il bivouaquait, faisait venir le soir à son quartier quelques guides chargés d'accompagner ses plantons. Le soir du 8 juin, comme à son ordinaire, il voulut prendre cette précaution. Dans une ville aussi grande que Milan, les plantons pouvaient s'égarer. On fait demander des guides à la municipalité; au bout de quelques instants, ces guides arrivent. Le maréchal était à table ; souriant à une pensée soudaine, il envoie un officier savoir quels gens lui a expédiés le patriotisme milanais. Cet officier trouve dans le vestibule, où se tiennent les plantons, deux membres élégants et titrés de l'aristocratie lombarde. Je pourrais citer maints incidents de cette nature. Il y a des heures où la patrie, au lieu d'être une divinité à la fois oubliée et invisible, devient une personne vivante pour tous les cœurs, présente pour tous les regards, marchant, comme le Dieu fait homme, au milieu de la foule, dans la poussière de nos routes. Alors les âmes s'exaltent de concert, et chacun se dispute l'honneur de rendre à l'être glorieux les plus humbles services. Point de chevelure précieuse qui ne soit fière d'essuyer ses pieds. Voilà ce qui arrivait à Milan ; mais je reviens au quartier impérial.

Le maréchal Canrobert y apprit que son corps ferait peut-être une halte de quelques jours. Il alla s'établir dans un palais où nous attendait une gracieuse et splendide hospitalité. L'Italie est encore à 89, si ce qu'à Dieu ne plaise du reste, elle doit retrouver toutes nos étapes dans la route où la voilà engagée, si la Providence a décrété qu'on pourrait lui appliquer le mot douloureux de Shakspeare, si son histoire est destinée à être un conte déjà raconté. Malgré les refrains patriotiques, malgré les flammes tricolores qui résonnent et brillent dans son atmosphère, Milan possède toujours ses seigneurs. J'ai entendu cette expression sur des bouches de paysans, et qui plus est de bourgeois. A deux pas d'un poste de la garde civique, sous le portique d'un palais décoré aux couleurs nationales, j'ai vu la main d'un de ces seigneurs baisée gravement par un homme décemment vêtu, ce qui me rappelait les us en vigueur dans la société féodale des Arabes. La noblesse milanaise a gardé des demeures dignes du prestige qui l'environne. Nos regards, où flottaient encore les images des champs de bataille, erraient dans notre nouveau gîte sur des murs aux sculptures dorées, et revêtus de cette divine parure qu'ont seules les murailles italiennes. Les vastes pièces où nous errions étaient toutes remplies de cette mystérieuse lumière qui s'échappe des toiles immortelles comme de lieux enchantés et profonds.

Une fête presque aussi chère à mes yeux que les plus précieux tableaux dans notre résidence de Milan, c'était un vaste et sombre jardin qui s'étendait sous nos fenêtres. Je ne me suis point promené dans ce jardin, et je ne m'en repens pas. Il ne faut jamais s'approcher de ce qui ressemble à une vision. J'ai gardé ainsi avec plus de puissance le souvenir d'un gazon épais, à la verdure foncée et luisante, qui, au milieu des grands arbres dont il était entouré, avait un aspect de lac magique. Le 8 juin, vers cinq heures du soir, je regardais ce jardin, où venait de tomber une pluie d'orage, quand j'entendis un bruit que je pris d'abord pour celui de la foudre, mais que je reconnus bientôt pour le bruit du canon. A l'heure même où je jouissais de tous les charmes qu'une ville peut renfermer, le corps du maréchal Baraguay-d'Hilliers, qui le matin avait traversé Milan au pas de course, était aux prises avec l'ennemi. Encore parés des fleurs qu'on leur avait jetés, nos soldats soutenaient dans le cimetière de Melegnano cette héroïque et sombre lutte qui ensanglantait la pierre des tombeaux. Ce canon lointain, dont les accents m'arrivaient avec les bouffées d'un vent humide, me causait une singulière impression. Ces lugubres accords, pour parvenir jusqu'à mes oreilles, traversaient tant de charmantes choses : une riante campagne, une ville ornée comme une salle de bal, et ces allées solitaires, au feuillage lustré par l'eau du ciel, dont je ne pouvais détacher mes yeux. Cette canonnade du reste fit tressaillir le cœur de Milan, et bien d'autres que moi, j'en suis sûr, en ont gardé le souvenir. Dieu fait des drames plus puissants que ceux de Sophocle et d'Eschyle, a dit je ne sais quel père de l'église ; il est certain que, lorsqu'elle dispose tout à coup la vie des peuples en scènes rapides, dominées par une seule action et concourant à un même but, la Providence semble se plaire à réunir tous les effets de l'art le plus ingénieusement émouvant. Le canon de Melegnano, jetant sa note voilée dans le concert de sons éclatants qui remplissait une ville ivre de joie, produisait ce qu'on nommerait une beauté merveilleuse dans une œuvre du génie humain. Le glas de ce bronze invisible, sonnant à travers une fête de triomphales funérailles, avait une solennité imprévue dont chacun se sentait pénétré. Je vois encore le recueillement et l'anxiété peints sur le visage de nos hôtes. Les vœux qui en ce moment sortaient si passionnés de tant d'âmes ne furent point trompés. Malgré ce qu'il avait de sinistre avec ses sourds roulements, le canon de Melegnano était digne du jour où il résonnait : il annonçait une victoire.

Le 9 juin, l'empereur et le roi de Piémont allaient entendre un *Te Deum* à la cathédrale de Milan. Je n'aimerais pas à revoir dans les conditions habituelles de la vie, éclairés par la seule lumière d'un jour semblable à un millier de jours, les lieux que j'ai vus à la lueur des grands événements. Peut-être, à ces clartés trop vives, ne voit-on pas les objets tels qu'ils sont, suivant le témoignage habituel de nos sens ; mais qui sait, après tout, si les vraies formes des choses répondent bien à ce témoignage, si elles ne vous apparaissent au contraire qu'à ces seuls instants où elles sont mises en un contact mystérieux et passager avec notre âme par ces puissances calomniées que l'on appelle les illusions?

Cette cathédrale de Milan si souvent décrite, je n'essayerai pas de la décrire à mon tour. Je crois pouvoir dire seulement que je l'ai vue, et ce mot-là renferme toute ma pensée. Elle m'a rappelé ces apparitions qui, suivant quelques livres mystiques, se montrent à la lumière du soleil, et qui même, je crois, portent un nom dans les sciences occultes et s'appellent les fantômes de midi. Le fait est qu'elle s'élevait dans un ciel ardent, blanche, transparente, aérienne; avec sa population de figures sacrées, étagées les unes sur les autres, c'était l'échelle du patriarche. Elle semblait ce qu'on lui demandait d'être en ce jour, où la prière d'une nation émue venait la trouver : une voie ouverte entre ce monde et le monde divin. Pour aller du palais qu'il habitait à cette sainte et glorieuse demeure, l'empereur traversa entre la double haie de ses grenadiers des rues bordées de maisons frémissantes comme des arbres qu'agiterait le vent. C'est qu'en effet ces maisons étaient devenues des choses vivantes. Vêtues de la splendeur mouvante des navires qui célèbrent une fête sur l'onde, elles dardaient tant de regards de toutes leurs ouvertures, elles jetaient au ciel tant de cris, elles semblaient enfin soulevées par tant de passion, qu'elles renouvelaient le miracle des temps antiques : c'étaient des pierres animées et soumises aux enthousiasmes humains. Dans ces lieux où étaient déchaînées toutes les puissances expansives de l'Italie, il n'y avait d'immobiles que les soldats rangés sur le passage de l'empereur; coiffés de ce bonnet qui devant Sébastopol rappelait Smolensk et le Kremlin, ils se tenaient calmes, droits et fiers, cariatides habituées à supporter sans fléchir le poids des gigantesques édifices dont on les charge.

Une soirée à la Scala marqua le dernier jour de notre passage à Milan. Nulle troupe d'acteurs n'était alors dans cette ville, qui voulait pourtant faire concourir à ses fêtes l'éclat de son magnifique théâtre. Il fut décidé que la salle de la Scala serait éclairée par une de ces illuminations dont l'Italie a le secret; quant à la scène, elle serait occupée par des chœurs chantant des hymnes nationaux. Cette musique improvisée était un prétexte de réunion bien suffisant pour une solennité de cette nature. Il eût été inutile, en une pareille soirée, de faire appel au génie des grands maîtres et au talent des célèbres chanteurs. Le spectacle que cherchait le public, l'art ne pouvait point le lui donner. L'Empereur et le roi de Piémont, quand ils parurent dans la vaste loge décorée pour leur triomphe, rendirent la salle aussi bruyante qu'elle était lumineuse. Tout en laissant une partie de mon esprit s'épanouir au sein de ces clartés et de ces rumeurs, je songeais involontairement à toutes les régions obscures qui entouraient ce point rayonnant du temps et de l'espace, aux combats de la veille et aux combats du lendemain, à tel arbre en cet instant même incliné par le vent de la nuit sur le sol qui recouvrait la dépouille d'un compagnon. Ce sont les pensées de cette nature qui donnent une si âpre saveur aux rapides jouissances de la guerre, en rôdant autour des parties subitement éclairées de notre âme, comme ces pâles et sinistres figures qui, dans les grandes cités, rôdent autour des maisons en fête.

Je pus me convaincre bientôt du reste que j'avais raison d'imiter l'homme destiné à se lever avant le jour, et ne livrant qu'une moitié de lui-même aux chaînes dorées du sommeil. On frappa soudain à la porte de la vaste loge, où j'aurais pu me croire perdu dans un coin élégant et charmant de la société milanaise. Un mouvement venait d'être décidé, et nous devions, dans la nuit même, faire nos préparatifs de départ. J'abandonnai un entretien commencé, je rejetai au delà de l'incertain horizon des batailles les projets que je devais exécuter le lendemain, je dis adieu à des hôtes d'une heure que probablement je ne reverrais plus, et je me dirigeai dans la nuit vers le palais où, sans le savoir, j'avais passé ma dernière journée. Milan n'était pas encore éveillé quand je montai à cheval pour rentrer dans les sentiers habituels de ma vie. Je m'éloignai de cette ville endormie le cœur reconnaissant, mais sans chagrin. Le soldat est un Juif errant volontaire : il n'a qu'une crainte, quoi qu'il en dise parfois, la terreur d'échapper au tourbillon qui le contraint à marcher.

VI

Je n'ai pas même entrevu Brescia. J'ai passé bien près de cette ville. Un soir, dans une course à cheval où j'accompagnais le maréchal Canrobert, j'arrivai jusqu'au détour d'un chemin bordé d'eaux limpides et ombragé par de grands arbres, qui m'aurait conduit en quelques minutes, si j'avais continué à le suivre, à la plus guerrière des cités lombardes; mais le maréchal revint sur ses pas, et je ne lui demandai pas la permission de pousser plus loin ma promenade. Je l'ai déjà dit, j'obéis scrupuleusement, dans mes excursions à travers ce monde, aux lois d'une fatalité qui me paraît toute remplie de charme, et qui, en tout cas, délivre d'un grand poids ma conscience de voyageur. Même quand un simple rideau de feuillage me sépare de quelque objet réputé curieux et célèbre, je m'arrête derrière ce voile sans répugnance et sans regret, si les nécessités de ma vie me l'ordonnent.

Depuis mon départ de Milan jusqu'à mon arrivée sur le champ de bataille de Solferino, le seul incident qui ait laissé une trace dans mon esprit est une mission que je remplis auprès de l'Empereur à Triviglio. Le quartier impérial consistait en une modeste habitation située au fond d'une petite cour. J'étais parti à quatre heures du matin ; le ciel avait encore des teintes roses et l'air des souffles frais, quand j'arrivai à mon but. Je trouvai l'Empereur, en uniforme et en épaulettes, dans une pièce étroite qui composait, je crois, tous ses appartements. Il était assis, la tête inclinée devant une table chargée de cartes géographiques. Je n'ai pas à raconter ici la mission, toute militaire, et d'une très-secondaire importance, qui m'était confiée ; mais ce qui, dans une histoire, ne mériterait pas d'occuper une ligne a le droit de figurer dans des commentaires, puisque c'est dans le développement des pensées intimes que réside toute la force de ce genre d'écrits. Je n'avais pas revu l'Empereur depuis le jour où je l'avais aperçu à la Scala, au fond de cette salle éclatante que sa présence remplissait de tant de bruit. Je le retrouvais seul, dans une chambre silencieuse éclairée par un jour matinal. Il y avait là des contrastes qui devaient forcément me frapper. J'ai toujours pris plaisir aux décorations changeantes de la vie ; puis le tableau qui était devant moi renfermait le mystérieux attrait que présenteront toujours les tableaux de cette nature. Que l'on me montre dans un cadre, au fond d'une galerie, animé de la seule existence que peut donner le pinceau, un des puissants de ce monde se recueillant à la veille d'une action décisive : je m'abîmerai dans de longues rêveries. L'émotion que me feront éprouver quelques traits et quelques couleurs sur un morceau de toile, je puis l'accepter à coup sûr d'une scène offerte à mon esprit et à mes yeux par la main vivante du destin.

Notre dernière étape avant le champ de bataille où devait se passer la plus grande lutte peut-être des temps modernes fut un petit village appelé Mezzane. Là, le maréchal Canrobert fut logé dans une riante maison située au milieu d'un jardin, entre deux gazons frais et brillants où de grands arbres projetaient leurs ombres. Sur la même ligne que cette maison, dont la séparait seulement un fossé rempli d'eau courante, une église au toit élégant, une véritable église d'Italie, se dessinait sur un ciel d'un bleu gai et limpide. J'ai passé deux jours entiers dans cet aimable paysage où ma pensée retourne souvent. L'attrait de ces lieux et de ces journées tient en grande partie, je le crois, à ce qui allait leur succéder. Pour moi, le séjour à Mezzane est le prologue de Solferino, ou, pour mieux dire, le rideau gracieux derrière lequel se dressaient à mon insu toutes les machines formidables et tous les éclatants décors de l'immense drame où j'allais avoir le bonheur de figurer.

Le 23 juin au soir, le maréchal Canrobert réunit à sa table les généraux du troisième corps. On savait que le lendemain, à quatre heures, on se mettrait en route, que l'on marcherait en ordre de bataille, et que l'on était en présence de l'ennemi. Aussi le repas eut-il cette gaieté d'une nature haute et sereine que donne à ce genre de réunion l'approche des heures décisives. Les grands périls, ainsi que les grandes cimes, quand ils se dressent devant nous, laissent tomber sur notre vie une ombre qui donne soudain aux plus vulgaires et aux plus habituelles de nos jouissances quelque chose de profond et de pur. Il y avait onze ans, à pareil jour, la veille d'une bataille bien différente de celle que me réservaient les champs de l'Italie, mais rude, mais terrible aussi, et qui restera couronnée à travers les siècles d'une gloire douloureuse, je prenais place à une table dont les convives, par une singulière volonté du sort, devaient tous être frappés le lendemain. Cette fois les mêmes destinées ne nous attendaient point ; nul d'entre nous déjà n'appartenait à la mort, mais tous appartenaient au danger, et à un de ces dangers généreux, féconds, désirés, dont l'étreinte laisse des traces ineffaçables aux âmes qui les ont subis.

Les convives du maréchal se retirèrent de bonne heure pour vaquer aux préparatifs qu'exigeait la journée du lendemain. Je restai avec quelques-uns de mes compagnons dans le salon de la villa qui nous donnait son hospitalité. A l'extrémité de ce salon, dont les fenêtres s'ouvraient sur le jardin et où pénétrait l'air parfumé d'une soirée de juin en Italie, se trouvait un piano, qui déjà plus d'une fois avait occupé nos loisirs. Un vieil Italien, l'ami du maître de la villa, que je n'avais pas vu entrer au milieu de nous, s'empara de cet instrument et se mit à jouer des mélodies de Mozart. Le piano était médiocre, et celui qui le faisait résonner n'était pas à coup sûr un maître illustre; mais cette musique inattendue me fit plaisir : elle avait, dans les circonstances où je l'entendais, je ne sais quoi de mélancolique et de fantasque qui me rappelait les maladives inspirations d'Hoffmann. C'était maître Kreissler ou plutôt son fantôme que je croyais entrevoir dans le coin de cette pièce, où mes yeux erraient sur des objets qui m'étaient inconnus la veille, et qui, dans quelques heures, allaient m'être pour toujours étrangers. Le salon n'était plus éclairé que par une seule bougie jetant une lumière chevrotante comme le jeu du vieux musicien. Enseveli entre les coussins d'un divan, je suspendais mon esprit

19

avec une bizarre volupté à ce filet de lumière et de musique. Sentant déjà sur mon front l'ardente haleine du lendemain, je savourais dans l'obscurité la fraîcheur de l'heure présente. Telle fut pour moi la veille de Solferino.

Le 24 juin, à deux heures et demie du matin, le troisième corps se mettait en marche. Tout près du village que nous quittions, nous avions un passage de rivière à opérer, le passage de la Chiese. Le général Jeannin, depuis la veille, occupait avec sa brigade le pont jeté sur ce cours d'eau. Derrière la Chiese serpentaient des routes étroites et bordées d'arbres où nous étions engagés depuis quelques instants, quand nos oreilles entendirent tout à coup dans l'air matinal le bruit distinct du canon. Je pensai, pour ma part, qu'il se livrait sur notre front quelque combat d'avant-garde. L'idée d'une grande bataille ne s'offrit point d'abord à mon esprit. Cependant je sentais bien par instinct que l'air était chargé de poudre. A quoi se devinent ces orages humains que j'ai vus fondre tour à tour dans les rues les plus fréquentées de nos villes et dans les paysages faits pour la solitude, voilà ce que je ne saurais trop dire. Il semble que le sol sur lequel on va se battre change d'aspect, comme la mer que les souffles de l'ouragan vont bouleverser. Le pavé prend quelque chose d'ardent et de sinistre, l'herbe a des frémissements inconnus. Ainsi du moins peut en juger une âme toute remplie elle-même des passions qui vont se déchaîner en elle et autour d'elle. Du reste, dans la matinée du 24 juin, des signes précis se joignirent bientôt aux signes d'une espèce vague et incertaine. Au moment où le soleil enflammait l'horizon, nul de nous n'avait plus besoin, pour connaître l'avenir de la journée, d'interroger ce sens occulte qui des parties intimes de notre être perçoit à travers le monde tout un ordre de phénomènes mystérieux. Nos sens ordinaires et visibles suffisaient pour nous instruire. A des coups de canon isolés, lointains, semblables à la voix intermittente d'un navire en détresse, avait succédé une canonnade rapprochée et soutenue. Comme la voix d'un chanteur se détachant en notes légères sur la puissante harmonie d'un orchestre, la fusillade ne tarda point à jeter ses étincelantes broderies sur le fond imposant de la canonnade. Les oreilles éprises de sons guerriers purent bientôt distinguer avec plaisir le feu de deux rangs, à la fois si preste et si régulier dans ses allures, le feu capricieux des tirailleurs, le feu brusque, mordant et rapide des pelotons, enfin toutes les sources d'accords dont se compose le concert d'une bataille. C'était une bataille en effet qui s'engageait à quelques pas de nous.

Il est un sentiment que j'éprouve toujours, quand la fatalité de mon récit m'amène à une de ces actions que je voudrais dire comme chacun voudrait les savoir : c'est une sorte d'embarras de découragement et de regret. Ces figures éclatantes et de cent coudées que l'on appelle des victoires, quand j'essaye de les peindre, je comprends combien je les ai mal vues. Dans cette immense étendue de terrain où s'est livrée la bataille de Solferino, je n'ai vraiment connu que la motte de terre qui s'est ensanglantée sous mes yeux. Je suivrai ma coutume; je resterai obstinément dans le cercle où mon destin m'a enserré. Là les obscurs détails qui ont occupé mes regards, je les rendrai ou tâcherai de les rendre. Quant aux grands traits, aux vastes horizons du tableau, je les montrerai tels qu'ils me sont apparus dans les éclaircies du terrain couvert où tournait mon cheval et de la fumée brûlante qui m'entourait.

Nous marchions sur Medole, où nous devions coucher. A quelque distance de ce village est une petite ville appelée Castel-Goffredo, entourée d'une vieille muraille. Nous trouvons les portes de cette petite ville barricadées, et des paysans nous disent qu'un parti ennemi s'y est retranché. Castel-Goffredo était seulement occupé par un détachement de hulans qui furent sabrés par l'escorte du maréchal Canrobert; mais, malgré la rapidité que mirent nos hussards à s'acquitter de cette besogne, cet incident retarda un peu notre marche, et tout retard en ce moment devait irriter le commandant du troisième corps, impatient d'arriver sur les lieux où se faisait entendre le canon. Pour prendre une part plus prompte à l'action, le maréchal Canrobert se jette dans des chemins de traverse, et vers neuf heures et demie du matin il pénètre dans Medole avec les premiers bataillons de la division Renault, qui formait sa tête de colonne. Un soleil ardent tombait sur la place de l'église, où pendant une courte halte je promenai mon regard autour de moi. L'ombre de nos chevaux se dessinait sur les grandes flaques de lumière que formait ce soleil en inondant une terre blanchâtre. Dans cette éclatante clarté, le village avait un aspect lugubre ; toutes les maisons étaient closes, sauf une vaste maison transformée déjà en ambulance. Au coin de la première rue où je m'avançai, j'aperçus le cadavre d'un Autrichien. Ces lieux à cette heure n'étaient animés que par la terrible vie des combats. Il n'y avait debout sous ce ciel d'été que des hommes prêts à mourir.

Le maréchal Canrobert prit une route à sa droite, où quelques projectiles commençaient à siffler. Cette route plate et bordée d'arbres ne me permettait de rien voir; mais au bruit croissant dont nous étions entourés, je sentais que nous entrions dans des espaces où se choquaient des flots humains, que nous pénétrions dans le lit d'une grande bataille. Depuis plusieurs heures en effet, l'armée presque tout entière était aux prises avec l'ennemi, et le quatrième corps soutenait en avant de Medole une lutte opiniâtre contre des forces supérieures aux siennes. Le maréchal Canrobert veut prêter son appui au général Niel, le commandant de ce corps ; mais il n'a en ce moment avec lui que sa tête de colonne : le gros de ses troupes est engagé encore dans les routes étroites que le bruit du canon leur fait parcourir au pas redoublé. Cependant le chef du troisième corps n'hésite pas et fait marcher, sous les ordres du général Jeannin, les bataillons dont il dispose. Le maréchal Canrobert était auprès d'un chemin creux, s'occupant du départ de ces troupes ; il échangeait quelques paroles avec le général Courtois d'Hurbal, qui revenait d'une rapide reconnaissance, quand deux officiers d'ordonnance de l'Empereur arrivèrent presque en même temps au milieu de nous. L'un de ces officiers portait au maréchal l'ordre déjà deviné et accompli d'appuyer le quatrième corps ; l'autre lui enjoignait de faire observer les mouvements que, d'après un document sérieux, un parti d'Autrichiens venant de Mantoue se disposait à tenter sur nos derrières. Je raconte ces faits, consignés du reste dans les récits officiels, parce que j'en ai été le témoin, parce qu'ils se sont passés en des lieux dont je pourrais décrire chaque arbre et chaque pierre. Voilà ce qui les met sous la loi de mon récit. J'ai hâte de revenir aux obscurs incidents des batailles. Que d'humbles deniers jetés par des mains inconnues dans ces trésors éblouissants de gloire qui font l'orgueil des peuples ! Ce sont ces deniers que je recherche, et que je voudrais entourer pour tous les regards de l'éclat qu'ils ont pour mes yeux.

« Notre pauvre vieux commandant, la première balle a été pour lui ; il y allait de tout son cœur ; il n'était pas toujours commode, mais vraiment cela m'a fait de la peine. » De qui parlaient les deux grenadiers dont j'ai recueilli ces paroles au milieu d'un champ de maïs, je n'en sais rien. Je cherchais en cet instant le maréchal Canrobert, et cette recherche faisait passer devant mes yeux une succession rapide de tableaux. Les soldats qui accordaient leurs regrets à un chef qu'ils venaient de voir tuer avaient cette honnête expression si touchante aux heures des dangers. C'étaient des paysans apportant la foi du charbonnier dans la religion de l'honneur et du drapeau. Quant à ce vieux commandant, qui n'était pas toujours commode et qui allait au feu de tout son cœur, chacun pourrait faire son portrait. Dans ces trois hommes, l'officier qui venait de mourir, les grenadiers qu'affligeait cette mort, je saluais avec un respect attendri toute une partie de notre armée. Qui pourra faire pousser plutôt que ceux dont j'ai en ce moment l'âme remplie cette exclamation répétée par tant de bouches : « O sainte simplicité ! » cette simplicité, qui est une vertu dans toute l'acception du mot, c'est-à-dire une souveraine, une invincible puissance, où la rencontrer plus émouvante et plus complète que dans ces hommes insoucieux de leurs jours, ignorants d'eux-mêmes, également étrangers aux grandeurs de leur mort et de leur vie ?

Le maréchal Canrobert, quand je le rejoignis, n'avait autour de lui, de tout son corps d'armée, que les officiers de son état-major. Il avait laissé à notre droite, dans un village appelé Rebecco, le général Renault, qui avait prêté au général Luzy un concours intelligent et vigoureux. Il avait envoyé chercher le général Trochu, dont la division débouchait à peine sur Medole. Le général Bourbaki était retenu loin de l'action par la mission particulière qu'il avait reçue. Le chef du troisième corps était donc sans troupes ; mais, fidèle à la loi de toute sa vie, à la loi du dévouement, il s'était porté de sa personne à l'endroit où le quatrième corps lui avait semblé le plus fortement engagé. Cet espace sombre, resserré, coupé par des fossés, couvert d'arbres, où je le vis des heures entières, tantôt marchant isolément, tantôt s'entretenant, sous les balles, avec le général Niel, cet espace a été pour moi tout le champ de bataille ; quand ce grand nom de Solferino retentit à mes oreilles, c'est dans ce coin de terre que retourne ma pensée. Qu'on s'imagine un de ces paysages italiens où se marient tous les luxes et toutes les puissances de la végétation. Nos chevaux écrasaient sous leurs pieds les longues tiges de maïs. Du sein de ces moissons sortaient des mûriers rappelant les arbres d'un verger par leurs rangs alignés et nombreux ; sur notre droite et devant nous, à de prochains horizons, des peupliers élevaient dans le ciel ce feuillage frémissant et pâle, qui a vraiment l'air de s'animer d'une émotion surnaturelle quand il est agité par les souffles du canon.

A l'heure dont je parle, ces souffles régnaient sur un immense paysage dont ils envahissaient les plus profondes retraites. Les boulets exécutaient autour de nous leurs danses brutales sur un sol où l'herbe des champs, frappée comme les hommes, se couchait abattue et brisée près de ceux qui s'endormaient dans la mort. Hôtes invisibles, mais tumultueux de l'air, les balles déchiraient nos oreilles de leurs sifflements; elles atteignaient tantôt des branches d'arbres qui rendaient en se cassant un bruit sec, tantôt des hommes et des chevaux qui s'affaissaient silencieusement. Ce champ où je trouvai le maréchal Canrobert me fit songer à ces feux de bivouac que des mains infatigables entretiennent avec des poignées incessantes de bois pétillant; c'était à chaque instant un redoublement d'énergie et d'ardeur dans le foyer où

19,

nous respirions. Rien, du reste, d'étonnant à cela ; nous étions presque en face de Guidizzolo, et c'est sur ce point que l'armée autrichienne, délogée de ses positions les plus formidables, tentait un suprême effort. S'il faut en croire les récits du lendemain, l'empereur François-Joseph lui-même était devant nous à ce moment de la bataille. Dans cette action, qui rappelle les ballades héroïques où des souverains ensevelissent en pleurant leurs armées, l'empereur d'Autriche voulait, dit-on, avant de se retirer, frapper un dernier coup sur notre droite. Je ne sais si le fait est exact ; ce dont je suis certain, c'est que les Autrichiens qui luttaient contre nous méritaient de se battre sous le regard de leur chef.

A l'instant où les balles devenaient plus drues, où le cercle de feu qui nous entourait se resserrait plus étroitement, le général Trochu arrivait. Il amenait avec lui une partie de sa division. Le général Trochu s'entretint tour à tour avec le maréchal Canrobert et le général Niel. Mon souvenir le plus net d'alors, c'est l'aspect d'une compagnie de voltigeurs que l'on avait fait coucher à travers les maïs en attendant le moment où l'on allait redresser ces braves et les jeter contre l'ennemi. J'éprouvai, en passant devant cette ligne au pas de mon cheval, cette sorte de joie confiante, je dirai volontiers d'orgueil béat, dont plus d'une fois j'ai été saisi au milieu de notre armée. Il y avait tant de bonne volonté et de bonne humeur sur ces visages qui sortaient gaiement des épis! Malgré les boulets et les balles, on goûtait le bien-être d'un abri près de cette troupe calme et résolue. On y était abrité en effet contre tout autre dam que celui du corps ; l'âme ne pouvait là recevoir aucune atteinte, même dans les régions où s'épanouissent ses plus délicats et ses plus irritables sentiments. Ces tranquilles soldats souriaient d'avance à la victoire, visible pour eux comme le sont pour les cœurs simples toutes les divines apparitions.

Le général Trochu prit ses dispositions d'attaque et se porta en avant. Comme il arrive lorsqu'on se bat de près, la mousqueterie, pendant quelque temps, parla presque seule ; puis les boulets, en revenant, annoncèrent que l'ennemi pliait. Quelques-unes de ces fusées qui sont si chères aux Autrichiens décrivirent au-dessus des arbres leurs cercles enflammés, et vinrent se briser sur le sol avec leurs longs frémissements. Le maréchal Canrobert montait un cheval d'Orient qui l'avait souvent porté devant Sébastopol à l'entrée des tranchées. Malgré son habitude du feu, cet animal s'agitait, s'inquiétait, tournait sur lui-même, et, forcé sous la main de son cavalier à se tenir auprès des projectiles fumants, prenait ces expressions du cheval sur les champs de bataille, étranges et magnifiques expressions que je ne crains point d'évoquer dans un récit consacré aux choses remuantes du cœur.

On peut, à côté de tous les aspects que donne au visage humain le jeu spontané des passions ou le travail inspiré de l'art, placer ce masque ardent, effrayé et terrible du cheval, quand il s'associe en tremblant à toutes les puissances des combats.

Dans cet œuvre qui jaillit de ma mémoire comme les vieilles églises jaillirent, dit-on, de la foi avec d'innombrables figures où s'incarnent au hasard tous les caprices de la passion, que l'on me pardonne cette tête de cheval ! Je la voyais ; je l'ai montrée. Dans l'ordre impérieux de mes pensées, après ce souvenir infime vient le plus vaste de mes souvenirs.

J'aperçus tout à coup, en chevauchant à l'extrémité d'une sorte de sentier, ce que je n'avais pas vu encore, les énormes espaces qu'embrassait l'action de cette journée décisive. Un nuage de fumée, en se dissipant, me laissa voir comme un lumineux royaume, la région de bruits et de feux où notre armée accomplissait des prodiges. Je découvris dans un lointain embrasé cette chaîne de hauteurs où les Autrichiens avaient le droit de se croire invincibles, Cavriana et la montagne prédestinée, la montagne glorieuse qui devait être le piédestal de notre victoire, ce pic droit, hardi, élancé que domine la tour de Solferino. J'ignore l'histoire de cette tour, je ne saurais en dire l'origine ; mais elle m'a confirmé dans cette pensée, familière depuis longtemps à mon esprit, que Dieu marque ici-bas chaque objet, inanimé ou vivant, d'un caractère en harmonie avec le rôle qu'il lui destine. Ce n'est pas un hasard qui a assigné cette place ni donné cette forme à ce spectre de pierre, témoin lugubre pour ceux-ci, pour ceux-là triomphal, d'une si longue et si puissante lutte. Quelque chose de brûlant me sembla passer devant mes yeux à la vision de ce champ de bataille. C'était pour moi comme la découverte soudaine d'un océan qu'un brouillard m'aurait dérobé. Cet océan, je connaissais toutes ses rumeurs et tous ses mouvements, car j'étais moi-même, depuis nombre d'heures, un des atomes qu'il soulevait ; mais pour la première fois je contemplais son immense et resplendissante étendue.

Encore sous l'impression de ce spectacle, mais renfermé de nouveau, grâce à un redoublement de fumée, entre nos horizons habituels, je me livrais à une jouissance toute militaire. J'admirais avec quelle précision opéraient les troupes du général Trochu, disposées habilement en échiquier ; je voyais notre artillerie s'avancer et se mettre en bataille ; j'éprouvais enfin ce plaisir assez rare à la guerre, où les combinaisons des meilleurs esprits sont dérangées par tant d'incidents tumultueux, de voir se projeter nettement des traits dont je me rendais compte. Puis mon état de satisfaction intime était augmenté encore par une nouvelle qui venait de m'être annoncée : je savais que la division Bourbaki arrivait. Le vaillant officier qui avait eu le bonheur de porter les premiers coups à Inkerman allait peut-être avoir la fortune de porter les derniers coups à Solferino. Tels étaient mes sentiments et mes pensées, quand un orage violent et soudain se déchaîna sur le champ de bataille. Nous avions affaire à une vraie tempête. Le sol, remué par les trombes d'un vent furieux, soulevait des nuages d'une poussière brune qui nous aveuglait et faisait tourner nos chevaux. Une pluie torrentielle se ruait sur nous, pénétrait nos vêtements, et rendait nos armes inutiles. A tous les bruits qui régnaient tout à l'heure avait succédé un seul bruit, le fracas d'un tonnerre incessant dont on était comme enveloppé. Ni notre temps ni notre armée ne peuvent assurément se prêter à l'interprétation superstitieuse des signes extérieurs ; toutefois il y avait dans cette intervention du ciel au milieu de cette action sanglante quelque chose dont il était impossible de ne pas être frappé. C'était un terrible et victorieux défi adressé à l'homme par la nature. Sous l'étreinte d'une main invisible, le bras humain était arrêté. Quand cet ouragan disparut, l'armée autrichienne s'était éloignée, et de notre côté la lutte ne recommença point. Bien avant pourtant dans la soirée, le canon se faisait entendre encore. Des projectiles, lancés à grande portée, poursuivaient les masses ennemies dans leur retraite. Depuis quatre heures du matin jusqu'à neuf heures du soir, il n'est pas une minute où ne soit tombée une goutte de sang sur le plus grand champ de bataille peut-être qu'aient jamais fait trembler deux armées.

L'ordre du 24 juin prescrivait au commandant en chef du troisième corps d'établir son quartier général à Médole; mais le maréchal Canrobert voulut coucher, au milieu de ses troupes, dans le village de Rebecco. Notre état-major s'installa donc, au milieu de la nuit, dans l'église de ce village, qu'occupait déjà le général Renault. Entre ces fantaisies suprêmes de la guerre si remplies d'une sombre et attrayante grandeur, je n'oublierai point l'aspect que nous présentait l'église de Rebecco lorsqu'elle nous servit de dortoir. A la porte de cet édifice, déchiré par les projectiles et dominant des maisons en ruines, gisaient des cadavres. Je me rappelle tout particulièrement le corps calciné d'un soldat brûlé dans un gîte où s'étaient retranchés des tirailleurs. L'intérieur de l'église était éclairé par quelques cierges que nous avait fournis la sacristie. Les bancs, rapprochés les uns des autres et couverts de foin, formaient des lits de camp. Le maréchal Canrobert se jeta sur une de ces couches improvisées, où il ne tarda pas à goûter un profond sommeil. Je m'emparai du seul espace qui restât libre : c'était une marche du maître-autel. Mes regards, avant de se fermer, parcoururent quelque temps l'étrange gîte où je reposais. Une plaie béante à la voûte de l'église occupait surtout ma pensée : c'était un large trou fait par un obus, dont les fragments étaient épars sur les dalles. Je m'endormis en contemplant la blessure de ces pierres sacrées.

Le 25 juin, le troisième corps allait camper à Solferino. Nous avions à traverser, pour atteindre notre nouveau bivouac, le champ de bataille tout entier. Nous étions partis à une heure avancée déjà de la matinée, de sorte que ces grandes campagnes m'apparurent toutes resplendissantes d'une douce et sereine lumière; malgré la grande quantité de cadavres dont elles étaient parsemées, elles n'avaient point l'horrible aspect que présentent les champs de bataille étroits. Quelle différence entre ces plaines dorées et ce sol sinistre d'Inkerman, où l'on trébuchait à chaque pas contre des monceaux de morts également souillés par le sang et par la boue! Les corps d'hommes et de chevaux répandus à travers ces vastes espaces, attachés aux flancs de cette terre chaude et féconde, offraient une image adoucie du trépas; cependant j'éprouvai, en épelant sur les lieux mêmes où elle venait d'être écrite, cette page de notre histoire, une impression qui ne me trompa point. Je me dis que ces prodigalités magnanimes de la vie humaine, auxquelles la guerre moderne condamne les nations, ne peuvent avoir lieu en vain; qu'une journée où, pendant dix-sept heures, la mort a plané sur quatre cent mille hommes doit être forcément décisive. Aussi je me préparai à la fin de la campagne, quand sur les hauteurs mêmes de Solferino j'entendis ces paroles de l'Empereur : « Espérons que tant de sang ne sera point perdu pour le bonheur des peuples! »

Après la bataille de Marengo, qui fut bien loin pourtant d'égaler la bataille de Solferino en carnage, Napoléon Ier éprouva un de ces sentiments soudains et puissants, étrangers aux conseils de la politique, supérieurs peut-être aux inspirations mêmes du génie, un de ces sentiments, le secret des âmes héroïques, qui éclosent sous les regards de Dieu, dans les parties les plus hautes et les plus mystérieuses de la conscience. « C'est sur le champ de bataille, écrivit-il à l'empereur d'Autriche, au milieu des souffrances d'une multitude de blessés, et environné de quinze mille cadavres, que je conjure Votre Majesté d'écouter la voix de l'humanité. » Cette lettre, que nous a donnée tout entière un historien célèbre de nos jours, m'a vivement frappé. Celui qui l'avait tracée en fut lui-même ému et surpris. Sa surprise ne fut point mêlée toutefois du remords secret dont sont pénétrés, à ce qu'ils nomment leur réveil, ces hommes qui accusent leur esprit d'avoir dormi quand ils ont laissé s'accomplir quelque acte généreux de leur cœur. Il accepta, sous la forme imprévue où elle s'était offerte à lui, une pensée dont il comprenait et respectait la source.

Or la source de la pensée qui arracha au vainqueur de Marengo cet étrange cri de pitié et de tristesse, la bataille de Solferino, suivant moi, la faisait de nouveau jaillir. Dans la maison dévastée, aux vitres brisées, aux chambres remplies de cartouches, où je couchai le soir du 25 juin, j'appris sur la bataille de la veille ces innombrables détails qui déterminent et complètent au fond de notre mémoire l'image de ces grandes actions. Je voudrais transcrire ici les noms de tous ceux dont on me raconta le trépas. Ces listes d'hommes tombés sous le ciel, les armes à la main, pour une de ces causes qui intéressent les masses, mais qui sont si étrangères à l'individu, ces listes m'ont toujours singulièrement remué. Je me surprends sans cesse à lire et relire une série de noms ignorés qui me semblent avoir gardé quelque chose des êtres passionnés qu'ils désignaient. Pour moi, c'est comme une poussière où je sens brûler une vertu que je voudrais saisir et montrer. Parmi ceux dont j'appris la mort avec la plus profonde et la plus respectueuse émotion, je dois mettre au premier rang un officier d'une famille anciennement alliée à la mienne, le colonel du 55e de ligne, Charles de Maleville. Le colonel de Maleville avait pris le drapeau de son régiment pour porter en avant ses soldats sous un de ces feux écrasants qui brisent parfois les plus héroïques efforts. Ce fut entre les plis de ce drapeau qu'une balle le frappa mortellement. Il y a dans une mort semblable une sorte de **prédestination glorieuse**. Comme ceux dont le dernier soupir s'exhale sur le crucifix, ceux qui meurent en embrassant le drapeau semblent associer dès ce monde leur nature défaillante à la nature d'un objet impérissable et sacré. Je sus aussi qu'il s'était accompli dans cette journée de Solferino un de ces faits saisissants et douloureux qu'on aurait attribué à quelque loi implacable dans les temps antiques, mais où la foi chrétienne nous apprend à ne voir qu'une mystérieuse élection. Le commandant Mennessier mourait le troisième de trois frères partis en même temps pour l'Italie. Louis et Stanislas Mennessier, l'un lieutenant-colonel, l'autre capitaine, avaient reçu des blessures mortelles à Magenta. Le 24 juin, à la fin de l'action, Alphonse Mennessier, déjà blessé au bras, tombait à son tour pour ne plus se relever. Jeunes, intelligents, bien doués, ces trois frères étaient entourés dans l'armée de la bienveillance toute particulière qu'inspirent un même sang animant plusieurs cœurs généreux, un même nom hardiment porté par les efforts réunis d'hommes vaillants. La famille que Dieu a choisie pour faire une si complète offrande mérite de ne pas être oubliée. Je souhaiterais que ma parole eût la vertu de ce sacrifice pour en conserver le souvenir.

Je voudrais parler longuement de nos morts, mais je suis découragé par l'immense étendue d'un champ de bataille où gisent tant de cadavres qui montreraient des visages familiers à mes yeux, si je venais à les retourner. Ma frêle barque sombrerait d'ailleurs si j'essayais d'y recueillir toutes les ombres que je reconnais, qui me regardent et par qui je me sens appelé. Il est un trépas cependant que je ne veux point passer sous silence, quoiqu'il n'ait pas illustré nos armes. Le 25 juin au matin, en accompagnant le maréchal Canrobert dans une reconnaissance sur la route de Goïto, j'appris la mort du prince Windischgraëtz. Cette mort, nous dit-on, remplissait les Autrichiens d'une tristesse profonde. Si le récit qui s'en est répandu reproduit fidèlement la vérité, cette tristesse devait être accompagnée d'orgueil. Le prince Windischgraëtz attaquait une ferme défendue avec énergie par les nôtres. Son régiment, qu'il avait ramené plusieurs fois sous un feu opiniâtre, était près de céder quand il reçut une blessure mortelle. Encore animé pour un instant de l'âme qu'il allait rendre à Dieu, il se fit porter comme un drapeau par ses soldats et les maintint ainsi à leur poste. Pendant quelques minutes, ce régiment décimé se tint immobile sous notre feu, élevant entre ses bras son chef qui mourait. J'aime à croire que tout est vrai dans ce trait ainsi raconté. Je ne sais rien de plus touchant que ces soldats ralliés autour de ce magnifique trépas, que ce chef transformant en étendard, par une suprême et sublime inspiration de son agonie, son corps qui devient un cadavre. Il n'est point de défaite honteuse sous un pareil drapeau, et je ne souhaite à nos ennemis que de nobles revers.

Mais plus la bataille de Solferino me fut connue dans toutes ses grandeurs, plus je me préparai au dénoûment qu'amènent de semblables actes. Pour ma part, je n'éprouvai aucune surprise quand, dans cette belle campagne de Valeggio où notre armée entière était sous les armes, le général Fleury passa un matin, revenant de Vérone et rapportant l'armistice conclu entre les deux Empereurs. Peu de temps après cette journée, l'armistice était devenu la paix. L'Italie n'allait plus être occupée que par les troupes destinées, sous les ordres du major général le maréchal Vaillant, à veiller sur les grands intérêts dont avaient décidé nos victoires.

Avec la paix finissent ces récits. Je ne suis pas un voyageur. Par un caprice bizarre de ma nature, les lieux m'ennuient quand je cesse d'y sentir cette âme que leur prête la guerre. J'éprouvai en traversant Gênes une des plus mornes tristesses dont j'aie été jamais envahi. Toute cette pompeuse série de palais couvrant de leur ombre des rues étroites ne disait rien à mon esprit. Que m'importait cette muette magnificence du marbre alors que mes yeux étaient encore remplis de la splendeur vivante des batailles! Dans le maladif dédain qui me saisit, je repoussai même, je m'en accuse, des jouissances chères à mon cœur : je ne visitai aucun de ces musées où j'aurais voulu goûter en d'autres temps cette précieuse et bien-aimée rêverie que nous verse la lumière immortelle des tableaux. Ce fut seulement en saluant la France que je sentis renaître en moi les souffles habituels de ma vie. Quand j'eus touché ce sol auquel tant de liens invisibles nous attachent, je regardai en arrière sans chagrin. Je souris à cette ombre que notre armée ne se lasse point d'aller chercher dans la région des épouvantes et de la mort, à cette gloire qui est l'épouse idéale de notre pays.

FIN

TABLE DES MATIÈRES

I. — Premiers jours de la guerre de Crimée........ 1
II. — L'hiver devant Sébastopol............ 79
III. — Derniers jours de la guerre de Crimée....... 153
IV. — La guerre d'Italie............ 211

www.ingramcontent.com/pod-product-compliance
Lightning Source LLC
Chambersburg PA
CBHW060332170426
43202CB00014B/2749